Probability Strategy for Marketing

確率思考の戦略論

どうすれば売上は増えるのか

森岡 毅
株式会社刀 代表取締役CEO

今西聖貴
株式会社刀 CIO

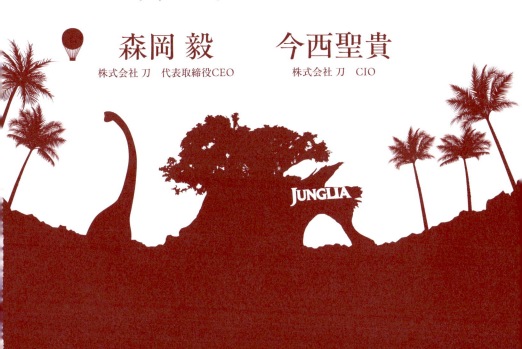

ダイヤモンド社

序章

"選ばれる確率"を
どうやって増やすのか!?

「お客さんをもっと増やしたい。どうすればいいの!?」

　この本に込めたのは、すべてのビジネスパーソンにとって切実なその答えです。

　自社ブランドが選ばれる確率をどうやって増やすのか!?　その最大の鍵となるのは「コンセプト」です。その「コンセプト」は、どうやってつくればいいのだろう!?　この本は、その問いにわかりやすく答えるための書籍です。事業の大小にかかわらず、あらゆる商売を成功に導く決定的なノウハウです。新たな知見を得ることで自らをパワーアップしたい人は、ぜひこの本を読んでください。きっと、これまでと同じはずのビジネスが、昨日までとは違う明るい景色に変わるはずです。

■ メロンパンの悲劇

　ある週末の話です。太りやすい体質の私が、隔週に一度と決めて楽しみにしている炭水化物の解禁日のことです。御夫婦で経営されている関西の小さなパン屋さんで、目の前に並ぶ400kcal超級の眩しい強敵たちと私は楽しくにらめっこしていました……。チョコがびっちり詰まったこのコロネルにしようか!?　それともクッキー生地に工夫を凝らした新商品チョコチップ・メロンパンにしようか!?　"サックリ"と"もっちり"のツンデレがたまらないクロワッサンにしようか!?　オッサンの目が最高潮にキラキラしていたそのときです。

　それは小さな乾いた声でしたが、確かな重さで私の耳をとらえました。奥からご主人の呟きが聞こえたのです。

　「どうしたらもっと売れるんやろ……」

めくるめく"炭水化物ファンタジー"で浮かれていた私の頭は、ガランガランと一瞬で現実へと切り替わりました……。私が感じたのは、圧し掛かる固定費の重み、上がっていく小麦や乳製品など原材料費の重み、そして毎日3時起きで積み上げてきた御夫婦の何十年もの努力の重み……。私は思わずコロネルとメロンパンの両方をトレイに入れ、さらにクロワッサン6つも加えてお会計に。しかし1消費者としてささやかに売上に貢献するよりも、自分にはなすべきことがあるように思ったのです。

　私は知っているのです。どうすればこの店がもっと人に選んでもらえるようになるのかを……。実は、もっと人に選んでもらうためにやるべきことの核心は、個人事業だろうが大企業だろうが、経営規模の大小にかかわらず、まったく同じです。

　それは強い「コンセプト」をつくること。このパン屋さんは、パン生地を練るよりも前に、コンセプトをもっとしっかり練らないといけません！　それをちゃんとやれば、来客数も売上も大きく飛躍します。そのやり方の上達につれて願いは確実に叶っていくのです。間違いありません。なぜなら、人に選んでもらうための最大の"変数"が「コンセプト」だからです。

　ちなみにこの場合は、最初にお店の屋号、つまり"ブランド"のコンセプトを、消費者に選ばれやすいように設計しなければなりません。お店を選んでもらえないなら、そのチョコチップ・メロンパンに出会う確率はゼロだからです。このパン屋さんのように、ブランド・コンセプトの不明確さを放置しながら、新商品開発ばかりに力を入れているお店は多いものです。しかし屋号であるブランドを

序章　"選ばれる確率"をどうやって増やすのか!?　　3

強化しないとお客さんは増えません。いくら工夫して新商品を並べたところで、同じ客の同じ財布の中だけの食い合いに終わります。残念ながら、そのメロンパンの悲劇は出す前から確定しています。この残酷な世界では、努力が報われるのではなく、正しい努力だけが報われるのです。

コンセプトが弱いせいで努力が報われないのは、このパン屋さんだけではありません。商品がもっと売れてほしい！　店にもっと多くの人が来てほしい！　フォロワー数をもっと伸ばしたい！　チャンネル登録者数をもっと伸ばしたい！　選挙でもっと獲得票を伸ばしたい！　会社の売上をもっと伸ばしたい！　この日本には、そんな切実な願いをもちながら努力を積み重ねてまだ報われていない人々がたくさんいます。

ビジネスが上手くいかない原因の大半は、実はコンセプトが間違っている場合が一番多いのです。ブランドのコンセプトが明確でなければ、顔がないのと同じ。価値は伝わりませんし、覚えてすらもらえません。人間でも同じです。印象が薄い人は、名前を覚えることすら難しいでしょう。

もったいない!!　そのもったいなさに、もっと多くの日本人が気づくべきです。そして変化を起こすためにぜひこの本を活用していただきたいのです。コンセプトのつくり方を1人でも多くの人に知っていただきたいのです。

■ 前作から感謝を込めて
　早いもので、前作『確率思考の戦略論　USJでも実証された数学マーケティングの力』（KADOKAWA）を執筆してから、およそ10

年もの歳月が経ちました……。共著者である今西聖貴さんと私（森岡毅）の魂を込めたあの本は、数学によって解き明かされた"市場構造の本質"をしっかり伝えるために出版されました。我々が信じている100年後も正しかろう"真理"を妥協なく積み込んだので、広範囲の人に"万人ウケ"する柔らかい本にはなれない宿命を背負ってあの子は生まれてきました。

　そのため、異なる期待で人々が手に取らないように、"知識希求層"への訴求を重視した強面な装丁とタイトル、そして3000円を超える価格という、敢えて"いかつい"ビジネス専門書として世に出すことに！　だから私の他の本のように何万人もの人々に読んでもらえるとはそもそも思っていませんでした。たとえ発行部数は少なくても決定的な価値を生む素晴らしい書籍がこの世界にはたくさんあります。我々はそんな本を世に遺したかったのです。読んだ人に大きな価値を生むように、できれば20年後や30年後も輝き続けるように念じながら出版させていただきました。

　ところが、出版直後から予想を遥かに超える絶賛の声をいただき、おかげさまでビジネス専門書としては異例のベストセラーとなりました。初版発行以来約10年間、内容を評価してくださった方々の温かい御支援をいただきながら部数はずっとコンスタントに伸び続け、なんと35刷・13万部（2024年10月時点）を超えるロングセラーになっています。認知を拡げてくださった皆様のおかげでこれほど多くの方々に"確率思考"を届けることができました。本当にありがとうございます！

　そして何よりも、前作を読んでくださったお一人お一人に、心の底からの深い感謝を伝えたいのです。我々が半生を賭して練り上げ

てきた“確率思考”に触れてくださってありがとうございます。皆さんのそれぞれの戦場で、この考え方が少しでもお役に立っているならば、これほど嬉しいことはありません。それこそが我々が生きてきた意味だからです。そして、これからの日本を担う次世代にバトンがつながっている実感も、さらなる知的探求に邁進する勇気を我々にくれています。本当にありがとうございます!!

　本書はその強い感謝の気持ちから生まれました。同シリーズ2冊目となる『確率思考の戦略論　どうすれば売上は増えるのか』です。この日本社会にさらなる価値をお届けできるように、私の過去4年近いプライベートな時間の大半を注いで執筆しました。皆さんへの“ご恩返し”です。

　実は前作の出版後、熟読してくださった読者の方々からいただいた反響の多くに、異口同音に熱烈だった御要望があります。それは「選ばれる確率“M”って、どうやって増やせばいいのですか？」という質問です。自社ブランドの競合との相対的好意度（プレファレンス）が、つまり“選ばれる確率”が最重要のビジネス・ドライバーであることはよくわかった。じゃあ、その選ばれる確率を森岡がどうやって伸ばしているのか知りたい！　選ばれる確率が高いブランドをどのように設計して、実際にどうやって世の中に確立していくのか？　それがわかればビジネスを大きく伸ばすことができる。“選ばれる確率”の増やし方をもっと踏み込んで教えて欲しいと……。

　お待たせしました！　本書のテーマはそれです。“選ばれる確率”、つまり消費者プレファレンスをどうやって増やすのか？　戦略家として何をどのように考えて、マーケターとして何に集中しているのか？　前作ではカバーできなかった我々の考え方の太いところをお

伝えします。

　本書は、前作『確率思考の戦略論　USJでも実証された数学マーケティングの力』（KADOKAWA）を読んでいなくても、いきなりこの本から読み始められるように工夫しているので御安心ください。本書の第1章で前作の大切なハイライトをまとめています。初めて本書から読む方でも前作からの必要な言葉や考え方はちゃんと理解して読み進められます。したがって前作を読んでから本書に進むのもOK、本書を読んでから前作に進むこともOK、どちらでも大丈夫です。もしもあなたが今、この本を手に取っているのであれば、迷わずこの本から読んでください。

　しかしながら、透明性をもってお伝えしておきたいことがあります。読む順番はどちらからでも大丈夫ですが、前作において最も大切な「なぜそうなるのか？」という知見の深い解説や、数式の詳細および導出などは前作にしか載っていません。前作と本作は"確率思考"という共通の主題を軸としながらも、主眼とする担当領域がそれぞれ異なります。どちらからでも良いので両方を読むことをオススメします。「市場構造の本質のより深い理解」には前作が最適、そこからの結論を受けて「選ばれる確率を実際にどう増やすのか」は本作が最適だと御認識ください。

　では本書の目的を明示します。以下の3点をお伝えすることです。

1、選ばれる確率を増やすための「戦略をつくるコツ」を理解すること
2、選ばれる確率の"最大変数"である「コンセプトの本質」を理解すること

3、「マーケティング・コンセプトをつくるコツ」を理解すること

　本書はこれら3つの目的に沿って大きく3部構成（Part1、Part2、Part3）になっており、1つのPartが3つの章で成り、計9つの章で構成されています。通底する「選ばれる確率を増やすための考え方」をテーマにしながら、第1章から第9章へと順番に読み進めていただきたく、進むにつれてより具体性が増していきます。

　本書の内容はとても濃くなりましたが、前作のような難しい数式はほとんど出てきません。論証のために少しだけ出てきますが、数式よりも大切な"意味"を日本語で丁寧にお伝えしています。確率思考はその考え方がビジネスに活きるのであって、刮目（かつもく）すべきは、数式ではなく導かれた結論の"意味"です。この本は文系の人にこそ役立つはずです。

　さらにこのノウハウは、BtoC（対消費者ビジネス）のみならず、BtoB（対企業ビジネス）でも、ものすごく威力を発揮するでしょう。なぜか？　お客さんが、一般消費者だろうが、企業顧客だろうが、選んでいるのが"人間"である限り、"ヒトの脳の構造"は同じだからです。お客さんを増やすための我々のノウハウは、"ヒトの脳の構造"の普遍性に根差しています。だから、選んでいるお客さんが人間である限り、BtoCだろうがBtoBだろうが本質は同じです。

　むしろ衝動買いしてくれるBtoCとは違って、相手企業の機関決定は（オーナー独裁でもない限り）複数の目による合議制ですので、衝動買いを起こさせるのは困難です。つまりBtoBとは決定権者たち複数のヒトの脳の構造をすり抜けるゲーム。だからこそ、このノウハウが威力を発揮します。うちは差別化の余地が少ない原材料メー

カーでBtoBの会社だから……と思っているあなたこそ、早くこのノウハウを知らねばなりません。価格競争や接待よりもパワフルなこの方法が、きっとあなたをライバルよりも優位に立たせるでしょう。

　日本の未来のために増やすべきは、自分でコンセプトをつくれる人です。しかし、コンセプトのつくり方をちゃんと学べる場所はなかなかありません。義務教育はもちろん、大学の経営学部や商学部でも、なかなか学べない。大学のマーケティングの先生にしても、実戦経験がないのだからわかるはずもありません。現実は、ほぼすべての社会人が、コンセプトについてちゃんと学ぶ場も、自分なりのコツを会得する実戦機会もないままです。人生のどこかでいきなりコンセプトづくりに向き合うことになっても、できないのも無理はないのです。

　マーケターと呼ばれる人たちがいます。しかしながら、マーケターですらその大半は強いコンセプトを生み出すことができないのです。実はマーケターの大半が自分の力でちゃんとコンセプトをつくって勝った成功体験がありません。その主たる原因は、近年のマーケティングが分業・細分化が進み、コンセプト開発の領域で十分な実戦経験を積んだマーケターが多く育つ構造にはないこと。また、その希少なコンセプト・スキルは、それぞれの人の感覚と経験に依存し過ぎていて、言語化や体系化が難しく、人に伝えられないのです。

　私は、消費財を売っていたP&G時代には、コンセプトから考える仕事運に数多く恵まれました。USJの経営再建期においては、パーク全体のブランディングをはじめ、凄まじい数のイベントやアトラクション導入で圧倒的なコンセプトづくりの場数を踏むことができ

ました。その後も株式会社 刀による多くのカテゴリーでの数々のプロジェクトにおいて、仲間たちとともにコンセプトをつくる無数の実戦を日々繰り返しています。それらの膨大な実戦で蓄えてきた私のコンセプトをつくるノウハウの骨子をお伝えします。属人化された暗黙知の言語化・体系化に挑戦し、机上論ではなく、経験に裏打ちされた実務者視点ならではのできるだけわかりやすい言葉でお届けします。

　人が何かを選ぶとき——。何かを買うときはもちろん、チャンネルを選ぶときも、選挙で投票するときも、就職先を選ぶときも、誰かを評価するときも、結婚相手を選ぶときでさえも……人間の選択に圧倒的な影響を与えているものが、それぞれの選択肢がもつ「コンセプト」です。もしも、あなた自身や属する組織体、その商品やサービスが、もっと人々に選んでもらえるようになりたいなら……。あなたは「コンセプト」の核心をちゃんと理解しなくてはならない！その基本操作を覚えねばならない！　あなたの人生に劇的な変化を起こすために‼

　目的に応じて強いコンセプトを生み出せる人がもっと増えていく……。それこそが計り知れないインパクトを未来に及ぼす、日本の最大変数だと私は確信しています。

　　　　森岡　毅（もりおか　つよし）
　　　　戦略家・マーケター／株式会社刀　代表取締役CEO

　　　　共著　今西　聖貴（いまにし　せいき）
　　　　アナリスト／株式会社刀　CIO

確率思考の戦略論　どうすれば売上は増えるのか　目次

序章

"選ばれる確率"をどうやって増やすのか!?

- メロンパンの悲劇 —————————————— 2
- 前作から感謝を込めて —————————————— 4

Part 1

選ばれる確率を増やす
ブランド戦略の本質

第1章

「プレファレンス」に集中せよ!

1 脳はブランドで選んでいる!
　　〜なぜ「プロダクト」よりも「ブランド」なのか?〜 ————— 23

2 脳はランダムに選んでいる!
　　〜個人の選択は「ポアソン分布」している〜 ————————— 27

3 成功が成功を呼ぶ!
　　〜社会全体では「ガンマ分布」している〜 ————————— 32

4 市場構造の本質はプレファレンスである!
　　〜「負の二項分布」が支配する世界〜 ————————————— 34

5 マーケティング戦略の変数はたった3つしかない
　　〜プレファレンス、認知、配荷〜 ————————————————— 38

第2章

狭めるな！　拡げよ！

1 マーケティング界の巨人への反論 ───────── 46

2 ジビエレストラン vs 牛肉レストラン ───────── 48

3 「ターゲティングありき」という間違い ───────── 55
- 「浸透率」と「購入頻度」は必ずセットになる ───────── 55
- "群雄割拠"市場ではどうか？ ───────── 57
- ターゲティングの正しい理解 ───────── 58

4 ターゲティング理論の間違いを明示する数学的証明 ─── 61

5 ターゲティングするのはどんなときか？ ───────── 65
- WHATの定義でターゲティングが有効なとき ───────── 65
- HOWの定義でターゲティングが有効なとき ───────── 68

6 狭めるな！　拡げよ！ ───────── 70

第3章

「重心」を衝け！

1 戦略的に集中すべき「重心」という考え方 ───────── 78

2 「重心」の見つけ方 ───────── 85

3 ブランド戦略の「重心」を定めるフレームワーク ───── 94
- （1）ポジショニングは相対的 ───────── 95
- （2）「消費者価値」にポジショニングする ───────── 96
- （3）ブランド・ポジショニングの「重心」を定めるフレームワーク ─ 98
  - ブランド戦略の「重心」は、本当に1つだけなのか？ ── 101
- （4）実例：経営再建時のUSJのブランド戦略の「重心」について ── 105

Part 2

プレファレンスを伸ばす「コンセプト」の本質

第4章

「コンセプト」とはなにか?

1 その人の世界は、その人の認識のみで成立している —— **118**

2 3つの世界を往来すると起こる"エラー" —— **123**

3 「コンセプト」はあなたの脳がつくりだす! —— **129**

4 「マーケティング・コンセプト」とはなにか? —— **133**

第5章

強い「マーケティング・コンセプト」をつくる

1 「コンセプチュアル・セル」の威力 —— **142**

2 競争に有利な「ブランド・エクイティ」をつくる —— **147**

3 最初に「ブランド・エクイティ」を明確化せよ! —— **155**

4 ブランドの設計図「ブランド・エクイティ・ピラミッド」—— **167**

　（1）マーケティングの成功は、ブランド・エクイティの設計から —— **167**

　（2）ブランド・エクイティは、まず60点を確実に! —— **169**

　（3）90点を設計するために必要なもの2つ —— **171**

　（4）"全員野球"を可能にするブランドの設計図の恐るべき力 —— **176**

第6章
強いコンセプトは消費者理解がすべて

1 モニタールームでは到達できない深淵 ———————— **183**

2 "凡人"と"狂人"に「憑依」する ———————————— **186**

　(1)「凡人」に憑依する ————————————————— **188**

　(2)「狂人」に憑依する ————————————————— **193**

　　● USJ："熱狂的 IP ファン"に憑依する ———————— **195**

　　● スマホゲーム："廃課金者"に憑依する ——————— **197**

　　● ネスタリゾート神戸："山遊びの狂人"に憑依する —— **200**

　(3)「憑依」とは要するに…… —————————————— **206**

3 消費者の脳内想起から本能をたどる ———————— **208**

Part 3
「マーケティング・コンセプト」のつくり方

第7章
実際にブランドを設計してみよう

1 ケース・スタディ：高血圧症のオンライン診療で3100万人を救え！ — **224**

　(1)「高血圧イーメディカル」設立の背景 ————————— **225**

　(2)"高血圧症の放置"は大問題である —————————— **226**

　(3)「高血圧イーメディカル」の特徴 ——————————— **232**

2 「高血圧イーメディカル」のブランド設計 ─────── 236

(1) 消費者理解の概要 ───────────────── 236

(2) WHO：「不安」と「大丈夫」の綱引き ──────── 240

(3) WHAT：プレファレンスを長期的に大きくする便益 ── 245

(4) HOW：戦略便益を実感させるためのPODとPOP ── 253

(5) Brand Character：ブランドに人格を宿す！ ─────── 255

第 8 章

強いマーケティング・コンセプトをつくる
3つの要点

1 本能にぶっ刺せ！────────────────── 265

(1) 脳の情報処理の構造「システム1」と「システム2」── 265

(2) 本能を衝かれると脳は抗いがたい ───────── 269

2 文脈を操作せよ！────────────────── 276

(1) "便益価値を高めるシーン"を文脈として設定する ── 283

(2) "消費者インサイト"を衝いて文脈を設定する ──── 284

(3) 消費者の"期待値を操作"して文脈を設定する ─── 294

3 脳内記号を活用せよ！───────────────── 315

(1) マーケティング・コンセプトの典型的なフォーマット ── 315

(2) 脳内記号とはなにか？───────────── 317

(3) 「脳内記号」を使った「ジャングリア」の事例 ──── 319

第9章

実際にマーケティング・コンセプトをつくってみよう

1　「絶対に買う1人」は実在するか？ ——————————— 331
2　練習問題A：「自分自身」のマーケティング・コンセプト —— 338
3　練習問題B：「高血圧イーメディカル」のマーケティング・コンセプト — 346

終章

コンセプトが日本の未来を創る！

- あの小さなパン屋さんの勝ち筋 ——————————— 358
- 日本の未来に必要なもの ————————————— 366

Part 1

選ばれる確率を増やす
ブランド戦略の本質

第 1 章

「プレファレンス」に
集中せよ!

本章では、前作『確率思考の戦略論　USJでも実証された数学マーケティングの力』（KADOKAWA）をまだ読んでおらず、本書から手に取ってくださった読者のために、また、前作を読んでから年月が経ってしまった読者の記憶をリフレッシュするために、前作で論述した要点をまとめます。ただし、シンプルにわかりやすくお伝えするためにできるだけ詳細は含みません。したがって、我々の理論の深い理解には、前作『確率思考の戦略論　USJでも実証された数学マーケティングの力』（KADOKAWA）がやはり最適であり、それも併せてしっかり読むことで本書の内容理解が格段に進むはずです。この機会にぜひ前作も読んでいただければ幸いです。解き明かされた市場構造の本質をより深く理解できることでしょう。

　さて、前作の要点をまとめると言っても、同じことを同じように書くのは芸がないので、前作を精読してくださった読者にとってもより理解が深まることを念じて新しい切り口も取り入れながら述べさせていただきます。本章でまとめるエッセンスは、この本を読み進めるにあたって大切な考え方の前提になりますので、前作をまだ読んでいない方は必ず本章に目を通してから第2章以降に進んでください。前作を精読の上で先を急ぎたい方は、本章を飛ばして第2章から読んでいただいても大丈夫です。

　では確率思考の世界に御一緒しましょう！

1 脳はブランドで選んでいる！
～なぜ「プロダクト」よりも「ブランド」なのか？～

　売れるためには「プロダクト（製品・サービス）」よりも「ブランド」の方がずっと重要であり、プロダクトは大切だがブランドをつくるための「手段」に過ぎない。消費者はプロダクトを買っているように見えますが、消費者の脳はプロダクトではなく、本当はブランドを買っています。我々が前作でお伝えしたかった核心に最短距離で迫るために、本章では敢えてこの挑戦的な切り口で始めたいと思います。

　「売上を伸ばすためには、プロダクトはとても大切だが、ブランドの方がもっと大切である」ということを、私は機会あるたびにお伝えしてきました。多くの日本企業が涙ぐましい努力を製品・サービスなどのプロダクト開発に注いでいますが、良いプロダクトをつくるだけでは競争に勝ち残っていくには甚だしく不十分です。そのプロダクト開発における誠実な努力が報われるために、プロダクトそのものよりも大切なものがあります。それがブランドです。

　なぜか？　消費者の脳は、プロダクトよりも先にブランドを選択する構造になっているからです。別の言い方をすると、ブランドがまず選ばれないことには消費者の脳はプロダクトには辿り着かない。消費者の選択において、ブランドはプロダクトよりも上位概念なのです。人間の脳は、まず上位の選択をしてから、その後に下位の選択をします。たとえばビールを選ぶとき、まずは脳がキリンを選ばないことには、あなたは「一番搾り®」を選ぶことができないのです。あなたが認識できない無意識も含めて、あなたの脳はより大き

第1章　「プレファレンス」に集中せよ！　　23

なところから物事を選ぶということを絶えずやっている。そして、その脳の構造は、100万年前も、現在も、そして100万年後もきっと変わりません。

　ここで人間の脳の構造について話しておきましょう。端的に言うと、人間の脳はまるで「激務で疲れ切った優秀なサラリーマン」のようなものだと思ってください。人が起床してから就寝するまでの1日の中で、人間の脳がいったい何回の判断をしているか？　今起きるかどうか、トイレに行くかどうか、顔を洗うかどうか、朝食をとるのか、何を食べるのか、何を飲むのか、服は何を着るのか……。人間を行動させるために、脳は膨大な回数の判断をしています。その脳による判断は、いくつかの選択肢（オプション）からどれかを選ぶかという「選択」によってなされます。この選択による判断の試行回数が、諸説ありますが1日でなんと3千〜4千回!!　意識的な選択はむしろ少なく、大多数は無意識で行われる、つまりあなたが自覚すらできない選択がむしろ圧倒的に多いのです。

　想像してみてください。大学の共通試験のような四択一答のテストがあったとして、それを来る日も来る日もあなた自身が3千問や4千問も回答しなくてはいけない毎日を……。あなたの脳は毎日そのような過酷さに向き合ってくれています。だから、脳はものすごく疲れている。極めて優秀ですが、とにかくものすごく疲れている！したがって、脳はできるだけ疲弊したくないので、迫りくるその何千もの判断に対してなるべく「省エネ」で対応できる構造を、生物進化の過程で獲得してきました。そのやり方は主に3つの脳の構造的な特徴によって成り立ちます。

①最初に、重要性で篩にかける
②次に、できるだけ大きなところから選択しようとする
③最後に、ランダムに選択する（次項で説明します）

　何らかの情報が入ってくると、**脳は最初に自分にとって重要か重要でないかの判断**をします。重要でなければその情報自体を遮断して済ませたいからです。この脳の情報遮断システムのせいで、その人にとって重要でないことをその人に認識させるのは極めて困難な仕事になっています。どれだけ頑張って広告を当てても、若者に墓石を売ったり、高齢者にインターネットゲームを売ったりすることが厳しい構造的な理由です。

　次に、脳はそれなりに重要だと認識した情報に対して反応しようとしますが、まずは**できるだけ大きなところから判断**しようとする性質をもっています。具体的詳細から判断しようとすると、選択肢が細かくて膨大に増えて、選ぶのが大変になってますます疲れるからです。

　例として、旅行について考えてみましょう。あなたがニューヨークのブロードウェイにミュージカルを観に行くことを決めたとします。あなたの意識ではかなり早い段階で「ブロードウェイのミュージカル！」という具体を思い浮かべて決めたつもりでも、無意識下でのあなたの脳は、それ以前にもっと手前の大きなところから選択をしているのです。まず、旅行に行くかどうか？　という「旅行カテゴリー」を買うかどうかの選択をしています。旅行カテゴリーが選ばれた後に、海外旅行か国内旅行か？　次に、選ばれた海外旅行の中で、行ってみたい国をいくつかの国や地域の候補の中から選択。そこで選ばれたアメリカ合衆国の、行ってみたいいくつもの具体的

なオプションの中からニューヨークを選択したのです。ブロードウェイのミュージカルがニューヨークを選択させる確率を高めたのは間違いないですが、その選択のずっと前にカテゴリーや国などのもっと大きな選択を脳がやってくれていた後に、あなたの意識がその具体の選択をしています。

　脳はいきなり詳細な具体を選ばない。疲れている脳は、できるだけ大きなところから選択をしようとします。大きなところから判断すれば、細かい枝葉の無数の選択をする労力をバッサリ回避できるからです。そもそも旅行に行かないなら、その先はまったく考えなくても済むのですから。激務で疲れ切った優秀なサラリーマンは、上司から振られてくる際限ない仕事に対して、できるだけ要領よくやらなくて済む仕事を回避しようとするものです。脳も同じやり方をしています。

　ここで消費者の脳内で起こっていることを大まかに整理します。

　消費者の脳はより大きな概念から選択する。すなわち、「カテゴリーの選択」→「ブランドの選択」→「プロダクトの選択」の順序で脳は選択している。

　トヨタを選べない消費者は「プリウス」を選べないということ。上位の選択で選ばれなければ、下位での選択の機会はないのです。つまり、**消費者の脳はプロダクトの前に、ブランドを選んでいる。**ブランドの方がプロダクトよりも重要だと私が言った理由、それは消費者の脳内の選択において、ブランドで選ばれて初めてプロダクトが選択されるチャンスが回ってくるからに他なりません。だからブランドの選択で選ばれることが極めて重要で、どんなに良い製品

を作ったとしてもそれだけでは非常に不十分なのです。

　もっと言えば、ブランド選択のさらに上位概念であるカテゴリーの選択に敗れるとどうなるか？　消費者にブランド自体が選択してもらえなくなります。たとえば、最近では日本の多くの若者が車を買わなくなってきています。車を買わない人（車カテゴリーを選択しない消費者）にとっては、トヨタもテスラもマツダもスズキも、自分とは関係ない単語であり、まして各メーカーが血のにじむような努力で開発した新車種のプロダクト情報もまったく響きません。その個体にとって重要ではない情報なので、どれだけ車メーカーのマーケターが広告宣伝を頑張ったとしても、①の法則に従って脳により情報遮断されることになります。

　ちなみに、もしも私が日本で働く車メーカーのマーケターであれば、車カテゴリーが若者に選ばれるための強力な策を必死に考えます。カテゴリーが選ばれる必然が、そのままブランド間の競争を有利にするブランドを設計する腹黒い勝ち筋を考えるのです。どうしてもブランド強化とカテゴリー強化の択一になりがちですが、ジレンマを脱する方法はあるように思います。日本市場を諦める未来に行き着かせないためにもぜひ頑張っていただきたいと思っています。

２　脳はランダムに選んでいる！
〜個人の選択は「ポアソン分布」している〜

　①重要なこと以外は遮断する、②大きいところから判断する、に続く３つめの脳の構造の話です。

①最初に、重要性で篩にかける
②次に、できるだけ大きなところから選択しようとする
③**最後に、ランダムに選択する**

　無数の仕事に忙殺されてできるだけ1つの判断に手間暇をかけたくない脳は、その選択そのものを楽にするために画期的なシステムを備えました。それはサイコロを振って選ぶのと同じやりかたで物事を決めるということ。**消費者の脳は「ランダム」に選んでいる**のです。あれこれ小難しい判断は疲れるからできませんし、していません。脳は、まるでサイコロを振ったり、鉛筆を転がしたりするように、1つを選んでいると理解してください。初めて聞いた人は信じられないと思うでしょう。しかし、人間の脳の構造は、確かにその瞬間にサイコロを振るかのように、選択肢の束から1つをランダムに選んでいるのです。

　もう少し「ランダム」について説明しましょう。何かを購入する場合、いくつかの買っても良い候補（それはたいてい3つ前後であることが多い）の中から、それぞれの候補の相対的な好みによって決まった確率にもとづいて、ランダムに選択された1つを購入しています。

　たとえば、次の表を見てください。これはある人のビールの選択に関する相対的な好み（サイコロの目）を表しています。この人の場合は、ビールを選択する確率の全体を100％とすると、アサヒに50％、キリンに30％、サッポロに20％のサイコロの目が割り当てられています。別の言い方をすると、この人は頭の中にビール選択のための"正十面体のサイコロ"（※）を持っていて、その5面にアサ

28

ヒ、3面にキリン、2面にサッポロと書いてあるということ。そして
ビールを買おうとするたびに、このビール選択のサイコロを振り、
そのときにたまたま出た目に従ってどれを買うかが決定されるとい
うことです。

※ちなみに現実には、オイラーの多面体定理でも明らかなように、正十面体のサイコロは存
在しない。ここではあくまでも概念をわかりやすく伝えるための空想上のサイコロだと認識
いただきたい。

ブランド	アサヒ	キリン	サッポロ	計
選ばれる確率	50%	30%	20%	100%

　もしもこの人が1週間に1度ビールを買うのであれば、1年間に52
回このサイコロを振っていて（1年間は52週間ある）、そのうちの半
数の26回程度はアサヒを買うことになるのです。しかし、そのとき
に振ったサイコロの目が、たまたまサッポロであればサッポロを買
います。この試行回数が増えれば増えるほど、その購買回数はもと
もとのサイコロの目の確率に近づいていきます。実際は露出や価格
などの売り場の状況や、その時点での広告の影響などで、その人の
候補になっているブランドの確率が多少変動します。しかし、マク
ロでとらえるとすべての消費者の脳は、その時点では一定のサイコ
ロの目に従って、ランダムでブランドを選んでいるというのが市場
の真理です。

　当然ですが、サイコロの目は一人一人の消費者によって異なりま
す。サイコロに載っているブランド名とその数、それぞれに割り振
られた確率は、あなたと私では異なります。ビールに関しても、ア
サヒやキリンではなく、サントリーにもっとも高い確率を割り当て
たサイコロを振る人もいます。個々人がユニークなサイコロを持っ

ています。したがって、その市場にいる個人のサイコロの目と振る回数を調査して、数量や金額で加重をかけると、各ブランドの市場シェアなどを精度高く計算することができます。

　カテゴリー、ブランド、プロダクト、それらすべてが、消費者の脳によってランダムに選択される。しかも、消費者が自由に選べる環境下において、その法則が広く当てはまる。どの自動車を買うか、どのコンビニに行くか、どこの旅行先に行くか、どのレストランで食べるか、テレビやYouTubeなどの視聴する番組の選択、テーマパークや遊園地のようなレジャーの選択……。ほとんどのカテゴリーでこの「ランダムの法則」が当てはまることが確認されています。

　一部、当てはまらないのは、消費者が自由に選べないカテゴリー、たとえば、中毒性が高いもの（依存症患者にとっての、酒、タバコ、ギャンブル、麻薬など）、社会的制約によって自由に選べないもの（宗教や菜食主義等で制約がある人のレストラン選びなど）、あるいは規制によって選択肢がないもの（全体主義国の配給商品など）です。自由に選択できる限り、脳はランダムに選ぶのです。

　なぜそこまで断定できるのか？　皆さんの中には「いやいや、何の車を買うかとかは、めちゃくちゃよく考えて決めている。サイコロを振るみたいないい加減な方法では絶対に選んでいない！」と思う人もいるはずです。しかし、どこまで意識的に情報を集めて吟味して考えていたとしても、それは買う瞬間までにその候補のサイコロの目を高めているだけで、意思決定の瞬間にはやはりその瞬間のサイコロの目に従って脳はランダムに選択しているのだと説明すればわかりやすいでしょうか？

いずれにしても、この消費者による選択がランダムになされているという真理については、前作の『確率思考の戦略論　USJでも実証された数学マーケティングの力』（KADOKAWA）の主要テーマであり、そこでは詳細な論証と解説を行っておりますので、そこで理解を深めていただければ幸いです。

　さて、この項の最後に重要な3つの語句を解説しておきます。

【プレファレンス】　本書にとっても最も重要になる言葉、その**サイコロの目（その候補に割り振られた確率）**のことを「プレファレンス（Preference）」と呼びます。そのブランドや、その選択肢がもつ、相対的な好意度を意味します。ビールの例でいえば、アサヒのプレファレンスは50％で、キリンのプレファレンスは30％という言い方をします。

【エボークト・セット】　そのサイコロに含まれるいくつかの候補の束のことを「エボークト・セット（Evoked Set）」と呼びます。先のビールの例では、ビール購入におけるエボークト・セットには3つのブランドが入っていて、それらはアサヒ、キリン、サッポロである、のように使います。ちなみにエボークト・セットにそもそも自社ブランドが入っていなければ、選ばれる確率はゼロです。マーケターにとって最重要な仕事は、まずは自社ブランドを消費者のエボークト・セットの中に入れることです。多くのカテゴリーにおいて調べてみると、1人の消費者のエボークト・セットには、だいたい3つ前後の選択肢が入っていることが多く、3〜4個の中から1つをランダムに選んでいることが典型的です。そのカテゴリーに対して、その人のこだわりが強いほど、エボークト・セットの中の選択肢の数は増える傾向にあります。

【ポアソン分布】　このようにプレファレンスに沿った<u>ランダムな選択による結果</u>を「ポアソン分布」と言います。ポアソン分布とは、ある一定の確率に沿ってランダムな試行の結果が一定になる確率分布のことです。簡単にいうと、皆さんがよく知っている6面体のサイコロを振った結果は、1〜6までの目が6分の1ずつ一定にポアソン分布します。また、ある特定の交差点における年間の交通事故発生件数は、大きく構造が変わらない限りポアソン分布する、つまりだいたい毎年一定になります。考えてみれば、毎年の日本全国のテーマパークの入場者数もだいたい一定ですし、革新的な新薬や治療法が出れば別ですが、癌での死者数もだいたい一定です。自殺者数も交通事故死者数もだいたい一定。どれも構造がほぼ同じであれば、そこで事案が発生する確率はほぼ一定になります。それらはランダムな施行で結果がポアソン分布する構造になっているからです。

　消費者の個人の選択も、同じようにランダムで選ばれているので、その結果がポアソン分布するのです。その確率分布を決めている構造こそが、脳内にあるサイコロの目、つまり「プレファレンス」に他なりません。プレファレンスに基づいてランダムに選ばれている、そのせいで結果がポアソン分布する。これが消費者の購買行動、市場構造の本質です。

3　成功が成功を呼ぶ！
〜社会全体では「ガンマ分布」している〜

　ある一定の確率にしたがってランダムに結果が出る確率分布のこ

とを「ポアソン分布」と呼びます。消費者・個々人の購買行動は見事にポアソン分布しており、一定の期間の中で一定の結果が出ます。たとえば、毎年、日本国内で売れるハンバーガーの数はだいたい同じです。それは食事の際に、個々人それぞれの頭の中にあるサイコロのハンバーガーの目（確率）が一定であり、サイコロを振る人数（12,500万人）もだいたい一定だからです。個々人の購買行動は、ブランドの選択も、カテゴリーの選択も、ポアソン分布すると覚えておいてください。

　それに対して、社会全体においてはどうか？　社会全体の中であるカテゴリーやあるブランドが選ばれる確率は、実はポアソン分布ではないのです。選ばれる確率は一定ではありません。選ばれることで、もっと選ばれやすくなる、どんどん選ばれやすくなる構造にあります。**ある試行結果が次の試行確率に影響を及ぼす、この確率分布のことを「ガンマ分布」と言います。**

　わかりやすい事例を挙げてガンマ分布をざっくり理解しましょう。ある公共の場所に誰かがゴミを捨てると他の人もゴミを捨てやすくなって、どんどんゴミが集まってしまう。路上に1つ穴ぼこがあいてしまうと、車や人が引っ掛かりやすくなって穴ぼこはどんどん大きくなってしまう。ある失敗をして焦ってしまったせいでもっと大きな失敗をしてしまう。ある芸人さんがメディアで紹介されて話題になると、どんどん有名になっていき、次の機会でも選ばれる確率がどんどん上がってブレイクしていく。これらは「ガンマ分布」、その本質は「成功が成功を呼び、失敗が失敗を呼ぶこと」と大きく理解しておいてください。

　ガンマ分布について、確率としては何が起こっているかをポアソ

ン分布との違いの確認を含めて簡単に解説しておきます。

袋の中に大量の白玉と当たりである少しの赤玉が入っているとします。この袋から1つだけ玉を取り出して、その取り出した玉を袋の中に戻してから、また新たに玉を取り出す。このやり方だと、袋の中の白玉と赤玉の比率は常に一定ですので、ランダムに玉を引く限りにおいて当たりである赤玉を引く確率は一定です。これがポアソン分布です。

対するガンマ分布は、当たりである赤玉を引くたびに、一定の数の赤玉を袋に追加します。したがって、当たるたびに、赤玉を引く確率が上がっていく。だから、もっと、どんどん当たりやすくなります。これがガンマ分布です。

映画館であなたがその映画を選んで観る確率はポアソン分布しています。しかし、その映画がこの社会においてどれだけ興行収入をあげられるかはガンマ分布しているのです。

4 市場構造の本質は プレファレンスである！
~「負の二項分布」が支配する世界~

ここまで議論してきたことを総括してみましょう。我々が考える市場の本質とは、「あるブランドが選ばれる確率は、個々人ではポアソン分布、市場全体ではガンマ分布し、その両方が消費者のプレファレンス（サイコロの目）によって決定される」という構造のこと

です。このことを1つの確率式で表したものを、「負の二項分布の数式」と言います。英語では「Negative Binomial Distribution」というので、今西聖貴さんと私は略して「NBDモデル」と呼んでいます。

NBD モデル（r 回出る確率）：

$$Pr = \frac{(1+M/K)^{-K} \cdot \Gamma\ (K+r)}{\Gamma\ (r+1)\ \cdot \Gamma\ (K)} \times \left(\frac{M}{M+K}\right)^{r}$$

　この負の二項分布の数式が表す構造（個人はポアソン分布、市場全体ではガンマ分布、それらの核心はプレファレンス）は、たとえカテゴリーは違っても、まったく同じです。かつて私がP&Gで扱っていた多岐にわたる消費財カテゴリーでも同じ。触れない「感動」を売っているテーマパークのようなエンターテイメントでも同じ。さらには、人生最大の買い物である住宅においても、もちろん車のような高価な耐久消費財でも同じ。この世界の市場構造は、負の二項分布の数式で説明できる法則によって支配されているのです。

　我々はもちろん、すべての商品カテゴリーを確かめた訳ではありませんが、確かめたカテゴリーにおいては、ある特殊な例外（先述した、消費者が自由に選ぶことができない市場の場合）を除いて、すべてまったく同じ数式で消費者の購買行動が完璧に説明できてしまいます。なぜそうなるのか？　理由はとてもシンプルです。**人間の脳の情報処理の構造が同じだからです**。カテゴリーは違っても、人間の脳は同じように選択するので、その結果は同じ数式で説明できてしまうのです。

　もちろんカテゴリーの違いによって、あるいはAさんとBさんの

第1章　「プレファレンス」に集中せよ！

個人差によって、プレファレンスは大いに変わります。しかし、個々人がそれぞれ固有のプレファレンスにしたがってランダムにカテゴリーやブランドを選ぶので、その結果がポアソン分布し、社会全体ではカテゴリーやブランドの選択がガンマ分布する。この市場構造の本質は、人間の脳の構造が変わらない限り、過去から未来にわたって不変であると我々は考えています。

　負の二項分布の数式でこの世界が説明できてしまうとわかったら、他にも多くの実益を生み出せることもお伝えしておきましょう。この数式を活用してさまざまな市場の真実や成り立ちを精緻に分析したり、さまざまな未来の予測も立てられるようになるのです。精度の高い需要予測も可能になります。大きな投資の意志決定の前に、勝てない戦いを回避したり、戦う前に成功のために必要な条件は何なのかがわかるようになります。

　たとえば、新しいコンセプトを考えたとします。負の二項分布の数式を活用すれば、A、B、C、Dの4つの中でどれが一番強いかがわかりますが、それだけではないのです。その中のBが、いくらの投資でどれだけのリターンを生み出すかの予測の精度が劇的に高い世界に住めるようになります。そうでない世界の住人からは想像もできない働き方の違いをもたらすことができるのです。たとえば、Bの売上をあと2割伸ばすためには何をしなくてはならないかも明瞭になります。その4つの中にホームランが存在しないなら、それもわかるので、「まだ出さない！　もっと強いEを開発する！」という意志決定もできるようになります。私がUSJにいた頃、当時は分不相応極まりない450億円もの投資が必要だったハリー・ポッターエリア新設の意志決定でも、上や周囲にどれだけ反対されても自分の中では度合いの違う確信がありました。精度の高い需要予測があ

れば、自身の突破力や周囲へのリーダーシップもまったく違ってくるのです。

2023年12月4日発売の日経ビジネスで、刀社がマーケティング支援させていただいている長崎のハウステンボスにおいて、3か月前に立てられたその日の来場者予測の的中率が驚異の99%であったことが紹介されました。何か月も前にその日の来場人数を知る能力があれば、需要と供給をぴったり合わせた経営が可能になる。たとえば、その日に何人の従業員をスタンバイさせておくべきかがわかると、従業員のシフトをばっちり組むことができます。ゲスト満足を担保する運営のクオリティも最適化でき、テーマパークの固定費だと思われている人件費をできるだけ変動費化させることが可能になります。その日に準備すべき飲食・物販の在庫量もわかるので、機会損失や過剰在庫を避けることができるようになります。

こうやって、負の二項分布の数式に代表されるあらゆる数学の力を駆使すると、需要に合わせて売上ロスや無駄なコストを劇的に防いで、それらからの甚大な上がりを得て、さらに消費者価値に投資していく、超攻撃的なサイクルが回るようになっていきます。ちなみに、私がいた頃のUSJのEBITDA利益率（※テーマパークなど設備投資の大きなビジネスでよく使われる利益率の指標）は、数学マーケティングのおかげで、売上規模が何倍もあったオリエンタルランドに対しても10ポイント以上も上回っていました。普通、売上がそれほど違う同業他社の利益率を大幅に上回ることはありえません。しかしテーマパーク業界にはなかったノウハウを我々が外から持ち込んだため、当時のUSJは世界最高レベルの利益率を恒常的に実現していたのです。

大きな投資前の戦略的判断を支援し、需給一致による利益率の最大化を実現する。それが、私が名づけた「数学マーケティング™」の威力です。その中心にあるのが市場構造の本質を表す「負の二項分布の数式」であり、さらにその核心は消費者の「プレファレンス」なのです。

5　マーケティング戦略の変数は たった3つしかない
〜プレファレンス、認知、配荷〜

　「負の二項分布の数式」自体は、数学が得意な人が扱えるようになっていただけると素敵ですが、そうでない圧倒的大多数の方にはもっと大切な別の考え方をオススメしています。

　それなりの規模がある企業であれば、数学が得意な人にこれを研究させて自社で実戦運用することを試みること。経営者やマーケティングの部門長は、数学マーケティングをやるインテリジェンス担当者の意見をよく聞き、何よりも彼らが取り組むべき戦略的課題（意思決定者が何を知りたいのか）を明確に伝えて良い仕事をさせることが大切です。分析するのはインテリジェンス部門ですが、彼らに良い仕事をさせるのは経営者であり、マーケティング部門長です。

　もしも社内に適任者がいなければマーケティング組織やインテリジェンス部門の編成から始めるべきです。何百人も社員を持ちながら、新しいノウハウやインテリジェンスにまともに投資せずに、つまり自社の能力を向上させずにより良い結果を出せると思っている

経営者は、非論理的であることを自覚すべきです。織田信長は情報に投資していたからこそ桶狭間で勝ち、新兵器（鉄砲）を積極的に取り入れたからこそ無双の武田騎馬軍団にも勝つことができた。より良い結果はより良いやり方から生まれます（課題感は強く持ちながらも、いったいどうすれば良いのか、適性のある人をどう雇って何から始めるのか、想像するのも難しいのであれば、刀に御相談ください。一緒に解決するだけでなくノウハウ移管をさせていただきます）。

　次に、そんな人を雇える規模ではない企業、あるいは個人であれば、数式そのものを扱えることを目指すのではなく、その数式から導かれた極めて重要なマーケティングの法則を日々の判断に活かすことを徹底していただきたいのです。これなら誰でもできますし、その効果は絶大です。数式や計算自体が大切なのではなくて、それらが解き明かしたこの世界の法則をしっかりと理解して自身の判断に活かすことが何よりも重要なのです。前作『確率思考の戦略論 USJでも実証された数学マーケティングの力』（KADOKAWA）も、本書も、経営層においてむしろ多数派である文系の方にちゃんと伝わることを祈りながら書いています。

　前作で解き明かした内容の中からもっとも大切な法則をお伝えします。ここでもう一度、先ほどの「負の二項分布の数式」を見てください。この数式を使って何かを計算できなくても良いのですが、この数式が我々に伝えようとしている最重要な意味を皆様にお伝えしたいのです。

NBD モデル（r 回出る確率）：

$$Pr = \frac{(1+M/K)^{-K} \cdot \Gamma(K+r)}{\Gamma(r+1) \cdot \Gamma(K)} \times \left(\frac{M}{M+K}\right)^{r}$$

それは「この世界は、たった1つの変数Mによってブランドが選ばれる確率が決まっている」ということ！　そしてこの式中の変数Mこそが、さきほどの消費者の脳内サイコロの目の話で出てきた「プレファレンス」なのです。つまり、この数式が言っていることは、売れるかどうかは、たった1つの変数、消費者のプレファレンスによって決まるということ。だからプロダクトのHOWの前に、消費者を深く理解してプレファレンスを勝ち取るブランドの設計が何より重要なのです。すべての人にその法則を知っていただきたい！

　もう少し解説しますね。大前提となる大切な考え方があります。それは「"定数"を動かそうと努力しても無駄。動かすべきは"変数"」ということ。このことを我々は肝に銘じておかねばなりません。必要な結果を出すために、いったいどれが"定数"で、どれが"変数"なのかということを、数学は我々に教えてくれているのです。だから我々は、報われない努力を"定数"に注ぎ込むことを避けながら、"変数"を見極め努力を集中することで結果を出すことができる。その考え方を頭に入れて、もう一度この数式を見てみましょう。

　この式をよく見ると、選ばれる確率Pを決定している右辺の式中の変数はたった2つ（MとK）しかないことがわかると思います。このMとKが決まれば選ばれる確率Pは決まるとこの式は言っているのです。ではMとはなにか？　Mは、その市場に存在するすべての消費者がある期間中において買ったすべての購入回数を、そのすべての消費者の頭数で割ったもの。その市場にいる消費者1人あたりの平均購入回数なので、つまりそのブランドに対する消費者プレファレンスそのものです。次にKとはなにか？　Kは確率分布の分

散のカタチを決めている変数なのですが、実はKはMが決まると自動的に決まってしまうMの従属変数です。したがって、負の二項分布の式中の本当の変数はMだけであり、消費者プレファレンスであるMが決まれば、どれだけ売れるかは自動的に決まってしまうことをこの数式は明示しています（Kについての論証は前作『確率思考の戦略論　USJでも実証された数学マーケティングの力』（KADOKAWA）を御参照ください）。

　プレファレンス。そのたった1つのパラメーター（変数）Mによって、ブランドがどれだけ売れるかが決まっている。Mは変数なので我々の努力次第で動かすことができる。だから、できるだけプレファレンスに集中すべきだと、この数式は我々に教えてくれているのです。消費者の脳内にあるサイコロの目、競合（代替品）に対する相対的な好意度であるプレファレンスをいかに高められるのか？ビジネスの成功はその1点にかかっており、マーケターのみならず、すべてのビジネスパーソン、企業経営に関わる人たちには、自社の経営資源をプレファレンスにどれだけ集中できているかを自問していただきたいのです。消費者視点、消費者の価値、消費者理解……。あらゆる機会に私がこのように主張させていただいてきたのは、市場構造の本質であるプレファレンスに集中しないと勝てないことが数学的に自明だからです。

　ここまで大切な理解を共有させていただいて、ようやく前作の集大成ともいうべきこの結論をお伝えしたいと思います。マーケティング戦略においてリソースを割くべき焦点は、「プレファレンス、認知、配荷」の3つしかありません。中でもビジネスの最大ポテンシャルを決めているのは消費者のプレファレンスであり、プレファレンスで決まる最大ポテンシャルを認知率と配荷率で「制限」する構

造になっています。

　知らなければ買えないですし、店になければ買えないですし、脳内サイコロで選ばれなければ買えないわけです。どれか1つでもダメなら買ってもらえないのです。したがって、実際の消費者の購買確率は、これら3つの条件付き確率の掛け算になっています。

　①認知率（そのブランドを知っている確率）
　②配荷率（店舗などで物理的に買える状況にある確率）
　③プレファレンス（消費者の脳内のサイコロでそのブランドが選ばれる確率）

　掛け算で計算しても良いのは、一つ一つの条件がバラバラに発生する確率（独立事象）だからです。消費者がブランドを買う確率は、これら3つの条件が同時に「①かつ②かつ③」として起こる確率に等しいのです。わかりやすく言えば、そのブランドのプレファレンスによる最大ポテンシャルが100あったとしても、認知率が50％、配荷が50％だとすると、そのビジネスの結果は25（100×0.5×0.5＝25）にまで制限されるのです。逆に言えばその25のビジネスは、認知率を50％から80％（1.6倍）に伸ばすことができたならば、そのビジネスの結果も1.6倍の40（100×0.8×0.5）に伸びるということです。このように、プレファレンスがポテンシャルの最大値を決定し、認知率と配荷率の天井の低さが最大ポテンシャルを削って現実のビジネス結果になります。

　前作において、これら3つ以外のビジネス・ドライバーも挙げてみて、我々の努力によって大きく好転させられる変数なのか否かの解説もしています。前作の出版から約10年の歳月が経ちましたが、

4 2

この3つぐらいしか、我々にちゃんと動かせる決定的なパラメーターはないというのが、今も変わらない我々の結論です。したがって、個々人においても、それら3つに繋がらない仕事は、人手や時間やお金がもったいないので一切やめるべきという我々の提言も変わりません。我々マーケターの仕事は実はシンプルです。要するにブランドを強くすることであり、そのために頑張るべきは最初から3つの領域しかないのです。最大ポテンシャルを決めているプレファレンスをより大きくすることに最大の執念を燃やし、認知を少しでも高め、配荷をなんとしても拡大していく……。

　会社全体の視点で考えるとどうなるでしょうか？　売上を伸ばすためには、①自社ブランドのプレファレンスを高める、②認知を高める、③配荷を高める、の3つしか決定的な変数がないとすると、経営資源を集中させる焦点もこの3つしかないというのが当然の結論になります。中でも最大最重要なのはプレファレンスです。認知率も配荷率も最大100％までしか伸びませんが、プレファレンスだけは異様に天井が高いからです。

　もしかして競合とのサイコロの目の取り合いも天井は100％しかないのではと疑問に思いましたか？　御安心ください。実はプレファレンスを伸ばすとカテゴリーのパイ自体も拡大させることができるのです。たとえば、トヨタは競合とのシェアの取り合いだけでなく、今後のプレファレンス次第では、車離れの若者を呼び戻すなど自動車カテゴリーの市場人口ですらもっと伸ばすことができますし、1人あたりの平均所有台数を伸ばすことも可能ですよね。

　何事においても本質というものは実にシンプルな顔をしていると、我々はいつもそう思います。要するに「プレファレンス」こそが、

この世界の市場構造を決定しているDNAだったのです。だから、すべての経営資源をより良くプレファレンスの向上に集中できる構造にもっていくことが経営であり、我々はそれが他社よりも相対的にどれだけより良くできるかどうかの「ゲーム」にエントリーしていたのです。

このゲームに勝つためには消費者視点で考えることが何よりも大切。技術志向や誰かの思い付きに左右されやすいHOWからではなく、必ずWHOから考える。まずは消費者を本能レベルで深く理解することを徹底し、WHAT（消費者価値）の強力な定義をすることがHOWの前に必須なのです。なぜなら、WHOとWHATの組み合わせでプレファレンスのポテンシャルが決まってしまうからです。できるだけ大きなWHOにその強いWHATを届ける手段として、ようやく最後にHOW（プロダクト開発、広告宣伝など）を考え始めるのだと。

我々が機会あるごとにそうやって一貫してお伝えしてきたことは、企業が経営資源をプレファレンスに集中させるためのフレームワークに他ならないのです。

以上、お疲れさまでした！　非常に限定的ではありますが、前作の基本的な考え方を5つの要点にまとめました。これらを念頭に、次章から前作のさらなる応用編ともいうべき、『確率思考の戦略論どうすれば売上は増えるのか』の世界にいよいよお連れします！「市場構造の本質はわかった！　ではプレファレンスを大きくするにはどうすれば良いのか？」。多くのマーケターやビジネスパーソンから質問され続けていた本書のテーマに踏み込んでいきたいと思います。

第2章

狭めるな！
拡げよ！

1 マーケティング界の巨人への反論

　20世紀のマーケティング界の巨人といえば、フィリップ・コトラー氏の名前がまず挙がるでしょう。私が学生時代に最初に学んだマーケティングの本もコトラー氏の『マーケティング・マネジメント』でしたし、P&Gに入社して学んだマーケティングの多くはコトラー氏の理論に依拠したノウハウでした。私を含め、多くのマーケターが、彼の大きな思索世界に憧れ、彼が切り拓いた理論を骨格にして歩き、それぞれの戦場で戦い、そして新たな知見を積み上げることができました。これだけの長きにわたってマーケティングのアカデミックな領域における世界の第一人者だった彼の巨大な功績に対して、私は今も強い尊敬の念を持っています。

　しかしながら、何が正しいか？ということに対しては、巨人も小人も、上も下もありません。ただ真実と真実を構成する本質があるのみです。本質を突き詰めて考えることを軸とする我々（今西さんと森岡）は、コトラー氏が提唱してきた数々の理論を愛して吟味してきたがゆえに、その重要な理論の1つに小さくない誤りを見つけてしまったのです。その点についての我々の見解を率直に述べさせていただくことは、実戦学マーケティングの関係者全体にとって少なからず益があることだと考えています。

　なぜならば、この"間違い"が多くのマーケターの判断を誤らせてきたように思うからです。その間違いが、多くの企業や個人が大きな失敗を積み重ねている根本原因の1つになっているのではないか？　そしてその被害の大きさの割には当のマーケティング担当者たちに"その失敗の本質"についての自覚がないことは問題ではな

いのか？　我々はそのように感じています。ほとんどの学生が「教科書が間違っているかも？」という前提で学問をしないのと同様に、ほとんどのマーケターが「巨人コトラーの理論が間違っているかも？」という発想はしないのです。したがって、その"失敗の本質"に自ら気づく人はほとんどいません。実際にこの間違いを知っていれば防げていたであろうマーケティング戦略の失敗ケースを我々はいくつも見てきました。

　しかも権威主義による思考停止の弊害も少なくないように思います。52歳の私よりも上の世代の"先輩マーケティング関係者"に特に多いと感じるのですが……。「コトラーがああ言った、コトラーがこう言った」と、いまだに口癖のようにおっしゃる"コトラー信者"が実に多いのです。権威を振りかざすとより優位で安全に思えるのでしょう。コトラー氏が言うのなら何でも正しい、それに準拠しようとしている自分もきっと正しいと思いたい（思われたい）。マーケティング実務者でありながら、あるいはマーケティング研究者でありながら、コトラー理論を自らの頭で深く検証することなしに丸のみしている思考停止の"信者"が山ほどいらっしゃいます。我々としては、「誰が正しいか」ではなく、ぜひ「何が正しいか」のみを追究する姿勢を大切にしていただきたいと願います。しかし、この時点でもコトラー理論の影響力はそれほど大きいのです。

　コトラー氏の理論は大部分において有用であると我々も考えています。しかし、その理論の重要な1つであるターゲティング理論については、間違っていると我々は確信しているのです。彼が啓発し、今も多くのマーケターが常識のように信じている**「広く浅く売るよりも、狭く深く売る方が効率が良い」**という考え方は**間違っている**ことをこの章で明確にしたいと思います。

第2章　狭めるな！　拡げよ！　　**4 7**

実は前作『確率思考の戦略論　USJでも実証された数学マーケティングの力』（KADOKAWA）の中でも、この点についても触れています。選ばれる確率Mは、垂直方向へ伸ばすよりも、水平方向へ伸ばす方が、勝算が遥かに高いことについて論述した箇所においてです。また、バイロン・シャープ氏もターゲティング理論について著書『How Brands Grow』においてその誤りを明確に指摘しています。それらは直接的なターゲティング理論の疑問への言及でしたが、本書ではそれらの議論をさらに進めるため、ターゲティング理論の間違いを数学的に論証してみたいと思います。そして数学で証明する内容が意味する要点を、それをジビエ肉の話を事例にして、数学を一切用いずに日本語でわかりやすくお伝えします。この日本語での理解が大切です。目的は、多くのマーケティング関係者の理解を得ることで定説を上書きし、実戦学マーケティングがより多くをもたらすであろう未来の"果実"に資するためです。

2　ジビエレストラン vs 牛肉レストラン

　いきなりですが、その要点をわかりやすい事例で大きく理解してみましょう。実は私は、狩猟免許を持ち、銃で獣を撃つ、猟師の端くれです。2018年頃に刀でネスタリゾート神戸（兵庫県三木市にあった破綻した年金保養施設、旧グリーンピア三木）を「大自然の冒険テーマパーク」として復活させる難易度の高いプロジェクトを協業することになりました（協業は2023年に完了）。そこで大自然と人間の本能の関係を深く理解するために、夜間の狩猟学校に通って勉強し、本当に猟師になってしまいました。猟期になれば、私の鉄

砲で増えすぎた獣（関西のニホンジカやイノシシ、北海道のエゾシカなど）を合わせて数十頭の規模で狩り、自ら解体して大切に食べています。そういえば、私の名前「森岡毅」というのも、森と岡でつよいって、猟師になる運命だったのかもしれません。大空翼や煉獄杏寿郎みたいな猟師のキラキラネームみたいです（笑）。

　そんな猟師が獲るイノシシやニホンジカなどの野生の獣の肉は「ジビエ」と呼ばれます。家畜肉とは別ものの滋味深さが格別に美味しいのですが、実は多くの人々がまだその素晴らしさを知りません。特にジビエ肉は"臭い"と思っている方が非常に多いですが、それは大きな誤解です。臭いのは肉そのものではなく、衛生管理が行き届かない環境で処理をしたせいで繁殖させてしまった微生物が発生させている臭気が原因です。つまり、衛生に気を配ってちゃんと解体処理すれば、むしろスーパーで買える牛肉よりも匂いはありません。私も驚いたのですが、イノシシやシカやクマなど多くのジビエ肉は牛肉よりも匂いが少ないのです。ちゃんと処理したシカ肉やイノシシ肉を食べ続けた私は、むしろ市販牛肉の"ニオイ"が気になるようになってしまいました。今回はそのような世間のジビエ肉への認識のギャップを埋めたい知人の猟師が、ジビエを活用した飲食店の構想について私に意見を求めたときのお話です。

　多くのマーケターは、「ジビエレストランをやりたいならば、ジビエは珍しいニッチな食材だから100人のうち50人に売る必要はない。ジビエはそれ自体が差別化されているから、100人に2〜3人だけのジビエが大好きな人に訴求し、ロイヤリティの高いファンをつくって囲い込むべきだ」とアドバイスするでしょう。コトラー氏のターゲティング理論ではまさに教科書的な発想です。もしもジビエをやることが目的であったり、ジビエで勝負することを絶対条件として

思索するならば、その考え方は間違っていません。所与の条件下で、どこからゲームを始めるのか？という観点ではコトラー氏のターゲティング理論は間違ってはいないのです。

しかし、そのアドバイスの先にありありと見える未来は、獲得できたジビエにロイヤリティが高いはずのその2〜3人でさえ、ジビエよりも、牛肉や鶏肉をより高頻度で食べるに違いないという現実です。その2〜3人は、このジビエレストランよりも、牛肉や鶏肉を食べられるレストランを間違いなくより高頻度で訪れます。誰が何を望んで妄想しようが、必ずそうなることは戦う前からわかっています。なぜならば、ほとんどの消費者にとって、牛肉の方がジビエよりもプレファレンスがずっと高いからです。それが市場の構造、消費者の購買行動の法則だからです。

プレファレンスが大きい方が、浸透率（Penetration）も購入頻度（Frequency）も必ずセットで大きくなります。したがって、もしもジビエありきという前提ならば……。市場シェアを大きく獲得したいなら、ジビエのプレファレンスを牛肉よりも大きくするように、劇的に伸ばす革新的なマーケティングを展開するしかありません。つまり多くの消費者にとって「ジビエ ＞ 牛肉」の状態をつくる。それができないならば、ジビエで相対的に大きくシェアを獲得するのは、最初からそもそも構造的に"勝てる戦いではない"ということです。

それでも、どうしてもジビエ専門にこだわるのであれば、その小さく薄い購入頻度をできるだけ広く拾うことが必須です。だから商圏人口の多い都会に出店し、ニッチな"ロングテールビジネス"として生存を模索するのが戦略的です。したがってジビエ専門店なら

ば、山奥ではなく、南青山や御堂筋などの大都会の目貫通りに高付加価値をつけて出店することが正しいのです。しかし、ジビエに限らず多くの人が、狭いMの宿命を抱えているにもかかわらず、なぜか都会どころか、観光地でもないような僻地に出店して失敗します。もちろん成功している僻地のジビエ店も稀に存在しますが、とてつもなく高いプレファレンスを実現できた稀なケースです。"趣味"のようなニッチ・ビジネスの多くが上手くいかないのは、そのニッチさに合致した戦略を選択せずに、自分では変えられない「定数（≒構造障壁)」にチャレンジしてしまっているからです。

　自分のやりたいようにやるのは「趣味」であって、もはやビジネスではありません。ビジネスとは事業として持続させるために消費者や顧客のためにやるものです。自分のやりたいことだけで頭を一杯にせずに、そのアイデアを投げ込む市場の「構造」をちゃんと読み解かねば、成功する確率を上げることはできないのです。勝てない戦いは避けて、できるだけ勝てる戦いを探す。あるいは一見して勝てなさそうな戦いでも、何の条件をどう克服すれば勝てるのかを、まずは落ち着いて考えるべきです。

　このジビエはたとえ話ですが、多くの企業やマーケターも似たような間違いを犯していないでしょうか？　無意識のうちに「ジビエを売る」ことが、なぜか所与の条件、あるいは目的化してしまっているのです。この根本に通底する**素人的な発想**こそが、自分が売りたいモノから考え、考えやすいプロダクトから発想する「HOW思考」です。悪意はないことはわかっていますが、その思考には自覚もありません。これは極めて"独善的"なので、"確率の神様"は失敗という罰を与えてきます。正しくは、誰を幸福にするのか（WHO）、何を解決して幸福にするのか（WHAT）の順番で考えるのが先で、

便益を満たす方法論に過ぎないプロダクト（HOWの1つ：どのように幸福にするのか）を考えるのはその後です。

しかしながら、私が今までのいくつもの著作の中で何度も指摘させていただいたように、製造業はもちろん、世の中にはプロダクト開発がマーケティング機能のコントロール下に入っていない企業で溢れています。技術開発の延長線上や製品開発部が企画した「所与の条件」に縛られるところから発想し、多くの人々が「ジビエ」を売ることへの疑問すら議論できずに、消費者価値からズレた仕事を毎日しています。そんな企業が多い日本経済は、凋落していてむしろ当たり前なのです。

さらに悪いことに、多くのマーケターに染みついた"ターゲティングありきのコトラー理論"によって、その間違いに拍車がかかります。もともとMの小さなプロダクトをさらにターゲティングすることで、ますます狭く小さく売ってしまうのです。しかもその過程で自分たちが失っている大きなものを自覚することすらもなく……。本書の読者の皆様であれば、その巨大な機会ロスにもう気づいている方も多いと思います。失っているものは何か!? それは、もっと労少なく市場のより多くのMを獲得できたであろうプロダクトを企画する貴重なチャンスです！ その企業がホームランを打てる確率を、最初から限りなくゼロにしてしまっているのです。

マーケター本来の仕事は、市場全体の中からより大きなMを勝ち取れるプレファレンスを総合的に企画することです。その要であるはずのプロダクトを自らのコントロール外での所与条件にされている企業構造では、ゲーム開始前からほとんど負けているとしか言いようがないのです。私はそれを「作ったものを売る、消費者無視の

思考」だと指摘してきました。右肩上がり経済でのみ可能な、作れば売れた時代の成功体験……、いまだ日本に根深い「昭和の呪い」です。

　しかし、個々人として、マーケターとして、1人でもできることがあります。どんな状況でも自分の発想だけは自由なのですから。「常に制限条件を疑ってみる姿勢」が非常に大切ではないかということです。この場合は、目的は何か？　つまり、本当にジビエで勝負しなくてはならないのか？という点にチャレンジしなくてはならない。そして、仮にジビエが外せない条件であった場合でも、より狭いターゲティングをすることによって効率が良くなると考えるコトラー理論は間違っているということ。正しい法則を知っていれば、弱点にも事前に気づけますから、打ち手を考えることもできます。

　たとえば、このジビエ縛りのケースであっても、私なら"逆"を考えるのです。2〜3人に絞るのはもはや"自殺"であることはわかっているので、ジビエを100人により広げていく方法はないかと最初から必死に考えます。あるいは、ジビエが与件であったとしても、ジビエを核の商品として持ちながら、牛肉や鶏肉もあわせて、何とかより多くのMを獲得する方策を必死で考えるのです。あるいは、WHATをジビエとは必ずしも関係がない「人に自慢したくなる驚きの食体験」のような間口の広いものに設定し、ジビエをHOWの領域で「驚き」を演出するためのヒーローに位置づけ、"キワモノ"食材ではない「驚きの食体験」を他にいくつも開発して、ジビエなんかにまったく興味がない若い女性をめちゃくちゃ広く集客することを考えるとか……。その方がより多くの人にジビエの素晴らしさを知ってもらえて、事業目的により近づけるかもしれませんね。

いずれにしても、より広く売ることに必死になるのです。だって、ただでさえ小さなMをもっと狭めようとするのは愚かなことなのですから。

　しかしながら、実のところ、マーケターを自認する方々でも、コトラー氏の理論を誤解していることに自覚のない人がほとんどです。私がいた2010年までしかわかりませんが、かつて世界最強のマーケティングカンパニーと言われたP&Gの中でさえも、その間違いに無自覚なマーケターがほとんどでした。すぐにメジャーブランドに対してターゲティングと差別化ありきで考えることに疑いがない人がほとんどでした。自分が好きな戦術のためにプレイしてしまうのです。ターゲティングありきで、すぐにポジショニングだ、やれカウンターだと……。それでは、よくて生存可能、悪くて消滅、メジャーブランドやNo.1ブランドは決して創れません。

　我々2人は、そんなP&Gの中にありながらも、P&Gでは誰にもほとんど理解してもらえなかった「数学マーケティング」を独自に研究していました。そのおかげで、ターゲティングと差別化ありきのコトラー文化にも洗脳されず、その間違いに自分たちで気づくことができました。だからと言って我々が社内で理解されることは困難なままでしたが、自分の中に揺らがない真実があるということは人間を強くします。これこそが、どんな権威だろうが遠慮も忖度もない、"冷徹の刃"たる「数学」の本領発揮です。

　その揺らがない真実があったからこそ、私はUSJに着任する際にも、当時は誰もが正しいと信じていた既成概念の胡散臭さに真っ先に気がつくことができたのです。「ハリウッド映画にこだわったパーク」や「大人のためのパーク」や「東京ディズニーランドと差別化

されたパーク」などは、少し聞いただけでも"おかしい"と気づけるのです。「それってMを小さくしているだけでは？」とすぐに疑うことができました。どれだけ多くの人々に強く反対されても、ブレずに既定路線から真逆にブランディングを振り切れたのも、その理論的確証があればこそです。真理は人間を強くしてくれます。

3 「ターゲティングありき」という間違い

■「浸透率」と「購入頻度」は必ずセットになる

コトラー氏のターゲティング理論をわかりやすく言うと、「マーケティングにおいては、消費者を絞ってターゲットした方がリターンの効率が上がる」という考え方です。その考え方が染みついた多くのマーケターたちは、買う可能性の薄そうな消費者はできるだけ無視して、買う可能性が高そうな消費者にできるだけマーケティング予算を集中した方が売上は伸びると考えます。確かに、多くの市場において、購入頻度も、購買力も、"偏在"しているからです。したがって、ターゲットされた消費者に集中的に予算を使い、どんどんロイヤリティの高いユーザーへと育てて囲い込み、1人あたりの購入頻度を高め、1回あたりの購入金額を伸ばしていくやり方が中長期的にもより効率の高いブランディングになると考えています。

一聴して"ごもっとも"に感じるこのターゲティング理論の間違いとは何か？　それは"ターゲティングありき"で考えているところが間違っているのです。ターゲティングした方が効率は上がるから、消費者を絞ってマーケティング予算を集中した方が良いと信じきっているその思考法が間違っています。我々はその真逆を主張し

たいのです。「できるだけ広く売る方法ありきで考えるべき。なぜならばその方が効率が良いから」と。我々にとって、ターゲティングとは、どうしようもない条件下においての消極的な選択であり、最初の100円をどこから使うのかという優先順位の"結果"に過ぎないからです。

　なぜかというと、ペネトレーション（Penetration＝浸透率）が高い方がフリークエンシー（Frequency＝購入頻度）も必ず高いからです。ペネトレーションは日本語では「浸透率」と言い、最も使うのは「世帯浸透率（Household Penetration）」で、その市場でブランドを一度でも購入している世帯の割合のことです。ブランドが市場でどのくらいの広範囲の世帯に"浸透"しているのかを示します。フリークエンシーとは「購入頻度」のことで、同じ消費者がある期間において特定のブランドを購入した回数を示します（広告業界では同じ消費者が特定の広告に接触した回数をフリークエンシーと呼ぶこともあります）。

　コトラー氏はペネトレーションが低くてもフリークエンシーの高いブランドがあるかのように言っています。でも、現実的にはそんなものはないのです。たとえば、ペネトレーションが50％のブランドAに対して、ペネトレーションが10％のブランドBが、より高いフリークエンシーを持つようなケースは見当たらないのです。現実は、そのBのユーザーでさえ、Aをより高頻度で買っているのです。

　なぜそうなるのか？　そもそもペネトレーション（浸透率）が高いということは、万人受けするということ。万人受けするということは、その商品カテゴリーにおける大きなニーズをおさえていて、大きなネガティブが少ないということ。そのようなブランドのプレ

ファレンス（相対的好意度）は高くなり、ペネトレーションもフリークエンシー（購入頻度）も否が応でも高くなることは避けられないのです。そしてより魅力が高まっていくブランドは、ほとんどの場合において、浸透率の方が購入頻度よりもさらに伸びます。

　前作『確率思考の戦略論　USJでも実証された数学マーケティングの力』（KADOKAWA）でも述べたように、AKB48のA子ちゃんが魅力的になって人気が格段に上がるときには、AKB総選挙においても、今までのファンの投票数（垂直方向の成長：購入頻度の伸び）も伸びますが、新しいファンからの投票数（Mの水平方向の成長：浸透率の伸び）の方がもっと大きく伸びるのです。魅力が上がると新規ファンがより増加することは避けようとしても避けられないと言えばわかりやすいでしょうか。

■ **"群雄割拠" 市場ではどうか？**
　一見するとターゲティングによる消費者の絞り込みがより効果的に思える、フラグメンティッド・マーケット（多数のブランドにシェアが分散された群雄割拠市場）ではどうでしょうか？　フラグメンティッド・マーケットとは、たとえば、私がかつて戦っていたヘアケアのシャンプー市場などです。No.1ブランドでも10%あるかないか程度のシェアしか持たず、小さなシェアに何百や何千もの競合ブランドがひしめいている「どんぐりの背くらべ市場」のこと。消費者の嗜好性が多様な市場、たとえば、ファッション、ビューティーケア、飲食などは、フラグメントしやすい典型的な市場として知られています。

　フラグメンティッド・マーケットの本質は、消費者ニーズが多彩であるから、それを満たそうとするブランドの核となる便益も多彩

となり、結果としてシェアもフラグメントするということ。だった
ら、どこかに浸透率は低いけれども購入頻度は圧倒的に高いブラン
ドがありそうな気がしませんか？　しかしながら、フラグメント市
場においても、より高いシェアを持つブランドが、**より高い浸透率
（Penetration）とより高い購入頻度（Frequency）をセットで持つ法
則**に変わりはありません。僅かにブランド導入期などの特殊条件下
であれば例外もありますが、浸透率が相対的に小さいブランドが、
顕著に高い購入頻度を安定的に持つなどというケースは、やはり観
察することができないのです。したがって、たとえフラグメンティ
ッドな市場であっても、むしろフラグメントな市場だからこそ、タ
ーゲティングありきでブランドを不必要に狭く考えることは危険だ
と我々は考えています。

　どうして高い浸透率と高い購入頻度は必ずセットになるのでしょ
うか？　後に詳述しますが、その核心の理由を端的に言えば、**消費
者のプレファレンス（相対的好意度）、つまり選ばれる確率Mによ
って、浸透率と購入頻度の両方がセットで（≒同時に）決まってし
まうのが市場の本質だから**です。したがって、より高いMならば、
浸透率も購入頻度も揃ってより高くなります。つまり、浸透率も購
入頻度も、プレファレンス（選ばれる確率M）の従属変数です。そ
れゆえに、市場全体における選ばれる確率Mをどれだけ大きく取れ
るのか？　最初からその1点のみの勝負なのです。不必要な“ター
ゲティングありき”で、購買層を絞り込んでMを小さくして、自分
の首を自分で絞めるべきではない根源的な理由がそこにあります。

■ ターゲティングの正しい理解
　ターゲティングありきで考えると、自分が達成できる最大限のポ
テンシャルを満たすことができません。結局は、自分が戦うその商

品カテゴリーにおいて自ブランドのプレファレンスが高くないと、購入頻度（Frequency）も高くはならない。それは商品カテゴリーを設定した時点ですでに、K（購入確率の分散を決めている）がそのカテゴリーの事情でだいたい決まってしまうからです。否が応でも自ブランドは、カテゴリーがもつ構造の中に放り込まれます。これを別の表現でわかりやすく言えば、あるカテゴリーで戦う以上、そのカテゴリーに対して消費者が期待している主要ニーズや購入習慣といった、消費者が持つカテゴリーに対するプレファレンスに支配される構造からは逃れられないとも言えます。

　たとえば、あなたがポテトチップスの新ブランドを導入するとします。その際には、消費者に「ポテトチップス」と認識された瞬間から、ポテトチップス市場のさまざまな構造的なしがらみを同時に背負うことになるのです。まず何よりも、消費者一人一人のポテトチップス・カテゴリーに対するプレファレンスによって、価値を判断するさまざまな大枠が脳内に設定されてしまいます。訴求コンセプトの競合との相対的な優劣、味はこんな感じ、値段はこの程度だろうという、経験に基づく期待値など……、それらのカテゴリーの"相場"をベンチマークにして、消費者の脳は"相対的に"あなたのブランドを評価します。したがって、ポテトチップスである以上、どう差別化しようが、どの消費者セグメントに絞り込もうが、そのブランドが市場平均に対して圧倒的な"浸透率"を実現する前に、圧倒的な"購入頻度"を達成することなど起こりえません。その両者は必ずセットで大きくも小さくもなります。

　例外があるとすればこういう場合です。もしも、隔世的に新しい消費者ニーズを発見して満たす、あるいは既存のニーズを隔世的にずば抜けて満たすことで、それら既存のカテゴリー構造をぶち壊す

ことができるような場合（消費者が同カテゴリーの既存ブランドと比較して想起することが難しいほどの差別化）があれば、例外は成立します。しかし、それはもはや既存カテゴリー内での差別化というよりも、別カテゴリーを新しく構築しているということに他ならないのです。

　ポテトチップスで言えば、競合との相対比較にならない全くの別物として導入するのであれば話は別です。たとえば、"1袋食べる毎に100gずつ痩せるポテトチップス"などであれば、核となる便益が全く異なる別物としてカテゴリー平均を圧倒的に上回る購入頻度を創出することは可能かもしれない。しかし、その場合でも間違いなく、浸透率もカテゴリー平均を圧倒的に上回っているはずという話です。その両者は2つとも、プレファレンスに従属してセットで上下する変数だからです。

　バイロン・シャープ氏は、ブランディングとは要するに、物理的かつ精神的なavailability（手に入れられる度合い）を高めることだと言っています。それは非常に正しいと我々も考えています。我々は、WHO・WHAT・HOWを設定したときに、つまりコンセプトを設定したときに、そのブランドのavailabilityの最大ポテンシャルは決まってしまうと考えています。したがって、目的次第ではありますが、ターゲティングありきで考えて、最初からWHOやWHATを不必要に絞り込んでブランドを設計してしまうことは、自覚の有無にかかわらず、ブランドの未来に大きな罪を犯していると考えています。

　ターゲティングは手段、あるいは結果でしかないのに、目的化してはいけません。コトラー氏のターゲティング理論がまずいのは、

そのセグメンテーションやターゲティングによって、特定のターゲットにおける購入頻度（フリークエンシー）をより高め、より効率の良い投資ができるという誤った幻想を生んでしまっている点です。我々がそれを幻想だと断言するのは、前作『確率思考の戦略論　USJでも実証された数学マーケティングの力』（KADOKAWA）で証明したように、ほとんどの商品カテゴリーの購買がNBD（負の二項分布）モデルの法則によって支配されているからです。

　戦うカテゴリーが決まれば自動的におおよそのKはすでに決まっており、その結果、ペネトレーション（浸透率）もフリークエンシー（購入頻度）も、プレファレンス（選ばれる確率M）によってのみ決定される従属変数です。その場合のMとは市場全体におけるブランドの購入回数の総和を全消費者の頭数で割った値であり、マーケターがどれだけ絞ろうとしようが、そもそも特定の消費者セグメント内に限定できるものでも、あるいは意図的に制限できるものでも決してありません。購入頻度を高められるようにプレファレンスを伸ばすならば、浸透率はむしろ購入頻度以上に伸びていく。これが数学によって明らかになった法則、つまり真理なのです。

4　ターゲティング理論の間違いを明示する数学的証明

　我々の理論的な確証をここで提示したいと思います。以下、コトラー氏のターゲティング理論が間違っていることを、できるだけ簡単な数学的証明にまとめてみました。この証明式において、Mは特にカテゴリーのMを想定しています。

Penetrationにおいて、ブランド i がブランド j よりも大きいと想定した時、$mi < mj$ は起こらない。mi は mj よりも常に大きい（$mi < mj$）ことを証明する。

Ⅰ　Penetrationはmを使わず、わかっている定数Kと（M/K）で表現する。

Ⅱ　$pi > pj$ と想定した時に、$mi > mj$ に必ずなる。

Ⅲ　$mi > mj$ の関係性をひっくり返すような、$fi < fj$ も起こり得ない。

負の二項分布（NBD）説明に使う記号の定義：N:玉を取り出す回数、n:最初にある全部の玉数

記号の定義	Unit Share	Penetration	購入頻度	NBDのパラメータ	単位期間の平均購入回数	赤玉の数	1回で増える玉の数
Category	100%	Pen	F	$K = \dfrac{\theta}{d}$	$M = \dfrac{\theta}{n} \cdot N$	$\theta = \sum_{すべての i} \theta i$	d
Brand i	$Share\,i$	Pi	fi	$ki = \dfrac{\theta i}{di}$	$mi = \dfrac{\theta i}{n} \cdot N$	θi	di
Brand j	$Share\,j$	Pj	fj	$kj = \dfrac{\theta j}{dj}$	$mj = \dfrac{\theta j}{n} \cdot N$	θj	dj

Ⅰ．$pi = 1 - e^{-ki \cdot \delta}$ であることを示す。

$\delta = \log\left(1 + \dfrac{M}{K}\right) > 0 \;\left(\because 1 + \dfrac{M}{K} > 0\right)$ とする。

$di = dj = d$（負の二項分布の想定より）(1)

$ki = \dfrac{\theta i}{di} = \dfrac{\theta}{di} \cdot \dfrac{\theta i}{\theta} = \left(\dfrac{\theta}{d}\right) \cdot \dfrac{\theta i}{\theta} = K \cdot \dfrac{\frac{\theta i}{n} \cdot N}{\frac{\theta}{n} \cdot N} = K \cdot \dfrac{mi}{M} = K \cdot Share\,i$ (2)

(2) より、$\dfrac{mi}{ki} = \dfrac{M}{K}$　(3)

$pi = 1 - \left(1 + \dfrac{mi}{ki}\right)^{-ki} = 1 - \left(1 + \dfrac{M}{K}\right)^{-ki} \rightarrow (1 - pi) = \left(1 + \dfrac{M}{K}\right)^{-ki} > 0$

両方に $\log$ をとる。$log\left(1 - pi\right) = log\left(1 + \dfrac{M}{K}\right)^{-ki} = -ki \cdot log\left(1 + \dfrac{M}{K}\right)$

$log\ (1 - pi) = -ki \cdot \delta = log\,(e)^{-ki \cdot \delta} \rightarrow 1 - pi = e^{-ki \cdot \delta}$

だから $pi = 1 - e^{-ki \cdot \delta}$　(4)

Ⅱ．$pi > pj$ の時 $mi > mj$ であることを示す。

$pi - pj = (1 - e^{-ki \cdot \delta}) - (1 - e^{-kj \cdot \delta}) = e^{-kj \cdot \delta} - e^{-ki \cdot \delta} > 0$　(5)

(5) より、$e^{-kj \cdot \delta} > e^{-ki \cdot \delta} \rightarrow \left(\left(\dfrac{1}{e}\right)^{\delta}\right)^{kj} > \left(\left(\dfrac{1}{e}\right)^{\delta}\right)^{ki}$　(6)

$0 < \dfrac{1}{e} < 1, \delta > 0,$ なので $0 < \left(\dfrac{1}{e}\right)^{\delta} < 1$　(7)

(6) と (7) より、$kj < ki$　(8)

(8) と (2) より $K \cdot \dfrac{mi}{M} > K \cdot \dfrac{mj}{M} \rightarrow mi > mj$（K,M 共に > 0）　(9)

　日本語で解説します。この論証によって示されているのは、より高い浸透率（Penetration）を持つブランドが獲得するＭは、必ずより高くなるということです。つまり**購入回数におけるシェアも必ずより高くなるということ**。そして、そのシェアの関係をひっくり返すほど高い購入頻度（Frequency）はありえない、ということを明示しています。

　ただし、理論上はブランドjの方が若干だけ高い購入頻度（Frequency）はあり得るかもしれないとも示唆しています。しかしながら、それでもブランド j のシェアは、ブランドiに比べて必ず低くなることを明示しているのです。そして最も大切な現実のデータ

でも、浸透率で劣るブランドjの方が購入頻度で上回るような事例は、実際にはほとんど観察できないのです。

　我々が尊敬する数学者アレンバーグ（Andrew Ehrenberg）は、この浸透率と購入頻度の高低がセットになっている関係性を観察から発見し、Double Jeopardy（二重の足枷）と呼びました。浸透率が高いブランドは購入頻度も高くなる、浸透率が低いブランドは購入頻度も低くなるということ。つまり、**浸透率が低い（ターゲティングされている）のに、相対的に購入頻度が素晴らしく高いなどということは起こり得ない**のです。

　これまでも観察からコトラー氏のターゲティング理論と実際の辻褄が合わないことに関連する指摘は、我々の前作『確率思考の戦略論　USJでも実証された数学マーケティングの力』（KADOKAWA）や、バイロン・シャープ氏の『How Brands Grow』でもなされました。今回の我々は、これまでの議論をさらに踏み込んだ数学的論証によって進めました。以下の結論を提示させてください。

　「負の二項分布の数式（NBDモデル）に従うマーケットにおいては、フィリップ・コトラー氏のターゲティング理論の基本想定は間違っている。ターゲティングして浸透率が低くなると購入頻度も低くなって、むしろ効率は悪くなる。実際には、負の二項分布の数式に従うマーケットがほとんどである現実を前にすると、コトラー氏のターゲティング理論による想定は、ほとんどのマーケットで間違っているということに他ならない。　森岡毅／今西聖貴」

5 ターゲティングするのはどんなときか？

　ここまで解説した法則の前提に立つとき、マーケティング戦略を立案する際に、果たして我々はターゲティングや差別化をどう理解すれば良いのか？　実務家としての視点から、その点をしっかりとまとめておきたいと思います。

　ターゲティングすべき（特定の消費者グループに絞り込む）ときは、ターゲティングによってＭが増える場合のみです。我々マーケターはその大原則を肝に銘じる必要があります。そのようなＭを増やすためのWHOの絞り込み（ターゲティング）が起こり得るのは、①WHATの戦略便益を定義する際と、②HOWの戦術を定義する際の2通りあると考えています。

■ WHATの定義でターゲティングが有効なとき

　ターゲットを絞り込む前のオリジナルの便益Ａに対して、ターゲティングで絞り込むことで初めて訴求可能になる便益Ｂを比較した際に、Ｂのもたらす市場全体のＭがＡよりも顕著に高い場合は、ターゲティングする意味が出てきます。

　たとえば、コンセプト・テストなどの市場調査において、Ａの購買意向（PI：Purchase Intention）が代表性のある全体（Representative）の中で「20」であった場合に比べ、統計学的有意差をもってＢの購買意向（PI）が「30」であったならば、ターゲティングすることによってＭが約1.5倍大きくなる可能性を示唆しています。理由はどうあれ、自社ブランドが語る便益Ａのプレファレンスが低く、相対的に便益Ｂが強力なのでしょう。ＡからＢに便益を変えることで、

第2章　狭めるな！　拡げよ！　　　6 5

浸透率が多少下がったとしても、市場全体ではBを欲しがる消費者のMが、Aの場合よりも大きく上回る。そういう場合はターゲティングすべきです。

　もともとAという便益が凡庸で特徴なく劣悪であったならその限りではないですが、もしも便益Aがカテゴリーで大きな消費者ニーズであった場合、異なる便益であるBを訴求することは**Mを増やすために「便益による差別化をする」**ことと同義です。便益Aが大きな消費者ニーズであるにもかかわらず、コンセプト・テストでAを訴求しても購買意向が低いのであれば、Aという便益を（消費者の頭の中におけるブランド・エクイティとして）強固に所有する競合ブランドがその市場で君臨しているケースが多いでしょう。巨大なNo.1ブランドに対し、2番手や3番手のブランドで追撃するときによく苦しむパターンです。

　そのような場合、もしも本当に便益Aの需要が便益Bよりも顕著に大きいのであれば、私ならばまずは大きな便益Aへの需要そのものを奪えないかと必死に考えます。同じ便益Aをより良く満たすコンセプトで、Aに君臨する競合ブランドのポジションに入れ替わる方法を粘りに粘って考えます。それがどうやっても難しく、何度考えても先ほどのように別便益Bを訴求する方が1.5倍の強さがあり、かつ、そのBシナリオがビジネスで要求される目的を十分に満たすのであれば、私は泣く泣くBを訴求する選択をするかもしれません。本章の冒頭で述べた、ターゲティングによる差別化は消極的な選択だと言った意味はそういうことです。

　ではBでブランドを投入した場合に、その後はどういう展開が待っているか？　カテゴリーにおいてAの便益の方がプレファレンス

が高いのであれば、Bの便益でAに君臨している王者を上回るシェアを獲得するのはそもそも難しいのです。永遠にNo.1にはなれないブランドを生み出したとも言えるでしょう。それでも、Aを強固に所有する競合にAで勝負を挑んで勝つコンセプトが創れなかったのですから、ビジネス上の目的を満たせるのであれば、便益Bへの需要をターゲティングして訴求したことは間違ってはいません。したがって、私ならば、A＞Bという消費者需要の現状をA≦Bへと変化させるような、便益B自体のプレファレンスを便益Aに対して相対的に上げるために、消費者のそれぞれに対する価値認識を操作してBを増やすマーケティングをあらゆる手段で展開し、Aに君臨する競合ブランドを激しく削る策を立てるでしょう。

　しかし、ここで再確認していただきたいのは、やはり最初から「ターゲティングありき」ではないということです。できるだけMを多くとるために、できるだけ広くあろうとする試行錯誤と四苦八苦の果てに、現実的なオプションの中で最大のMを獲得する方法が、その場合は残念ながら便益Bによるターゲティングだったということです。これを最初からターゲティングありきで考えると、もしかしてありえたかもしれないより大きなMを獲得するための便益Aの上位互換コンセプトを発想するチャンスを最初から捨てていることになるのです。マーケティングの実戦経験を積み重ねるとよくわかるのですが、とにかくその差は凄まじく大きい！

　たとえば、2021年にようやく20周年を迎えることができたUSJも、ずっとターゲティングありきだったならば、あのまま「ハリウッド映画のテーマパーク」という意味のない差別化のせいで消滅していたのは間違いないのです。さまざまな制約や所与条件下での消極的な選択、それがターゲティング。この本質を理解することは、

マーケターとしての職業使命にかかわるとても大切なことだと思います。マーケターならば、ターゲティングのリスクと問題点もちゃんと認識した上で判断できねばならないのです。

■HOWの定義でターゲティングが有効なとき

WHOとWHATは途中で変えることがなかなか困難なこともあり、できるだけ多くのMを市場全体から獲得できるように初期設計から練り込みます。最終的にブランドがどれだけ大きくMを獲得できるのかという観点から、コンセプト（WHOとWHATとHOWの組み合わせ）を考えるのが定石となります。そしてHOW【主にマーケティングの4P：Product（製品政策）、Promotion（認知販促政策）、Place（流通政策）、Price（価格政策）】を考える際にも、限りあるマーケティング予算の投下先であるWHOを絞り込んでターゲティングすることがあります。

その場合に、ブランドが狙うWHO全体を「戦略ターゲット：Strategic Target」と呼び、戦略ターゲットの中でさらに重点的にマーケティング予算を手厚く集中すべく、より狭くターゲティングされた消費者グループを「コアターゲット：Core Target」と呼びます。コアターゲットは必ず戦略ターゲットの中にある、戦略ターゲットの一部です。戦略ターゲットはマーケティング投資を蓄積していく対象そのものですから、コロコロ変更することは好ましくありません。しかし、コアターゲットについてはビジネス課題に応じて変更されますし、同時に複数のコアターゲットを追うことも経営資源の余裕があれば可能です。

経営資源が限られているときに、資源を薄く分散してしまうと「勝ち負けライン」に必要な資源を投入できずにどの戦局も中途半端で

勝てずに終わってしまいます。たとえば、小さな子供をもつファミリー層と、働く独身女性の両方に訴求したいと思っても、両方狙って意味ある結果を出すのに十分な経営資源がなければ、どちらかに絞り込むことは正しいのです。それは我々マーケターにとって毎日起こる苦しい葛藤であり、日常です。すべてをやろうとすることは戦略なき愚か者のすることですから、そういう場合は、ターゲティングは結果として起こります。

　しかしそれは、**結局「どこからゲームを始めますか？」という選択に過ぎない**のです。我々の経営資源は常に限られ、すべての人にリーチして認知を獲得し、すべての人にトライアルのチャンスをつくることは現実的ではない。したがって、最初の100円をどこから使うのが最も効率が良いかを考えている、それは正しいターゲティングです。所与の制約条件の中で最も高いROI（投資利益率）を達成するために、我々は結果的にターゲティングしているに過ぎません。言い換えれば、限られた予算において、"当座のM"を最大化するためにより効率の高いターゲットを優先しているだけなのです。これは認知を形成する際に特によく起こります。同じ戦略ターゲットの中においても、認知の上げやすさ、リーチのしやすさには、偏りがあるからです。

　しかしながら、そうは言っても、ブランド認知も特定のターゲットだけに認知を限定することは現実的には難しいのです。たとえSNSメディアを駆使してレーザー・ターゲットして認知を創ろうとしても、認知は結果として"ランダムな活動"を通して起こってくるからです。もしも仮に狙って限定的な認知をつくれる状況であったとしても、認知者の中でプレファレンスが高いのであれば、非認知者の間でも伝わればプレファレンスは高いのではないか？と我々なら

ば考えます。そうであれば無理やり認知を限定しようとする意味自体が実はあまりないことに気づきます。

6 狭めるな！ 拡げよ！

1つ加えておきたい考察があります。ここまで、NBD（負の二項分布）モデルが当てはまる市場においてはコトラー氏のターゲティング理論は成立しないと我々は主張してきました。では、NBDモデルが当てはまらない（消費者が自由に選択することができない）市場においては、コトラー氏の言うターゲティング理論は当てはまるのでしょうか？ 皆さんはどう思いますか？

実は、NBDモデルが当てはまらない市場では、ペネトレーションが低くてもフリークエンシーが高いような事例、つまりコトラー氏のターゲティング理論が正しいこともありえると我々は考えています。これに関しては、バイロン・シャープ氏らが発表した「The Dirichlet's Buyer Behaviour Assumptions Really Do Matter」という論文が非常に興味深いので紹介させてください。引用元のリンクを貼っておきますので、ぜひ原文でも理解を深めていただきたいと思います。（論文リンク：https://www.marketingscience.info/wp-content/uploads/staff/2015/08/6884.pdf）

この論文は「信頼性の高いNBDモデルであっても、基本想定を確認することが非常に重要である」ということを再確認させてくれます。ある職場の同僚15名がどの飲食店で昼食をとるかを長期で記録したデータをもとにNBDモデルで予実を検証してみると、いくつか

のハズレ値が出てくるというのです。実は、予測に合致しなかった飲食店は、NBDモデルの基本想定（ディアシュレーNBDの前提条件）を満たしておらず、NBDモデルが当てはまらなかったのです。

　想定を満たさなかった主なパターンとしては、消費者にとってその選択肢がランダムに選べる状態になかったことが挙げられています。別の言い方をすれば、それは「代替可能ではない（≒特殊事情で自由な選択オプションがない）」状態でした。たとえば、その中のあるインド料理店は、調査対象者にベジタリアンなどが含まれていたために、シェアの割に予測よりも低いペネトレーション（浸透率）と、予測よりも高いフリークエンシー（購入頻度）を併せ持つ結果になったのではないかと思います。他にも、ある店は、大人数が可能な施設がその店だけなのでグループ会食の特殊需要が集中するとか。そのような代替可能ではない状況において、NBDモデルでは説明できないハズレ値が発生していました。

　我々がこれをもう少し発展させて解釈してみると、コトラー氏のターゲティング理論が当てはまるような状況を無理やり作ろうとするならば、カテゴリーから外れれば外れるほど、相対的に見れば低いペネトレーションで高いフリークエンシーも可能性が出てくるのではないか？と思うのです。カテゴリーの内側にいる限りにおいては、あるブランドについての消費者の購買行動がカテゴリーの構成条件によって影響を受けるので、NBDモデルの法則から抜け出すのは難しいと我々は考えています。逆から言えば、先述した「痩せるポテトチップス」のように、カテゴリーの常識から外れるようなブランドであれば、NBDモデルの支配から逃れることができる可能性があるように思うのです。

つまり、既存カテゴリーが消費者に約束している価値の重力を振り切ったオンリーワンで、突出した“キワモノ”になるということです。それでいて、それなりに強いプレファレンスを有するブランドを生み出すということは、まさに新カテゴリーの創出に成功するということに他なりません。そういうイノベーションを生み出すことができたならば、少しの間はコトラー氏のいう世界は実現できるかもしれないのです。

　ただし、それも一瞬の間の話だと我々は考えます。その新カテゴリーのプレファレンスがそこまで高いのであれば、すぐに競合が類似商品を出してくるので、新カテゴリーの内側もすぐに「代替可能」になって、いずれはランダムの神様が支配する「負の二項分布」の世界に塗り替えられていくのです。個人の通信手段1つをとってみても、手紙⇒電報⇒固定電話⇒携帯電話⇒スマートフォンと、新技術によって上位互換されて新カテゴリーが次々と生まれてきました。そのイノベーションの都度、どんどん参入企業は増えて消費者の選択肢が生まれてくる。その結果、最新のスマートフォンの選択もやはりNBDモデルに従っています。ただし、新カテゴリーの創成期くらいは、コトラー氏のターゲティング理論による“効率”は可能かもしれない、我々はそう考えているのです。

　消費者の自由意志によるランダムな選択が、何らかの理由によって強制的に妨げられているときには、NBDモデルとは違った結果が出てくる。このことについては、前作『確率思考の戦略論　USJでも実証された数学マーケティングの力』（KADOKAWA）で詳述しています。そこでは、NBDモデルを成立させるための前提条件についても詳しく解説していますので、どのような場合にはNBDモデルが当てはまらないのかの理解を深められることをオススメします。

NBDモデルが当てはまらない。そんな珍しい場合には、コトラー氏が言うように、ターゲティングされた消費者が小さなペネトレーションと大きなフリークエンシーをセットでもつようなケースも出てくる可能性があるということです。しかしながら、ほとんどの市場において、NBDモデルは当てはまります。その現実を前にすると「ほとんどの市場においてコトラー氏のターゲティング理論は当てはまらない」という結論は揺るがないと我々は考えています。

さらにもう1つ、コトラー氏のターゲティング理論を正しいと誤解させる典型的なパターンを紹介します。それは本章でずっと論じてきたペネトレーション（浸透率）とフリークエンシー（購入頻度）の話と、Value Per Purchase（1回あたりの購入単価）の話をごっちゃにしてしまっている、"マーケターあるある"についてです。

わかりやすい事例として、世界の腕時計市場で説明しましょう。20世紀後半から今日にかけて、正確さ、耐久性、安価という製品優位性を背景に、世界の腕時計市場は日本のメーカーが"数量シェア"の大半を制覇しました。しかし、世界の腕時計市場の"利益額"の大半は、高級機械式腕時計を中心とするスイスが今でも握っているのです。このような事例を見聞きしたとき、コトラー氏のターゲティング理論の表層を学んだだけのマーケターは、スイスの戦略を「ターゲットを絞って、たくさん売って、成功している事例」だと解釈してしまいます。まるで、ペネトレーション（浸透率）は小さくとも、フリークエンシー（購入頻度）が高まることがあるかのように！しかしそれは大きな間違いです。

この腕時計の事例においても、NBDモデルは当てはまります。浸

透率と購入頻度の二重の足枷の法則はここでもきっちりと市場を支配しているのです。何百万円もするスイスの高級腕時計は、数万円で買える日本の腕時計と比較して、買う人（買える人）が極端に少ない、つまり小さな浸透率であり、しかも購入頻度も圧倒的に低いのです。極端に高いのは1回の購入あたりの利益額（Value Per Purchase）なのであって、やはりフリークエンシー（購入頻度）はペネトレーション（浸透率）とセットで低いままなのです。

　日本とスイスの腕時計戦争の事例は、プレファレンス（市場全体における購入回数の平均値）が低いとペネトレーション（浸透率）とフリークエンシー（購入頻度）は必ずセットで低くなるが、それでも特定の消費者層においてValue Per Purchase（購入単価）を顕著に高めて利益額で優位に立てることがあるという事例として理解すべきです。フリークエンシー（購入頻度）とValue Per Purchase（購入単価）を混同してはいけません。

　腕時計のように、同じカテゴリーで極端な購入単価の違いである「スーパープレミアム戦略」を成功させるのは容易なことではありません。圧倒的な価値の違いを売らなければならないからです。腕時計の事例でも、日本のメーカーは「機能」を安価に売り、それに脅威を感じたスイスのメーカーは社会性動物としての本能に刺さる「ステータス」を桁違いの価格で売った。その2つはまったく違う性質の本能に刺さる価値であり、同じ腕時計ではなく、消費者の頭の中では本質的にその2つは別カテゴリーとも言えるのではないでしょうか。

　それほどの差別化、高付加価値化が成しえる場合は、ターゲットを絞り込んでペネトレーション（浸透率）とフリークエンシー（購

入頻度）をセットで小さくしたとしても、Value Per Purchase を思い切り上振れさせて、数量ではなく利益額で勝ちにいく戦略はあり得るかもしれません。しかしながら、そこにはよほどの価値の差別化が必要なので、安易な気持ちで、あるいは気がつかずに、自社ブランドに不必要にターゲットを狭める戦略を選ばせてしまうことはとても危険であると申し上げたいのです。

　いかがだったでしょうか？　この章によって、"ターゲティングの本質"についての理解は深まったでしょうか？

　私の2冊目の著作『USJを劇的に変えた、たった1つの考え方　成功を引き寄せるマーケティング入門』（KADOKAWA）では、マーケティング初心者を対象としていたために、コトラー氏の「ターゲティング理論が"ありき"の誤解を生む点」と、しかし「消極的にはターゲティングすることもありえるマーケティングの現実」をどう伝えたものか、非常に悩んだことを記憶しています。揺れ動いた結果、当時の私の選択は、入門書らしく書こうというものでした。

　前作『確率思考の戦略論　USJでも実証された数学マーケティングの力』（KADOKAWA）や本書のようにターゲティングの本質を詳細に解説することは複雑で難解すぎるので避けて、「WHOは目的に照らして広すぎない、かつ、狭すぎないように」というできるだけシンプルな内容で伝えました。すべての人を喜ばせようとすると、すべての人にとって中途半端で終わる可能性があること。また、すべての人にマーケティング予算を薄く広く使うと、限りある経営資源ではどれも中途半端になる可能性があることも伝えた上で、「WHOは目的に対して狭すぎないことが重要である」ことに力点を置いていたのは「ターゲティングありき」の間違いを意識していたからで

す。本章ではその本質的な意味を詳述できました。数学的証明によってその根拠も明示することができました。

　負の二項分布の数式によって支配される市場においては、ターゲティングでMが狭まると、効率が悪くなってしまうのです。それは、カテゴリーを選んだ時点で、Kが自動的に決まり、そのブランドのプレファレンスによって決まるMが浸透率も購入頻度も同時に決めてしまうからです。浸透率と購入頻度は、アレンバーグの言うDouble Jeopardy（二重の足枷）の関係にあり、M（プレファレンス）によって必ずセットで相対的な高い低いが同時に決まります。ターゲティングして浸透率が低いにもかかわらず、その特定の狭い消費者グループ内において購入頻度が相対的に高いようなことは起こり得ないということです。

　そのことを常に念頭に置きながら、我々マーケターは市場全体におけるMをできるだけ大きく獲得する意識を持ち、むしろターゲットはできるだけ拡げる意識（≒不必要に狭くしない意識）を持つことが重要だということを、皆様にお伝えしたいのです。**選ばれる確率「M」、つまりプレファレンスは、垂直方法ではなく、水平方向に拡げることを基本戦略とした方が良い**。我々2人の前作から一貫しているこのメッセージの本質的な理解が、読者の皆様にとって深まったのであれば幸甚です。

　我々がこのような思索に至ることができたのも、コトラー氏の思索が土台にあったからです。最後にあらためて、マーケティング界の20世紀の巨人、偉大なる功績に、心からの感謝と敬意を表したいと思います。

第3章

「重心」を衝け！

1　戦略的に集中すべき「重心」という考え方

　あらゆる局面において目的を達成するためにすべてを賭して戦略的に集中すべき1点があると我々は考えています。その1点のことを、今西さんは「ハイグラウンド」と呼び、私は「重心」と呼んでいます。本書では「重心」で統一します。もともと「重心」とは数学に出てきた用語で、懐かしいところでは「三角形では、頂点と各対辺の中点を結ぶ3本の線分の交点が『重心』である」と義務教育で履修した記憶があると思います。数学的な「重心」の本当の意味は、"質量が均一に分布している想定の図形"における「質量の中心」のことです。「質量の中心」ですから、「重心」さえ正確に捉えれば、その1点を支えるだけでどんな平面や立体でもピタリと安定させることができます。

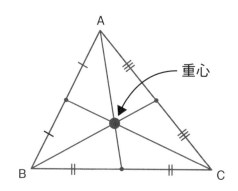

　私は、ビジネスにおいても「重心」があると考え、どんなときもこの「重心」を探すクセが染みついてしまいました。むしろ、「重心」を探すために、あらゆる調査や分析や思考を逆算して行っているというべきでしょうか。これまで多くの切羽詰まった戦場を歩い

てきましたが、戦局を劇的に一変させた戦略は常にこの重心を射抜いていたように思います。困難な局面を打開できるかどうか？　勝てないように見える戦いでもひっくり返せるかどうか？　人も金も時間も何も足らないのに山積する緊急課題に押しつぶされそうなとき、生き残れるかどうかは、目的に対応するただ1つの「重心」を発見できるかどうかに懸かっていた揺るがない実感があります。あらゆる場面において「重心」は存在します。

　たとえば、USJを経営再建しようとしたときの「重心」とは何だったのか？　これを事例にして、「重心」とは何で、それを狙って集中するとどんな良いことを起こせるのかを一緒に理解してみましょう。

　私がUSJに入社した2010年当時、全社レベルから俯瞰して見るだけでも、喫緊に解決すべき重要課題は30〜40くらいも山積していました。新規アトラクションの予算がまったく確保できていない、ゲスト満足が低い、従業員モラルの低下、集客が過去最低の年間730万人まで下がっていたこと、宣伝広告予算があまりに少ないこと、設備・基幹システムの老朽化、必要な能力をもった人材を外部雇用する予算の欠如、スポンサー収入の大幅な落ち込み、キャラクターなどコンテンツのライセンス料や条件の悪化……などなど。それらの多くの問題の一つ一つが、すぐに解決できそうに思えない会社単位や部単位で取り組むべき重要な課題であり、しかも互いに複雑に絡み合っていて十分に重い。まともな神経では、とてもじゃないけれども何から手をつけて良いのか途方にくれてしまいます。

　そんな何十個も火が吹いている状況で、私個人の時間と精神力も有限ですし、従業員の能力も数も会社のお金もすでに厳しいわけで、

一つ一つを丁寧に追ってひたすらモグラ叩きをさせるなんて、とてもできないわけです。しかし、それまでのUSJの実際は、顕在化して見えるそれらの多くの問題に、社員たちを広く薄く分散させながら手当たり次第に何十個もの問題を同時に追いかけさせて、何年にもわたって対症療法を施そうとしていたように私には見えました。会社全体としても個別の社員にしても"ドタバタ感"というか、やっている感は出るのだけれど、なかなか成果は出ずに会社業績は低迷していた訳です。

　読者の皆さんにも立場や場面は違っても、似たような状況に追い込まれたことはありませんか？　やることだらけで何から手をつけて良いかわからない状態……。そんなときは、油断していると、まるで壮絶な"ゴミ屋敷"にポツンと1人で佇むような無力感に呑まれてしまいますよね。

　しかし、私は、たとえゴミ屋敷にポツンと1人で向き合っても、「構造」をより良く知るための調査や分析はしますが、目に見えるものから手足を動かしてとりあえず片付け始める……なんてことは決してしないのです。

　なぜならば、**問題というものは、最初にどう定義するかによって、解決できるか否かの確率が大きく変わるからです。**そのためには、目に見える「現象」に反応するのではなく、その「現象」を生み出している「構造」を診なければいけません。現象を追いかけても、まして数多くの現象に広く薄く戦力を分散させられてしまったら、最初から問題解決の勝ち目はなくなるのです。ここを見極めて、みんなを勝たせるために、みんなをどこに集中させるのか？　戦略家の仕事は「構造」を診て「焦点」を定めることなのです。

では何をするのか？　最初に「重心」を探すことに全集中します。何十個もあるように見える喫緊課題の中から、それぞれの課題の因果関係を読み解いて、全体が劇的に片付けやすくなる最重要な1点を探します。私の場合は、「重心」が見つかるまでは、本当は自分の指一本も動かしたくはないのです。大切な仲間たちの時間や労力や情熱を徒労で終わらせたくはないので、とにかく必死に絡み合った諸問題の"センターピン"を見極めようとします。

　ここで改革において大事なことをお伝えします。USJに単身で乗り込んだ私は、**自分の目が曇らないうちに「重心」を早く見つけねばなりませんでした。**「重心」の見極めは、本当に最初の最初にやらねばなりません！　外から入って自分の目がフレッシュなうちにやらないと、すぐに既存組織の利害や道理や情緒に取り込まれて、何が何やらわからなくなって、他の人々と同じように大きな流れにそのまま呑まれてしまいます。自分も一緒に溺れるようになって、しまいには自分が溺れていることにすら気づかなくなる！　これは「現場の気持ちがわかる人に限って、現場の改革はできない」のと同じ道理です。人間は、"しがらみ"に呑まれたら、やるべきことがやりにくくなります。

　だから私は「郷に入っては郷に従え」という言葉が大嫌いです。その郷がすでにユートピアならばそれでよいかもしれません。しかし、改革者（≒チェンジエージェント）として臨むならば、「郷に入っては郷に従え」は完全に間違っていると明言しておきます。真逆でないと勝てません。「皆を勝たせたいならば、それまでのやり方に呑まれてはいけない！」という覚悟で臨むべきです。

第3章　「重心」を衝け！　　**8 1**

ちなみに経営者の皆さん、自社に本気の改革が必要なとき、郷の
しがらみの住人である自社社員や御自身でそれをやり遂げるのは構
造的に無理です。たとえば「マーケティングができる会社になるた
めの組織改革」にも、刀のような専門知見が外部に存在するのにも、
ちゃんと意味があるということです。

　2010年当時、私はUSJの経営再建の「重心」は、全社レベルの視
座から診ると「集客」の1点だと洞察しました。山積するさまざま
な大問題のほとんどが、「集客」を大幅に改善して会社のキャッシュ
フローを好転させない限り解決できない宿命にあったからです。

　たとえば、集客が低いことを放置しておきながら、どれだけ頭を
下げてスポンサーの皆様の恩情にすがろうとしても、そもそも貧弱
な集客では協業価値が低いのですから、スポンサー収入なんぞ回復
できるわけがないのです。逆に集客さえロックンロールすれば、放
っておいても向こうからスポンサーは集まります。同じように、集
客さえ大きく改善することができたならば、アトラクションの予算
も、広告宣伝費も、ゲスト満足を拡充するための施策も、老朽化施
設の刷新も、従業員雇用も、その他の何十とある重要課題のほとん
どを改善できるようになります。集客が弱いことが、資金力を枯渇
化させてあらゆる方面の不幸を招く震源になっている。

　そうやって全社レベルでの"経営再建の重心"は「集客を劇的に
改善すること」と定め、すべての動かせるリソースを可能な限り集
客問題の改善に集中する決断をしました。その次に私の思考が追っ
たものは何か？　それは「集客改善のための重心は何か？」という
こと。見つけた重心Pを射抜くために、その「重心」から1つ下が
った階層の重心Qを必死に捜索することでした。そして重心Qは、

"集客の重心"を「不必要に狭められていたブランドのターゲット層の幅を広げること」だと見定めたのです。さらに、集客の重心である「ブランドの幅を広げるための重心R」とは何かを考えていく……。そうやって、全社レベルから、戦略の階層を1段ずつ、「重心」を定めながら降りていきます。それぞれの戦略の階層にある目的に応じて、それぞれの「重心」が存在するからです。その盤面、その盤面に、それぞれ存在する最重要な1点、それが「重心」です。

　そうやって戦略階層を1段ずつカスケードダウンしていきながら、その戦略階層での「目的」を達成するために最も核となる「重心」は何なのか？　これを常に考えながら、会社の最上位目的から、戦略へ、そして戦術へと下方展開していくと、それぞれの階層における目的に対して「重心」を1つずつ明確に定めていくことができます。そうなると、企業体における最上位の目的から真っすぐに下方に伸びる各階層のそれぞれの「重心」を貫く太いベクトルが1本できるはずです。先ほどのUSJの事例では、P、Q、Rを繋いだ線をイメージしてみてください。円錐型の立体（四角錐でも良いです）の頂点の最上位目的から、それぞれの階層の質量中心である「重心」を射抜きながら、真っすぐに伸びていく一筋に光るベクトルを……。それらの「重心」を貫くベクトル、私がいつも「勝ち筋」と言っているのは、この必勝不敗の道筋のことなのです。私の場合は、勝てる戦いにおいては、戦う前からこの「勝ち筋」が光って見えています。

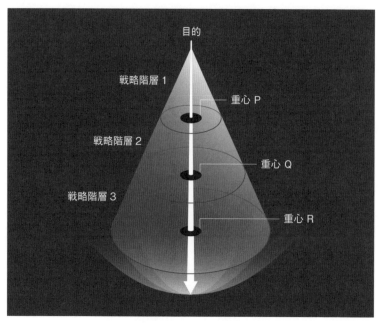

重心を貫く「勝ち筋」

 「重心」を見つけられるかどうか。その能力こそが、仲間たちを勝たせる力です。その能力の本質は、共同体のリソースを正しく集中させる力。自分にとって考えやすい低い視座から無意識に「どう戦うのか？」ばかりを考えがちな現代人ですが、共同体の上位目的を常に意識して「どこで戦うのか？」を、つまり「重心」を決して見誤らないこと。それこそがビジネスで確率高く勝つための本質ではないでしょうか。その責務を一身に負って共同体を勝たせるプロフェッション（職能）を有する専門職のことを「ストラテジスト（戦略家）」と呼び、その役割の本質は「重心」を見定めることだと私は考えています。

2 「重心」の見つけ方

　では、私が多くの人々にも使っていただけるように体系化してきた「重心」の見つけ方のフレームワークを本章でお伝えするために、必要な前提理解から深めていきましょう。これまでさまざまな会社で多くの人をトレーニングしてきましたが、あるシンプルな思考法を習得できれば、多くの人が「重心」を見つけることができように なると我々は実感しています。

　もちろん経験やその人の持つ戦略的思考力の違いによって、突破できる戦局の難易度には大きな個人差があります。戦略思考とは奥深いもので、多くの賢い人でもまったく見えない1点が、ある人にだけは最初から光って見えているということがあるのです。その視野と発想の広さと深さのスケールがあまりにも違う、いわゆる"戦略的天才"は稀にですが存在します。時代に求められて現れた戦略的天才の名が歴史上には幾人も残っています。

　しかし、生まれながらのヴァイオリニストがいないように、やはり生まれながらの戦略家もいないのです。リーダーシップなど他のビジネスパーソンのコアスキルと同様に、戦略思考も「素質×経験」によって磨かれていく能力です。戦略的天才の正体も、もともとそのような頭の使い方に向いた特徴の人が、そのように頭を使うことでいくつかの成功体験を偶然に得て、そのように頭を使うことがどんどん好きになって、もっとそのように頭を使うことに常人離れした試行回数を繰り返した……。それらの膨大な経験のおかげで、一度見た戦略的な"切り口"の残像が常人に比べて異次元的に多い、それらが大量に頭の中に貯めこまれている。その圧倒的なパターン

の蓄積（ストック）こそが戦略的天才の発想力の源泉です。どのような素養に生まれついていたとしても、たとえ他者からは"天才的"に見える人でも、経験が占める割合は相当に大きいということ。つまり、良質な"切り口の残像"を脳内に貯めることによって、誰しもがその人なりに伸びていく余地は大きいのです。

　少なくとも、磨かれていないダイヤモンドの原石よりも、よく磨いたガラス玉の方が圧倒的に光るというのは、戦略思考においても真実だと明言しておきます。

　私自身を振り返っても、「重心」という概念に行き着いたのは悪戦苦闘を積み重ねた"経験"によるものです。私は、新卒でマーケターとしてのキャリアをスタートさせてからの数年間、上手くいかずにかなり苦労したせいで、「自分の特徴を活かして生き残るしかない」と開き直って腹を括りました。自身のセンスに疑問をもち始めていた私が「マーケター」の端くれとして生きていくよりも、私らしいゴリゴリの分析力でビジネス戦略を捻りだして皆を勝たせる「ストラテジスト」として生き残らねばならない"悲壮感"があったように思います。そんな私なので、どんなに優秀な他の同僚の方々と比較しても、「戦略」についてだけはより深刻な飢餓感を持ち、より時間をかけて貪欲に学び、より突き詰めて考えることが習慣になっていました。若かった私も、世知辛い外資系に迷い込んで、生き残るのに必死だったわけです。

　そんな当時の私がよく考えていた戦略にまつわるテーマがありました。それは戦略の選択と集中に"黄金律"はあるのか？ということ。戦略の要諦は「選択と集中」だから、何に集中するかを選ぶことが大切。では、いくつに集中すべきなのか!?　変貌していくビジ

ネスの戦局によっては、集中すべき要素を何点に絞り込むのがより効果的なのか？　本当に少なければ少ないほど良いのか？　そこに目的と相関するなんらかの法則性はあるのか？　もちろんケースバイケースなのはわかっていますが、それぞれのケースを考える明確な指針が、「1要素におけるリソースが十分になるように」という視点以上の視座となる法則性は見つけられないものかと、時間を見つけてはさまざまな文献を探りながら考えていました。当時の経営戦略の論壇にも、さまざまな学者による学説（とはとても言えない）のような、"成功事例の後付け説明" はたくさんありましたが、明確な法則も示唆もなく、実戦者としての私自身の経験則に照らして腑に落ちる "理論" と呼べるものにはついに出会いませんでした。

　そんな中で私なりの "選択と集中のレシピ" についに辿り着きます。数々のケーススタディの分析に通底する合致もありましたが、それよりも私自身の経験則に照らして、非常にプラクティカル（実用性が高い）と思えた考え方にまとまっていきました。それは「組織戦においては、1つの目的に直結する戦略のリソース配分の焦点（優先順位）は、多くても3つ以内に絞り切ること」でした。それができなければ "組織としてなかなか勝てない実例" をいくつも分析し、自身でも何度も経験してきたからです。もちろん法則と呼べるほどの普遍性は確認できていませんでしたが……。

　経営資源（リソース）の分散は怖いことです。特に量的な意味合いが強い「カネ」と「時間」と「ヒト」のリソースが、5つ6つと分散すると1要素あたりのリソースが薄く厳しくなるだけでなく、それらの戦略要素の執行管理も相乗的に複雑化して全体としてやり切ることが難しくなり、どの焦点においても結果が中途半端になって勝ちきれない悪い確率が上がっていきます。この「1つの戦局で

組織を同時に全集中させられる優先順位はせいぜい3つまで」という感覚は、少なくとも実務家の私の中ではこれまでのところは裏切られたことはありません。

では、なぜ3つなのか？という話です。ここが大事。これはリソースの物量的な分散もあるのですが、むしろ精神力の分散がより本質的なボトルネックになっているように思います。1人の人間が高い意識で掌握できる要素の「数」には限界があるのではないか？と我々は考えています。「生き物」としての人間の、生理的な構造に由来しているのではないか？　乱暴に言ってしまうと「常人が同時に意識できるのは3つまで」ということに近い。

ちなみに優秀な人々で構成された組織であったとしても、その3つを超えて辛うじて意識して目的を追えるとしても、5つあたりが本当の限界なのだという実感もあります。特殊な訓練と経験を積んだ戦略家であれば、あるいは聖徳太子のような生まれつきの天才であれば、7つの要素を同時に頭の中で追い回せるかもしれません。しかし、リーダーや軍師や社長など、ある数名の"個人"にそれができたとしても、そういう頭の使い方に慣れていない人々が圧倒的大多数のはずの"組織"においては、7つなんてとても同時に意識して追いかけることはできないのです。

1つ⇒3つ⇒5つ⇒7つは、認識する困難さが格段に上がっていくマジックナンバーで、おそらく人間の脳の情報処理に関係する何らかの物理的な構造に起因しているのではないかと我々は考えています。

そういえば、今期の目標とか言いながら、あるいは人事評価の項

目とか言いながら、10個も20個も要素がある悪夢のようなリストを社員たちに強いている会社がよくありますよね？　経営者の自己満足が目的でなければ、その長いリストを社員に強いるのは本当にやめることをオススメします。人が意識できなければ効果はありませんから。人々に組織にとってより好ましい行動をとらせる確率を上げることが目的ならば、その本質は「記憶できるかどうか」ではなく、「意識できるかどうか」です。人間というものは、意識できても5つが限界、より重要な3つに絞ればベター、最重要な1つに絞り込めたらベストです。

　かつて、有名だった「電通・鬼十則」も、記憶するだけなら多くの人ができたでしょうが、あの10個を同時に意識して働くのは脳の情報処理の構造的に無理だったろうと思います。そう考えると武田信玄の「風林火山」は、時空を超えて遥かに優秀です。むしろ、10も20もあるリストなら、偉そうに振りかざす前に、さまざまな要素を目的別に束ねて整理してまとめる、あるいは抽象化して言い当てることで、「皆で集中すべきなのはこの3つだ！」と人々がちゃんと意識できるようにすべきでしょうね。よくみると、電通・鬼十則も、本質的には同じ意味のことを繰り返していますね。新時代の「鬼三則」あたりを推敲してみられたら良いかもしれません。

　そうやって「3つ程度まで絞り切れないと勝てない！」という“戦略レシピ”で奮闘していた私に転機が訪れます。多くの経験を積ませていただいているうちに、何度も何度もその3つを厳選して吟味し続けているうちに、私はあることに気づいてしまったのです。それは、「戦略の焦点として大事なその3つの重なりの中に、その局面において究極に重要な焦点がたった1つだけ見える」ということ。その1つとは、当然ですが、それら戦略の上位概念である目的とほ

ぼ重なります。言い換えれば、3つまでの優先順位とは、1つの目的を実現するための戦略（リソース配分の焦点）として結果的に絞り込んだ3つにほぼ例外なく合致しているということ。

　ここまでがクリアになってくると、ある発想が浮かびました。「目的（できれば1つ）⇒戦略（できれば3つまで）」の順番で考える脳内訓練を無数に繰り返していくと、目的から戦略ばかりでなく「もしかして逆を辿ってみても行き着けるのでは？」と、ふと思ったのです。つまり"目的と戦略"の間にある強い因果関係を利用して、上位にある満たすべき最重要目的を推理して辿っていく思考法もあり得ることに気づいたのです。

　これは私の拙い文章力でも伝わるでしょうか？　それは「目的⇒戦略」とは逆方向の発想。戦略論の掟破りですが、戦略階層にいくつかある押さえるべき焦点（≒外せない条件）の重なりから、その上位階層における満たすべき最重要な1点を探り当てることはできないのか？という考え方です。たとえ話ですが、家を建てるときに、最重要の3本の柱の位置をよく診れば、建てたい家の屋根の頂点（上位階層における戦略の焦点≒目的）がどこにあるかは推測できるのではないか？と。

　そう考えると、いてもたってもいられずに、過去の目的と戦略の関係性を洗いだしてみました。もともと「目的⇒戦略」の方向のみで創られたそれらでしたが、上手くいったケースの多くでは、逆の「戦略⇒目的」の順で辿ってもそこに必然性が見えるのです。そのことを一つ一つ確認していった当時の興奮をまだ覚えています。上からも下からも整合性がある（辻褄が合う）戦いにおいては、つまりすべての努力が集中すべき上位階層の1点に統合集中されている戦

い方を見つけられたときには、実際の結果も極めて高い勝率になっていることにも気づいてしまいました。

「ある目的に対してある戦略が必然性をもつとき、その戦略に対してもその目的が必然性をもつ」ということです。そして私はいつしか、その下位階層の複数のリソース焦点から導き出す"上位階層の突くべき1点"のことを「重心」と呼ぶようになっていました。「重心」とは、絡み合う複数の条件を同時に満たす1点であり、その戦局においてはリソースを集中すべきたった1つの焦点であり、戦略階層から見れば上位の目的実現に直結します。

「重心」を見つけるための大まかな考え方を説明します。簡単ですから御安心ください。それは三角形の「重心」を求めるのと概念的に似ています。「重心」は、複数の必要条件を同時に満たす「解」を探すことで見つかります。目的を達成するために重要な「必要条件」として3つ程度の要素（4つでも5つでも良いですが）を厳選して挙げて、それらの条件をクロスで重複して満たすものを必死で考えるのです。たとえば、ある目的の実現に対して、必要条件A、必要条件B、そして必要条件Cがあったとして、AかつBかつCを満たす要素が「重心」である可能性が高いのです。その1点の探し方が平面や立体の図形から3点を取って、その質量の中心を探す数学的アプローチとの類似性を感じていた私は、いつしかその戦略の焦点を「重心」と呼ぶようになりました。

2010年当時のUSJ経営再建の「重心」は「集客」だったと申し上げましたが、その時に「重心」を洞察したのも基本的に同じように考えています。その30〜40個もあったやるべき喫緊課題の中から3つ程度を抽出して必要条件とし、それらさまざまな組み合わせの3

つを解決するためには根本的に何の条件が最重要なのかを、まるで「なぞなぞ」を解くように考えたのです。「アトラクション予算を確保する」かつ「老朽化設備の刷新」かつ「スポンサー収入の獲得」、これら３つを同時に解決するために必要なもの……、これなーんだ!?という思考です。この当時のUSJはいくつかの組み合わせを試すと、「集客の改善によるキャッシュフローの大幅な改善」が、会社再建の「重心」であろうことに行きつきました。そして、どの３つの問題をクロスさせても、その重なりにあるのは「脆弱な集客」という根本問題だったからです。

　しかし、ビジネスにおいて実際に大きな差が生まれてくるのは実はそこからです。「集客」を改善させればほとんどの問題は解決すると、その当たり前を指摘すれば、多くの人は「確かにそうだよね」となります。しかし、そのあと、これから申し上げることが実行できない人がほとんどなのです。ここで最も大きな差が生まれます。それはリソースを「重心」に極端に集中すること。これが実行できない個人と組織がほとんどです。「重心」がわかったとしても、自身の共同体にその「重心」への集中を説得して実行させることができないマーケターがほとんどなのです。

　本来、「重心」がわかれば、一切の他の領域からリソースをできるだけかき集めて、全賭けで取り組むのみです。しかし、ほとんどの人は、「重心」が見えないだけでなく、見えていたとしてもそこまでの１点賭けが怖くてできません。ほとんどの人間は、選ぶストレスに耐え切れず、リスクを回避しようとして、あちこちに分散して張った方がむしろ安心します。理由は、人間の自己保存の本能が常に最悪を避けたがるからです。餓死を避けることを最優先に発達した動物としての人間の本能は、100点や80点を諦めても、20点や30点

が取れて確実に0点を避けられる方が喜ぶように本能ができている
のです。この強烈な本能の重力に逆らうには、理性による決断力の
研鑽を多く積んでいないと極めて難しい。優先順位をつけず、怒ら
れることや失敗することを極度に恐れ、上から言われたことを選ば
ずに何でも忠犬のようにやる人が蔓延しているのは、最悪を避けた
い動物としての本能なのです。

　これがもしも資産形成であれば、最悪を避けることが最重要目的
にもなり得ますから、広く分散したポートフォリオは悪くありませ
ん。しかし、成長を宿命づけられたビジネスにおいては、集中しな
いとリソース不足で目的を達成できないことがほとんどですから、
分散すると実際の運命は相当にまずい結末になるのです。選ばない
ことで、あるいは分散することで、実際のリスクはむしろ極大化し
ていくことに気づかねばなりません。運よく競合が同じように凡庸
であれば生き延びられるかもしれませんが、あれこれ分散すること
は負け戦のレシピです。

　火事場に入っていって「重心」を見つけるのはチャレンジですが、
実際にはそれよりもっと大きなチャレンジが存在します。それは、
組織を「重心」に全集中させること。描いた戦略を本気で実行させ
るように動かすことです。戦略とは、立てるよりも実行する方がず
っと難しい。「重心」を発見してから最重要になるのは、もはや戦略
思考よりも、人を動かすリーダーシップです。難しい戦局ほど、強
大な戦略思考と、強大なリーダーシップの両方が不可欠です。それ
が危機にあるビジネスをV字に曲げるということ。我々マーケター
が、人々を動かすリーダーシップ領域においても、たゆまぬ研鑽を
積み続けなければならない理由もそこにあります。

第3章　「重心」を衝け！

3 ブランド戦略の「重心」を 定めるフレームワーク

　どのような局面においても全集中すべき1点があります。ここまで、その1点である「重心」の概略について述べてきました。ここからは「重心」の考え方を、ブランド戦略に当てはめるとどうなるか？　ブランド戦略の「重心」を見つけるフレームワークについて、我々の考え方を紹介したいと思います。

　まず、ここで扱う「ブランド戦略」の意味を明確化します。我々の考えるブランド戦略とは、消費者の脳内にどのような競争優位なブランド・エクイティを構築するのかという意図的な選択を指します。別の表現で言えば、どの市場において、WHO（誰に）、WHAT（何を）、HOW（どうやって）、訴求していくのかという "一連の選択の束（a set of choices）" を決定することとも言えます。端的にいえば、消費者の脳内にどんなブランドを構築したいのか!?という強い意志がブランド戦略。刀では、この "一連の選択の束" を関係者で明確に理解共有するために、ブランドの設計図（≒ブランド・エクイティ・ピラミッド）として視覚的に明瞭に三角形の図表でまとめたりもします。

　そのブランド戦略の「重心」とは何か？「ブランド戦略の重心」とは、ブランドが生き残る確率を高める構造的に有利なブランド・ポジショニング」のことを指します。ブランド・ポジショニングとは、WHO・WHAT・HOWの組み合わせで結果的に決まり、消費者に他ブランドと相対的に比較されることで認識されるそのブランドの意味や価値のことです。競合との相対で決まるブランド・ポジシ

ョニングこそが、プレファレンス（選ばれる確率M）を決める構造になります。

(1) ポジショニングは相対的

　消費者の脳内でそのブランドが認識されるときに、そのブランドについてさまざまなブランド・エクイティ（≒イメージ）が実感あるいは想起されます。そのときに同じカテゴリー内における他の代替可能なブランドたちと比較され、そのブランドの意味づけが決まります。**ブランド・ポジショニングは、あくまでも他との比較によって、相対的に決まる**のです。

　たとえば、私自身は「保守のど真ん中」だと思っているのですが、よく周囲の人から「かなり右傾化している」と認識されることがあります。私は日本人として、自身や家族を育んでくれた日本という共同体に感謝し、日本の文化と価値観を愛しています。そんな私が「いざというときは共同体を守るために武器をとって戦うのが市民（国民）だ！」と当たり前のことを言えば、日本ではほとんどの場合は「右」だと思われます。かつて住んでいた米国では「そんなの当然だけど……」とキョトンとされますし、今まさにウクライナでは国民が銃を取って戦っているのですが、日本ではずいぶん右寄りの思想の持ち主だと思われます。なぜならば、**ポジショニングは、人々の頭の中で相対的に決まる**からです。世界基準からしたら私自身は保守のど真ん中に座っているはず!?なのですが、日本基準では多くの人々が戦争アレルギーで、私よりもずっと左側に座っていらっしゃるからです。だから日本では、私は相対的にずいぶんと右側にポジショニングされてしまうことになります。

　ポジショニングは相対的です。絶対的に真ん中にいるつもりの私

でも、人々が私よりも極端な左側にポジショニングすれば、私は相対的に極右にだってされてしまいます。このように、自分から動いていなくてもライバルたちが動くことで不利な場所に動かされることがありますし、逆に自分が意図的に動くことでライバルを不利な場所に追いやることもできます。自社ブランドの選ばれる確率がより高くなる有利なポジショニングを見定めて、そこに自社ブランドを近づけ、そこから競合たちをできるだけ遠ざける……。これをポジショニング・ゲームと言います。マーケターたちは消費者の脳内、認識世界において、有利なポジショニングを巡る陣取り合戦に鎬を削っているのです。

(日本刀慣用表現：「鎬を削る」鎬とは、日本刀のエッジの反対側、厚みのある背側部分を指す。鎬が削れてしまうほど激しい戦いという意味)

(2)「消費者価値」にポジショニングする

大前提を確認しておきます。ブランド戦略を考える上で、最重要なものは何か？　それが消費者理解であるということを度重ねて我々は申し上げてきました。なぜならば、WHOの設定はもちろん、WHOを喜ばす価値そのものであるWHATの設定も、深い消費者理解なしには成立しないからです。そしてその深さは相対的により深くある必要があります。つまり、あなたの競合よりもずっと深く消費者を理解していないと競争には勝てないということです。消費者理解の深さの競争であなたが勝てないのであれば、つまりマーケターの本業であなたが競合マーケターに勝てないのであれば、あなたのブランドが競合に勝てる道理はありません。だから本物の消費者理解に本気になってください。

本物の消費者理解とは、本人の自覚なしに消費者を支配している"本能"と、消費者の"購買行動"（カテゴリー、ブランドの選択）

の因果関係を明瞭に解き明かすことです。そのカテゴリーにおいて、消費者が答えるような表層的な理由ではなく、消費者の本能が何を求めてその選択をしているのか？　カテゴリーが満たしている本能からの欲求が何なのか？　ここに明確な仮説を持てることが重要です。その上で、カテゴリーにいくつか存在する衝くべき本能のオプションの中から、自社ブランドにとってもっとも高確率でプレファレンス（選ばれる確率M）を上げることができる「価値」を定義するのです。

　その「価値」を自社ブランドの記号性として明確に所有（Own）できるように、自社ブランドとその「価値」との記号的な繋がりを強めるように、あらゆる消費者との接点をコントロールしていく。**カテゴリーにおける消費者の選択の軸となる「価値」を、自社ブランドが他社よりも第一想起される確率を高めること**。これがブランディングであり、ブランディングの結果として消費者の脳内に創られていく、複数の価値軸の組み合わせで定まっていく、競合に対する自社ブランドの相対的な意味づけこそがブランド・ポジショニングです。

　我々マーケターの中に深い消費者理解があれば、誰に（WHO）、何の価値（WHAT）を提供すれば、いかほどの売上が作れるかのおよその見通しが立てられるようになります。詳細精緻な需要予測がなくても、WHOとWHATのどの組み合わせがより強いプレファレンスをつくれるかの仮説が立つようになっています。逆に、量的調査で答え合わせをする前に、その仮説が立つくらいまでは消費者を理解しているべきなのは当然のことです。

　たとえば、少なくともWHO（ターゲット）の設定でPとQとRの

3つの仮説が立つとき、それぞれの相対的な大小はもうわかっているはずです。さらにWHAT（価値≒便益）の設定でXとYとZの3つの仮説が立つならば、それぞれの強弱や、WHOとの組み合わせの強弱も明確に仮説が立つ状態にあるはずです。

ここで3x3の組み合わせを調査にかける必要などなく、「QをターゲットにするならXの便益を訴求するのが一番強いはず」のように、およその見当がついているはずです。消費者が何を求めているのかがちゃんとわかっていることが、この後のフレームワークを有効に使いこなす前提です。

(3) ブランド・ポジショニングの「重心」を定めるフレームワーク

「重心」。その究極の1点は、目的を達成するために非常に重要な「必要条件」として3つ程度を厳選して挙げて、それら条件をクロスで重複して満たす1点を探すことで見つかると先述しました。たとえば、必要条件A、必要条件B、必要条件Cがあったとして、AかつBかつCを満たすのが究極の1点、「重心」となります。では、ブランド・ポジショニングを定めるときに、どのような必要条件を考慮して「重心」を探していくのかについて、我々のフレームワークをお伝えします。

我々は、以下の3つの条件を同時に満たす、構造的に強いブランド戦略の核となる「重心」を定めることを提唱します。強い「Consumer Value」と、強い「Company Edge」と、強い「Competitive Defense」を同時に満たす、その3つの重なる部分を掘ることで構造的に強いブランド戦略の「重心」が見つかります。

まず、強い「Consumer Value（消費者価値）」。これは消費者の根源的な本能に刺さるほど強い「根源的欲求」であり、深い消費者

理解に根差したWHOとWHATの組み合わせから見つけられます。3つの要素の中でこれが最も重要です。次に「Company Edge（自社の強み）」。これは自社の特徴を武器に変えるということ。目的のために、自社の持つさまざまな特徴をいかに最大限プラスとなるように活用できるかです。最後に、「Competitive Defense（競合防御）」。これは仮想敵である競合ブランドが反撃や追随をしにくい理由のことです。そのブランド・ポジショニングが成功するために必要な時間や、戦略の持続性を担保するために必要となります。

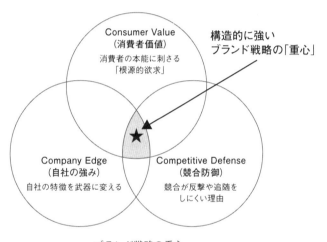

ブランド戦略の重心

　最初からその3つが重なるところに何かあるはずだと、当たりをつけながら探していくことです。私は、「重心」を射抜く勝ち筋は、そもそもゼロから創り上げるものではなくて、実は最初から存在していると考えています。絶体絶命だと思うような状況でも、どこかに必ず勝ち筋はあるのにまだ見えていないだけだと意識的に思うようにしています。実際に、凡百の目では見えなくても、この3つのスコープを持って、それらの重なりに照準の中心を意識して診てみると「重心」の存在が見えてくるのです。そうやって見えてきた「重

心」の仮説をもとに、競合に対してその価値をOwn（所有）できるようなブランド・ポジショニングがあり得るのか、それを実現するためのコンセプトや、一切のHOWの要素を一貫させながら、辻褄の合う戦略オプションを推敲していきます。

　ちなみに「Company Edge」と「Competitive Defense」の要素が結果的に同じになる場合があります。たとえば、「パテントされている技術」などは、同時に「Company Edge」にも「Competitive Defense」にもなりえます。それぞれちゃんと自社の特徴を活かせていて、競合が追随することが難しくなる要素が存在しているのであれば、要素が同じでも問題はありません。

　また、「Company Edge」と「Competitive Defense」がそれぞれ複数ある場合もありますが、そのブランド戦略が、いくつもの強い「Company Edge」や「Competitive Defense」を生み出すのであれば、それは良いことです。しかしながら、消費者に伝えて脳内に構築していく価値はシンプルでなければなりません。HOWの段階で、たとえばコミュニケーションに落とすときに複数の価値を伝えようとするとすべてが伝わらなくなったり、短期間でコロコロと訴求の焦点を変えると消費者の脳内に何も蓄積されなくなったりします。「この店のラーメンは濃厚だ！」、「この店のラーメンは激安だ！」、「この店のラーメンはヘルシーだ」のように訴求点はコロコロと変えてはいけないのです。したがって、ブランドのポジショニングとして中長期的に集中すべき「Consumer Value」は実質的には1つであり、それがすなわち、ブランド・ポジショニングとしてのたった1つの「重心」です。

■ブランド戦略の「重心」は、本当に1つだけなのか？

　ここでもう少しだけ「重心」の議論を深めておきたいと思います。我々が前提のように言っている、ブランド戦略の「重心」は1つ、つまり選ばれる確率を最大化させるそのブランドにとってのポジショニングは1つだけだと考えている根拠が何なのかについて、やや難易度が高い説明になってしまいますが、透明性のために提示しておきたいと思います。

　結論から申し上げると、「選ばれる確率Mを最大化するポジショニングは1つである」というのは、数学的に担保されているわけではなく、我々の論理的推論です。

　まず、選ばれる確率Mに関しての本質的な確認です。選ばれる確率Mとは、そのブランドを購入する人々が認識する価値（＝WHAT）の相対的な好意度（プレファレンス）によって決まります。つまり、ブランドjのポジショニング（≒WHAT）が決まれば、そのポジショニングに対応する売上個数の最大値の可能性が決まるということです。

　そこから、あらゆるマーケティング活動によって、そのポジショニングに対応する売上個数の最大可能値の阻害要因をできるだけ取り除いた結果として、現実のマーケットでの売上個数が得られます。ちなみに主な阻害要因には、低いブランド認知、認知獲得にかかる時間、低い配荷などです。

　議論を簡素化するために、認知、時間、配荷率はすべて100％と想定して、我々の説明をすすめます。またこのブランドjも、ブランドjが属するカテゴリーも、負の二項分布に従うものとします。

θj が決まると一義的に mj が決まる。なぜなら、$mj = \dfrac{\theta i}{n} \cdot N$ が示すように θj と mj はもともと直線的な関係だから。

ゆえに θj の最大化する j の positioning が決まり $max\ (\theta j)$ が決まると一義的に $max\ (mj)$ が決まる。

θj を最大化する j の positioning が決まる→$max\left(\dfrac{\theta j}{n}\cdot N\right) = max\ (mj)$

では $max\ (\theta j)$ に対応する j のポジショニングのオプションは本当にたった1つなのでしょうか？　実は、正確には1つとは言い切れないのです。なぜならポジショニングと θ の関係が不明瞭だからです。ポジショニングと θ が1対1の関係になっているとは、数学的には断言できないのです。

ただ、それでも確率的に考えると、mj を最大化できる j のポジショニングは1つであろうと推論できます。なぜなら、ポジショニングはあの3つの条件を同時に満たしていないと、θj を最大化できないからです。数値的に全く同じ θj で、なおかつ3つの条件（Consumer Value、Company Edge、Competitive Defense）を満たすものは、現実のビジネスの文脈ではほぼありえないのです。

破綻した旧グリーンピア三木から刀が再建した「ネスタリゾート神戸（兵庫県三木市）」を事例に説明します。ブランドのWHATをざっくり表現すると「Great Nature without Mess（楽ちんで満喫できる大自然の大興奮）」であり、それが「Consumer Value」として物凄く強いことは量的調査で確認しました。少なくとも調査にかけた他のどのオプションよりもそれが段違いに強かった。

では、それよりも強いブランドとしてのWHATはあり得たのか？

これがブランド・ポジショニングにおける本当に最強の「重心」なのかは永遠に断言できないのですが、少なくとも、他の「Company Edge」と「Competitive Defense」の2つの視点からも当てはまる同程度に強い別のブランド戦略は、現実的になかなか考えにくいということです。

というのも、山ばかりに囲まれて、集客の目玉になるようなアトラクションや設備も持たなかった年金保養施設であり、新たにパークを作り直すような予算を持たないCompanyのリソースの事情からは選択肢が限られるからです。そんなネスタが武器にできることも非常に限られています。それは山しかないことを逆手にとって、山がプラスの資産に変わるように、パークの前提（≒文脈）を「大自然の冒険テーマパーク」に変えてしまうこと。その戦略は、少なくとも当時考えたあらゆるオプションの中でもっとも効果的に自社の特徴を活用できていた。また、「Competitive Defense」の観点でも、そのような大自然での解放感、体を動かしたり自分で何かができるようになることを楽しんだりするブランドは、たとえばUSJや近隣の遊園地のような都市型パークにも追撃されない独自のポジショニングを維持しやすい。

もしもCompanyの事情が違っていたら、たとえばパークを作り直す資金があったならば、より高いMを獲得できる別のポジショニングはいくつも考えられたでしょう。競合環境が違っても、別のWHATを志向したかもしれません。しかし、特定の状況でMを最大化させるための3つの輪の重なりで、Mを最大化できるオプションは現実的には非常に限られるということ。もちろん、より強いポジショニングがまだ別に存在する可能性は永遠にぬぐい去れないのですが、それでもマーケターの実務者である私には、置かれた条件の中で苦

しみぬいた先に「これが重心に違いない！」と思える瞬間があります。そして目的に対して十分なMを獲得できると判断するなら勝負です。

このような推論を経て、我々は「ブランド戦略の重心は1つである」という前提でさまざまなビジネス戦略を考えてきました。どんな逆境に置かれても、どこかにまだ気づいていない、ブランドが選ばれる確率Mを最大化するたった1つの「重心」があるに違いないという希望をもって、その1点を探すことに全力を尽くしてきました。

もちろん、ネスタの事例のように、1つだけの「重心」はあくまでも理論的な概念なので、自分たちが選んだそのポジショニングがその1点なのかどうかは、永遠に答えがでません。しかも、環境は変わり、競合は動き、より快適で便利なものを求め続ける消費者のプレファレンスは遷移します。したがって「重心」も動くものだと考えておかねばなりません。

さらに、ビジネスを最大化するポジショニングが1つという考え方に立てば、新たな重要な示唆が生まれます。たとえば「新規ユーザーを獲得したいが、既存ユーザーを失いたくない」というのは、マーケターあるあるです。この悩みに対峙するにあたり、Core & Moreと呼ばれる考え方もよく知られています。ブランド・ポジショニングの核となる「コア」を定め、それから逸脱しない範囲の「モア」で中長期の軸をぶらさずにユーザーを広げていくという考え方です。

ごもっともに聞こえるこの考え方ですが、本質を射ていないように思うので私自身はまったく採用していません。なぜならば、Mを

最大化できるポジショニングは最初からたった1つで、コアでも、モアでも、へったくれでもないからです。負の二項分布に従うマーケットであれば、たった1つの「重心」となるポジショニングを見つけさえすれば、既存ユーザーも、新規ユーザーも関係なく、市場全体から獲得できるMが最大化することが真理だからです。

　だから私は、USJの経営再建に際しても、既存のハリウッド映画ファンを失うことを極度に恐れる反対意見の大合唱でしたが、迷わずに「ワンピース」や「モンスターハンター」を大々的に押し出すことができました。この後に紹介する「重心」を射抜くポジショニングによって、USJは結果的に「マンガ・アニメ・ゲームファン層」だけでなく、減ると危惧された「ハリウッド映画ファン層」も、その両方から集客を圧倒的に増やすことに成功しています。人は、映画だからではなく、自分の観たいものがあるからテーマパークに行く！　どこかにある市場全体のMをもっとも多く獲得できるその1点、ブランド戦略の「重心」を最初から探すのです。少なくとも私はCore & Moreではないと考えています。

(4) 実例：経営再建時のUSJのブランド戦略の「重心」について

　実例で理解を深めましょう。この項の目的は、3つの重なりから「重心」をみつける方法が、実務においてどのように考えながら、ブランド戦略やブランディングのHOWへと昇華していくのか、その理解を深めていただくことです。私が2010年からかかわったUSJのブランド戦略の実例を通して説明します。ただし、もうあれから10年以上も経ち、私がUSJのCMOを辞任してからもすでに8年が経っていますので、今のUSJが何をどう考えているかを知れる立場に今の私はありません。ここで私がするのは私の頭の中にある当時の話ですから、現在のUSJのブランド戦略とはくれぐれも関連づけない

第3章　「重心」を衝け！　　　**105**

ようにお願いします。

　先述したように、当時の私は経営再建の「重心」が集客だと考えました。では、その「集客」を劇的に回復させるために、戦略階層を1段階下げて、集客のためのブランド・ポジショニングの「重心」は何だと判断したのか？　その1点を見つけるために、3つの重なりをそれぞれどのように考えたのかという話をします。

　結論から申し上げると、当時の私が消費者理解を深めながら定めた本能に刺さる「Comsumer Value」は、レジャーにおける「失敗しない選択肢」だと消費者の深層心理において認識されることでした。それは、人がなぜテーマパークに行くのか？という根源的な答えにもなっています。

　大きく言えば、人間は本能に操られてテーマパークに来ています。自分では意識できないところで、非日常を欲してしまう生理的な構造を持っています。男性も女性も、家の中でじっとしていると、あるいは同じような刺激のない毎日が続くと、青い空を見るとなんとなく出かけたくなる、いつもと違う行動を取りたくなる、そういう生き物です。

　なぜか？　人間も本能に支配された動物の一種だからです。もっと露骨にいうと、部屋の中でじっとしていても生殖機会に恵まれず、子孫を残せないからです。本能は、理性や意識のもっと奥底で、異性との遭遇確率をなんとか高めさせようとします。男性ホルモン「テストステロン」が分泌され、個体の活性を大きく高めて、外出したい欲求が高まるように、異性との遭遇確率を増やす行動を取るように促しているのです。皆さんも覚えがあるのではないでしょうか。

思春期に部屋の中にいると理由もなくむしゃくしゃしたり、なぜか外に無性に出かけたくなったことが……。それらは本能に基づく動物としての衝動です。

　人はなぜ外出したがるのか？　人はなぜテーマパークに行くのか？必死に研究し続けた当時の我々は、性ホルモンに着目しました。テーマパークの年代別の来場確率と、テストステロンの年代別の分泌量のカタチは美しく重なっているのです。ちなみに、テストステロンは男性の方が多いですが、年齢別の分泌量の分布は、男女ともに似たような形をしています。つまり、性欲が高まっていく10代や20代で来場ポテンシャルはピークを迎え、30代、40代と漸減し、その後は急減していきます。テーマパークに60代や70代の来場が少ないのは、生理的に活発化される度合いが低いからです。

　そんな本能に支配されたレジャーカテゴリーの中で、休日の過ごし方は他にもたくさん選択肢がある中で、どうしてテーマパークが選ばれているのか？　ハイキングや釣りではなく、本能に促された消費者が外出したくなるときにテーマパークを選択する重要な価値軸とはいったい何なのか？　ここを見極めることが大切でした。テーマパークには、ライブエンターテイメントならではのリアルな興奮の強さなどさまざまな価値があるのですが、それらの中でもっとも特徴的なものに私は着眼しました。

　それは、**他のレジャーの選択肢に比べて「楽に、失敗なく楽しめる」という価値**です。

　週末や旅行でのレジャーにおいて、どこに行くかを意志決定する消費者は、とにかくガッカリしたくないのです。大きな時間と労力

とお金をかけて、家族や恋人や親しい友人たちを連れて、せっかく行ったにもかかわらずその体験が期待外れの失敗に終わることを最も恐れています。そんなに失敗したくないなら、自分でしっかり計画して皆を楽しませれば良いのですが、お父さんもお母さんも、はたまた彼氏も彼女も、本音では忙しくてそんな面倒なことはできればしたくないのです。そもそも人を楽しませることに自信がある人もほとんどいないのです。

　でも失敗したくはない！　したがって、そこに行きさえすれば、お金を払いさえすれば、面倒なことを回避できて、向こうから楽しませてくれる、きっと自分も皆も楽しめるに違いないと思える、そのような安心できるレジャーの選択肢が求められます。実はそれがテーマパークの正体です。その失敗しないと思える安心感を、ここでは端的に「テッパン感」と表現することにしましょう。

　こういうところまでの消費者理解は、いくら質的調査をやって消費者に聞いても出てきません。マーケターが、消費者の行動を観察し、発言のもっと奥底の本能の揺らぎを洞察し仮説を立て、本能と行動の因果関係とその構造を読み解き、そして検証せねばなりません。我々が刀でも大切にしているノウハウですが、脳内構造やホルモン作用のような生理的構造のレベルまで因果関係の分析を行って、仮説の確かさを次々と深めていく……。そういうレベルで消費者を理解すれば、ブランドとしてどの価値軸を奪いに行くべきなのか、明確な指針も見えてくるのです。

　その当時も念入りに量的調査による仮説の検証を行いましたが、テーマパークの各ブランドのシェアと、消費者の脳内の各ブランドに対する「テッパン感」の想起率の関係は美しく合致していました。

御想像のとおり、当時の東京ディズニーリゾートの2つのパークに比べて、USJの"テッパン感"は非常に弱かったのです。USJのプレファレンスを伸ばす鍵がそこにあるのは明白でした。であれば、「Consumer Value」は、この"テッパン感"を激上げすることに定めてみようと考えました。

では「Company Edge」はどう考えたか？　それは、当時のUSJの中に確かにあった世界レベルのハイクオリティなエンターテイメントを創り出すノウハウを使うことにしました。実際に、当時は世界最高ライドアトラクションの称号を勝ち取った「アメージング・アドベンチャー・オブ・スパイダーマン・ザ・ライド」のように、ライドやイベント単体で見ると、ユニバーサルにはディズニーに勝るとも劣らないクリエイティブ開発力と、それをやりきる情熱溢れる現場力がありました。しかしそれまでのマーケティングのせいで、そのハイクオリティなエンタメを生み出せるUSJの能力は、その実力の割に日本社会ではまったく評価されていなかったので、伸びしろも大きいと判断しました。

最後に「Competitive Defense」の観点では何を考えていたのか？　この場合、仮想敵を誰にするかによって大きく戦略が変わりますのでここがとても大切です。私が入社するまでは、USJの内外で信じられていたUSJの主な競合は東京ディズニーランドでした。しかし、そもそも関西地域でのUSJの伸びしろがまだまだ大きいことに着眼した私は、仮想敵としての競合設定を、関西地区の代替テーマパーク・遊園地施設と置いたのです。500kmも離れ、3万円の交通費の川で隔てられた直接競合していない東京ディズニーランドではなく、まずは関西地域において圧倒的なガリバーになることを明確に優先しました。そうすると、関西ローカルでの競合がなかなか真似でき

ない要素が何であるかも自ずと明瞭になってきます。

　したがって、「Competitive Defense」としては、関西では比類のない圧倒的なスケールとクオリティをもつことを選びました。ディズニーと比較すると自らを卑下する発想しか生まれてきませんが、実際に関西地域の週末レジャーの選択として、USJ以上のスケールとクオリティを持ったテーマパークは存在せず、それは圧倒的な差なのだからもっとその差を活かした方が良い。むしろ、その認識をブランド・ポジショニングとして消費者の脳内に築けていないところが問題であり、同時にUSJの巨大な伸びしろだと確信しました。

　その3つのスコープを重ねてみると、USJのもつ（関西の中では）圧倒的なスケールとクオリティを活用して、消費者の本能が求めている「USJに行けば自分たちのレジャーは失敗しない"テッパン感"」を、主に近隣から競合たちに対して強固にする大戦略が見えてきました。USJの集客を激上げするための、3つの重なりにある「重心」は、"テッパン感"の第一想起率を上げることだったのです。

　その「重心」を射抜くためのHOWとして、私は消費者とのすべての接点において"テッパン感"を刷り込んで積み上げるために、新しいブランドキャンペーンを開発しました。覚えておられる読者もいらっしゃるかもしれませんが、あらゆるコミュニケーションが「世界最高を、お届けしたい。」と、「Wow!」という子供のVE（ボイス・エフェクト：人の声）で終わる"世界最高キャンペーン"を展開したのです。

　この新キャンペーンを意志決定するにあたり、社内では、特に経営層からは心配の声が非常に強かったです。「そんなことを言って、

本当に大丈夫か？」と。当時は、一度破綻した経営難の三流テーマパーク、あるいは地方の大きめの遊園地程度にしか思われていなかったUSJ。しかもディズニーランドのクオリティが圧倒的な頂点として念頭にある日本市場において、「世界最高」という言葉を自ら口にするのは憚られる、反感を買って炎上すると思った社員は非常に多かったのです。しかし、私に言わせてみれば「だからこそやらねばならない！」のです。そんな風に思われ続けていること、"テッパン感"が脆弱なことを、変えることがまさに集客の「重心」なのですから。

　加えて、そんな評価が低いUSJに「世界最高」を連呼させるために、私なりの腹黒い工夫もちゃんとしていたわけです。もしも「USJは世界最高です！」とか「世界最高のパークはUSJです！」のような言い方をすれば、勘違いか傲慢にとられて反感を買うでしょう。しかしこれは、「世界最高を、お届けしたい。」と、わざわざ消費者に対する真摯な"奉仕目線"になるように考え抜いたコピーなのです。「私は世界最高です」では「鼻持ちならん！」と思われてダメ。「（あなたのために）私は世界最高をお届けしたい」ならば「愛いやつじゃ♡」と受け入れるのが人間です。本書の後半で詳述しますが、マーケターであれば、こうやって記号である言葉を操って、相手にとっての"利"とその奥底にある本能を衝くようにします。平たく言えば、誰が得をする話にするかを腹黒く考えること。そうすれば、言いたいことを、相手が聞きたいように伝えることができます。

　こうやって、何年も何年も一貫して消費者に「世界最高」という記号を刷り込むことで、「まあディズニーもあるから世界最高かどうかはわからんけど、USJも世界レベルのクオリティとスケールをもったテーマパークの1つだろうから、行ってみたらそれなりに楽し

ませてくれるテーマパーク（≒せっかくのレジャーの選択として失敗するリスクが低い）に違いない」という"テッパン感"を構築できるのでは？という意欲的な仮説。事前調査と慎重な需要予測による冷徹な検証を経て、私の中では「いける！」という判断になりました。心配しつつも私を信頼してくれた当時の社長や同僚の皆様に感謝です。

その結果、"テッパン感"に関連するブランド・エクイティの所有度（オーナーシップ）はみるみる上がっていき、関西では計画通りに断トツに高まりました。そして、2014年のハリー・ポッターエリアの導入以降においては、「世界最高を、お届けしたい。」は、文字通りの世界最高の圧倒的なクオリティを実感させるハリー・ポッターエリアの実在感とともに、日本全国の消費者の耳目にその説得力が繰り返し届くようになり、東京ディズニーランドとの"テッパン感"の差もどんどん解消していきました。商圏人口が関東の3分の1しかない関西に立地するUSJでも、ハロウィン・シーズンを中心に月によっては東京ディズニーランドを上回る集客日本一を連発するまで、ブランドのプレファレンスを伸ばすことができたのです。

USJのブランド・ポジショニングについては、狭すぎたWHOを拡張した「ハリウッド映画だけのテーマパークから、世界最高のエンタメを集めたセレクトショップへの脱却」を中心に、これまでもマーケティングの事例として紹介してきました。これは、第2章で述べた不必要に狭すぎるターゲティングの罠についての強い示唆を含んだ好例です。しかしながら、より本質的にプレファレンスを決定づけるのは、WHOの大きさだけではなく、WHATとの組み合わせによるMの大きさです。WHOに対して、「本質的に何の価値を売っているのか？」という便益設定（WHAT）によって生まれる、消

費者の脳内ポジショニングによってプレファレンスが左右されています。つまりWHOが狭すぎないことは非常に大切ですが、むしろ広く強いWHATがプレファレンスを決定づけるのです。

いくらWHOを拡げても、本能を外した魅力がないWHATでは、プレファレンスは上がらないという言い方をすれば伝わるでしょうか？　WHAT（価値≒便益）が強くないと、どんなにWHOを拡げようとしても、魅力がないのでトライアルは取れずにペネトレーション（浸透率）を上げることはできません。たしかにUSJは「映画だけのテーマパークから、世界最高のエンタメを集めたセレクトショップ」に生まれ変わることでV字回復しました。そのブランド戦略の本当の「重心」は、エンタメのジャンルが増えたことよりも、「世界最高」の記号性によって積み上げられて強化された、レジャー施設としての"テッパン感"だったのです。

WHATの話をわかりやすく伝えるために、私はよく「ディズニーランドは幸福を、USJは興奮を売っている」と言ってきました。この本の読者であれば、より深い本質を理解してくださると思って、もう少し踏み込んでお伝えすると、両パークともメガパークとしての「失敗しない安心感」を売っているのです。東京ディズニーランドは「"テッパン感"と幸福」を、USJは「"テッパン感"と興奮」を売っているというのが、より専門的な理解になります。

個別のプロダクトとしては、映画やアニメやゲームなどのさまざまなコンテンツを、さまざまなアトラクションやイベントを通して、興奮から泣き笑いまでさまざまな感動を売りました。しかし、ブランドとして強めていった「重心」は、レジャーとしてUSJを選択すれば「楽で、失敗しない」と思わせるポジショニングだったのです。

Part 2

プレファレンスを伸ばす
「コンセプト」の本質

第 4 章

「コンセプト」とは
なにか？

このビジネス界を支配する法則の数学的明示である「負の二項分布」の数式。そのブランドが選ばれる確率を最大化する式中のM（≒プレファレンス）を伸ばすために最も大切なドライバーは何なのか？さまざまな業界で無数の経験を積みながら、今西さんと私はそれが「コンセプト」であると確信してきました。**プレファレンスの最大変数は「コンセプト」**です。ここからのPart2（第4章～第6章）においては、マーケターが操れる最大最強のビジネスドライバーである「コンセプト」の本質的な理解を目指します。

1 その人の世界は、その人の認識のみで成立している

　織田信長は、初めて地球儀をみたとき、彼の目指す"天下"だった日本列島があまりに小さかったこと、その外に広大な世界があることを知って大いに驚いたと伝わっています。太古からずっとあったはずの広大な大陸も大洋も、その地球儀を見るまでは信長の頭の中の世界には存在しませんでした。

　信長に地球儀を見せた欧州人も同じようなものです。かつて大きな亀の上に天地が乗っていると信じられていた時代には、地球が丸いことも、大西洋の向こうに新大陸があることも、人々の頭の中にはまったく存在しませんでした。現代の我々も、深海のこと、宇宙のことなど、物理的にはずっと存在しているのに我々が知らないがゆえに存在できない膨大な世界があるはずです。

　あなたの世界はあなたの"認識"で創られています。認識できな

いことは、物理的な有無に関係なく、存在していないのと同じことになります。実際にどうなのかではなく、実際にどうだと人が認識したのか？　それがその人の世界です。本書では、その人の頭の中の世界を「認識世界」と呼ぶことにします。

　逆に、人が想像することで新しい世界が創造されることもあります。多くの宗教が死後の世界を説いていますが、そもそも生きている人たちは誰も見たことはないはずなのに、どうして死後の世界について断言しているのか？　もっと謎なのは、そうやってわかるはずのないことをわかっているかのように話す、いかにも怪しい人たちを信じられるのはなぜなのか!?　少し考えれば極めて非論理的なことはわかります。

　では、死後の世界はあり得ず、宗教やオカルトはまったくのナンセンスなのでしょうか？　私は、実はそうだとも思わないのです。なぜなら、その人が信じているならば、少なくともその人の「認識世界」においては、神様や死後の世界は確かに存在しているからです。そしてその認識は、その人の行動に少なからず影響を与え、現実の世界にも作用します。宗教だけでなく、どんなフィクションであっても、どんなフェイクニュースであっても、その人が信じている限り、その人の頭の中、つまり「認識世界」にそれは実在します。まさに「我思う、故に我あり」です。

　その人の世界は、その人の認識のみで成立している。人という生き物は、脳が知覚したものでしか世界を認識できないので、構造としてどうしようもなく、現実にそうなっています。だから、私たちはみんなで同じ世界に住んでいると錯覚しがちですが、実は一人一人の世界は異なっているのです。時間軸としては〝同時代〟に生き

ていることは間違いないですが、一人一人は別々の認識世界に住んでいる。共通部分もあるけれども、読者のあなたと私の世界も、それぞれ固有の別物だということです。

一人一人の世界は違っていて、その世界はその人の認識しだいで創られ、そして変わるということ。このことをちゃんと理解しておくことは、マーケティングの巧拙を遥かに超えて、人間をより良く理解するための大切なスタートラインだと私は捉えています。

では、その「認識世界」はどのようにつくられるのか？ もう少し踏み込んで構造をお話ししましょう。実は、1人の人間の「認識世界」は、別にある2つの世界が影響を与えることでつくられていきます。つまり、1人の人間には、認識世界に加えて、あと2つ、合計で3つの世界が併存しているのです。その3つは、現実世界、認識世界、そして記号世界です。それぞれを解説します。

まず、人間が認識できないことも含めて実在している「**現実世界**」。現実世界は、人の認識とは無関係に存在しますので、現実世界だけはすべての人にとって共通です。信長が知る前の広大な大陸や大洋も、あなたが知っている正しい地理情報も、あなたが知らない今朝の私の体重も、すべて「現実世界」に属している情報です。今こうしている間にも、人類がまだ知らない現実世界は圧倒的な情報量をもち、その瞬間にまた新たな情報が生まれ、無限に拡大し、その大きさは我々には想像すらできないほどです。我々は現実世界のほんの砂粒1つもまだ知らないというのが実情でしょう。

次に、その人の脳内世界である「**認識世界**」。「認識世界」は、認識することのみで成立するその人の固有の世界です。正しいか間違

っているかにかかわらず、膨大な現実世界の理解として「正しい」と認識したことで主に構成されています。人は、自身の五感を通してさまざまな情報を得ることで「現実世界」を知覚し、脳内に「認識世界」を構築するのです。しかしここに大問題があります。それは、膨大な現実世界を少しでも知りたいと願う人間の好奇心に比べて、1人の人間の時間と能力があまりに不足していること。1人で知ることには物理的に限界があるのです。たとえば、私はマーケティング領域における現実世界を少しでも知るために人生を使ってきましたが、エンジニアリング領域については全くの素人です。そこで人間は、「自分以外の人間が知り得た現実世界に関する情報（つまり他人の認識世界）」を知ることで、自分の認識世界を少しでも現実世界に近づけようとしてきました。そこで3つの世界の最後の1つが必要になります。

3つ目は、他の人に伝えるために生み出される「記号世界」。「記号世界」は、認識（≒伝えたいこと）の内容を言語や映像などに変換した、文字どおり"記号"の世界です。たとえば、この本も「記号世界」の1つです。私自身が直接「現実世界」に触れて得てきたコンセプトについての認識（森岡の認識世界）を、四苦八苦しながら文字に記号変換してつくったものです。本のように書かれている文字、人が話す言葉、描かれた絵画や音楽などの芸術、動画による表現など、誰かが自分の認識世界を変換してつくり出した著作などの創作物もすべて「記号世界」の住人です。

また、記号世界は、他人の認識世界を吸収して取り込むためだけでなく、**自分自身が現実世界に直接触れたときの知覚を整理するための決定的な道具**としても使われます。自分の中にある思索や感覚、それらは混沌としていて、記号を使って整理しないと自分自身でも

明瞭に認識することが困難です。私の場合も、言語や数字などの記号を使わずに、マーケティングの現実世界を自身の認識世界に取り込むのは不可能です。現実世界を数値化することで把握したり、自分の理解の整理や思考を深めたりするのに記号（日本語、英語、数字、数式など）がどうしても必要になります。日記をつける習慣のある人は、誰かに読ませるためでなくても、頭の中にあるものを書き出して客観視するだけで、心が落ち着く効用を体感していると思いますが、それも同じことをやっています。記号には、脳内にあるモヤモヤしたものを明確化して自分自身で認識しやすくする力があるのです。

　現実世界をよりよく知るために、あらゆる「記号世界」のツールを使いこなせることが、他の動物と一線を画する人類ならではの突出した知性です。それによって人類は、一人一人は小さくとも、無数の個体の知力をつなげて機能させることで集団知としての無類の強さを発揮し、現実世界への傑出した対応能力で地上に君臨してきました。その集団知を蓄積できる構造を、**同時代や同空間を生きる個体間のみならず、時代や空間を超えてそれぞれの「認識世界」に活用する**ことができること。我々の繁栄は、太古の「文字」の発明から脈々と積み上げてきた「記号世界」の発展による"知のリレー"の賜物と言えるでしょう。人類の強さとは、新たに生まれたヒトが、どうやって火を起こすかを自分で発明しなくて良いことに尽きるのではないでしょうか。

2 3つの世界を往来すると起こる "エラー"

　人の「認識世界」がつくられるには、主に2通りのルートがあります。1つはその人が直接的に現実世界に触れて何かを感じることで認識がつくられる**"実体験ルート"**。これはその人の「認識世界」に占める情報範囲は狭いですが、「百聞は一見に如かず」というとおり実体験ルートで創られた認識は極めて強固です。そしてもう1つは、他人が生み出した「記号世界」に触れることで認識がつくられる**"伝聞ルート"**。さまざまな記号世界の産物による情報の渦の中で生きる現代人は、伝聞ルートの方が実体験ルートよりも自身の認識世界に占める割合としては圧倒的に多くなります。実体験したことはほとんど無いのに、多くのことをさも知ったような気になっているのが現代人の実相です。

　ここで知っておくべき大切な構造認識があります。現実世界、認識世界、記号世界……。**それら3つの世界を往来するときに、"エラー"が起こる可能性が極めて大きいこと**。「現実世界」と、誰かがその現実世界に触れてつくる「認識世界」には、少なくないズレが生じるのです。勘違いや事実誤認によって、現実世界の解釈が大きくズレることはザラにあります。また、同じ景色を見ても人によって感じ方が違うように、その人の主観のフィルターによってどうしても認識にバイアス（偏見／歪み）がかかります。それらは**人間が物事を認識するときに完全に回避することが難しい"解釈のエラー"**です。解釈のエラーは、自分の認識世界に何かをインプットするときに発生するのです。

第4章　「コンセプト」とはなにか？　　**123**

さらに、そうやってある人によって創られた「認識世界」が「記号世界」に変換されるときにも、今度は"翻訳のエラー"が生じます。言いたいことを言葉でなかなか言い表せない、絵にしても、音楽でも、なかなか表現できない。表現したとしても、オリジナルの認識世界のほんの一部しか伝えることができていない気がして、表現というのは極めて"もどかしい"ものです。翻訳のエラーは、自分の認識世界から何かをアウトプットするときに発生します。

伝えたいのに伝えられないというこの「表現のもどかしさ」だけでも断崖なのに、実はもう1つの厄介な絶壁もあるのです。それは「主観によるバイアス（偏見／先入観）」です。正直にあるがままを伝えようとしても、実際の認識世界の翻訳にはその「記号世界」の作者の主観による意図や歪み、あるいは想いや願いがどうしても入り込むものです。意図的な嘘や誇張をできるだけ排除しようとしてもそうなりますが、ほとんどの人は、意識的にも、あるいは無意識でも、自分に都合の良い伝わり方を狙ってしまう生き物です。これも集団の中で自己保存せずにはいられないヒトに備わった本能ですから、主観バイアスを完全に排除して「記号世界」を創り上げるのは不可能なのではないかと私は考えています。

私も自身の執筆活動を通してこの"解釈／翻訳のエラー"の連鎖を常に感じており、本の企画のたびにできる限り気をつけながら書いています。1回目のエラーの可能性は、私が現実世界に直接触れるときに存在します。私自身が自分の「認識世界」を創るとき（現実世界⇒認識世界）に起こる"解釈のエラー"です。これに関してはできるだけ科学的な検証によって、複眼的に辻褄の合う結論で自分の認識の客観性を担保しようと心がけてきましたが、それでも完璧にはならないはずです。

2回目のエラーの可能性は、その認識世界を私が執筆しているとき（認識世界⇒記号世界）に起こる"翻訳のエラー"。「表現のもどかしさ」と「主観のバイアス」にいつも苦しんで言語化しています。私がビジネス書作家としては珍しくライターさんを全く使わないのは、ライターさんを入れるとさらに翻訳のエラーの確率が高まるからです。もちろん国語が苦手だった私が暑苦しい文体で書くのではなく、テクニックに恵まれたライターさんに書いてもらえば、もっとオシャレで万人に対して柔らかい本がもっとたくさん創れることはわかっています。しかし、私は本の数ではなく、より長く人の役に立つものを創りたい。10年や20年で陳腐化しない価値ある書籍を生み出したいのです。そのために、柔らかさよりも、本質を射抜いた精度を最重視します。ですから"解釈／翻訳のエラー"を最小化できる自分自身で一言一句書くしかありません。

　最後の3回目のエラーは、読者の皆さんが私の書いた文章を読解するとき（記号世界⇒認識世界）に起こる"解釈のエラー"です。もちろん、私が書く課題特有の複雑性や情報量の割には、多くの方に正しい解釈をしていただけているという手応えを感じています。本質に焦点を当てて体系化・言語化させる私なりのアプローチを御評価いただく多くの声に背中を押していただいています。それでもやはり、正しく伝わっていないと実感する機会もそれなりにあるのです。しかも、近年は4回目・5回目のエラーも光速で飛び交う時代……。

　あと、一部の読者が私の著作から得た認識をYouTubeやSNSなどで発信（これも1つの記号世界）する際などに、拙著の意図や内容とは違う"解釈のエラー"に満ちた誤情報がかなり出回っていま

す。しかも人を介するたびにそれらのエラーは重なって歪みは増幅する構造にあります。私は社会に資する目的で自らのノウハウを公開してきましたので、間違った解釈を信じた人たちに実害が起こることを危惧しています。その人の感想ならば構いませんが、「森岡がこう言っている」という前提に立つならば、せめて原文に忠実に引用していただけないかと願っています。

　このように、人間の認識とは、それぞれの世界を行き来するたびに、"解釈のエラー"と"翻訳のエラー"を交互に繰り返す構造を避けられません。実体験ルートでさえも解釈のエラー、伝聞ルートであればさらにその3倍以上もエラー。なかなか正しい情報が伝わらない、伝えられない、まるで無茶な伝言ゲームのような構造になっています。現実世界を正しく理解することや、それをちゃんと記号に変換することや、他人の認識世界を正しく理解することは、実はとても難しいことなのです。

　私はそのエラーを起こす人間の本質とは何だろう？とよく考えることがあります。今の私の見解は主に2つ。1つは感覚器のエラーです。黒く見えた気がしたが、現実には茶色い猫だったというパターン。もう1つは、人間の本能が解釈や認識に「バイアス（偏見）」をかけていることです。言い換えれば、現実を認識するときに、そのど真ん中の正しい理解よりも、自己保存の本能にとって「思い切り楽観的に解釈したい」か、あるいは「思い切り悲観的に解釈したい」か、そのどちらかに振れやすい特徴が人間本来に備わっているとしか思えないのです。

　自分に都合よく物事を解釈してしまうクセのある人も、いつも最悪の可能性ばかりを考えてしまう心配性な人も、動物としての人間

に備わっている自己保存の構造が、感覚器のエラーよりも実は大きな要因なのではないか？と考えています。「人は高度な知性ゆえに、自己保存の本能に基づいて、現実を歪めて認識する習性のある動物である」。そもそも論として、人の意図というものは、ちゃんと考えて工夫しなければ、自然状態では相手には正しく伝わらないものだと考えておくべきなのでしょう。

　そこまで考えると、3つの世界を往来するエラーを避けがたい運命に「認識することも、伝えることも、難しい!!」と、我々は頭を抱えて絶望して終わるのでしょうか？　それでは何も始まりません。では、我々はこの動かしがたい構造を前にして、どのようなアクションがとれるのでしょうか？

　私の発想は「この"エラーを起こしやすい構造"を、むしろ逆手に取ることはできないのか!?」というものでした。人間の脳がエラーを起こす構造を熟知することで、避けられない"解釈のエラー／翻訳のエラー"を与件とし、消費者のブランドに対する認識を、悪い方ではなく、むしろ良い方向に誘導することができるようになるのではないか？　その策を、その方法論を、ずっと、ずっと、ひたすら考え続けてきました。今振り返ってもこの研究テーマは、湧きたつような知的好奇心の衝動を注力するに足る、とても歯ごたえのある課題であり、現在進行形で探求中です。

　それこそが私のマーケティング・コンセプトのフレームワーク。人間の脳内構造を活用することを意識して体系化した方法論です。ビジネスにおける最大の変数は、ブランドに対するプレファレンス（相対的好意度）であり、プレファレンスは人間の脳内において認識がつくられる構造に則って決まるからです。生きるか死ぬかのビジ

ネスの競争においては、小なる者でも大なる者と競って生き抜いていくために、その構造を見抜いて活用するしかありません。

そのシンプルな本質を先にお伝えしておきます。核心は「本能」です。

人は、自分の"本能のキャッチャーミット"に飛んできた球は、避けることができずにどうしても捕らざるをえない、しかも捕ったときの衝撃を実相以上に大きく感じてしまう習性があります。なぜか？　人間の生存確率を高めるために備わったプログラムが「本能」だからです。だから自分にとって信じたいことは実相以上に信じてしまいますし、自分にとっての脅威は実相以上に恐れてしまうのです。

マーケティング・コンセプトは「本能にぶっ刺す」。マーケティング・コンセプトというものは、消費者の本能に語りかけるように、特定の本能を狙って強い球を投げ込むように、つくります。商品の機能便益に対して明らかな消費者ニーズなど、表層的な価値を狙って投げ込むだけでは甚だしく不十分なのです。マーケティング・コンセプトは、むしろそれら消費者ニーズのもっとずっと遠く深い奥底にある本能の1点を見つめて投げ込めば、商品は結果的に「当たる」のです。正射必中、正しくやれば当たるのです。"当てる"のではなくて、"当たる"のです。

3 「コンセプト」は あなたの脳がつくりだす！

　本書は今後、一般的に用いられる広い意味での「コンセプト」と、マーケティングの世界で用いられる「マーケティング・コンセプト」を区別して表記します。まずは広い意味でのコンセプトとは何なのかについて述べます。

　その人の「認識世界」において、あることに対してその人がどのように認識したのか？　その対象について、脳内で認識された意味のことを、広い意味で「コンセプト」といいます。ここでいう広義の意味でのConceptとは「物事の概念」のように訳されることが多いです。もう少し解説すると、広い意味のコンセプトは、あなたが何かを認識したときに、あなたの脳がその対象について「要するにこういうことだ」と、まとめて「まるっと」つくりだした"意味づけ"のことなのです。

　具体例で理解を深めましょう。あなたが初対面のAさんに会ったとき、あなたの脳は忙しく働いてAさんについての判断をしようとします。脳は、あなたにとってAさんはどんな意味があるのか？という評価を行っているのです。「とても面白い人」や「信頼できそうな人」、あるいは「失礼な人」や「怪しい人」……。あなたの感覚器を通じて知覚したさまざまな情報に基づいて、あなたの脳は「ようするに、AさんってXXXXな人」とシンプルに要約しようとします。それがあなたの脳がつくりだしたAさんの意味づけ、つまり「コンセプト（≒概念、意味、価値）」というわけです。コンセプトとは、その人の脳が形成して創り出すもの、つまり認識世界に属する

概念です。

　ここで大切な理解があります。我々の脳は、まるで"激務で疲れているビジネスパーソン"のようなものだということを思い出してください。慢性的に疲れているので、**あまり重要でない対象については、脳はコンセプト形成（意味づけ）をサボろうとするクセがある**のです。できるだけ新しい仕事が入ってくるのは避けたい！　細々したことを評価したり覚えておいたりすることも実はめんどくさい！　なんでもできるだけ省エネで済ませたい！　脳は、有能だけど、とても疲れているので、常に大まかにシンプルに仕事をしたがっています。

　したがって、新しい仕事（≒新たな知覚）が飛び込んできたときに、**その対象が自分にとってどのくらい重要かを最初に判断しよう**とするのです。最初に重要でないと判断すれば、脳は仕事をしない。つまり、対象についての意味を要約していく脳の作業（コンセプトが形成されること）は期待できず、その対象は認識すらされずに脳から無視されてシャットアウトされることになります。**自分にとって重要かどうか!?　脳が働いてコンセプトをつくるためには、これが大切な第一関門なのです。**もしも重要な知覚であれば、脳は優先してその知覚をコンセプトにしようとするでしょう。反して、その対象を重要でないと判断したとき、それが人物であれ、モノであれ、何らかの概念であれ、脳はスルーしてしまいます。

　具体例で確認しましょう。あなたに対して明らかな殺意をもつBさんを知覚したら、それは脳にとってものすごく重要な情報です。脳はBさんについて最大級の危険を意味づけしたコンセプトを大急ぎでつくろうとします。意味づけされる「コンセプト」は、「Bはヤ

バい（生命の脅威）!!」という感じになるでしょうか。そしてあなたは危機感に追い立てられるようにBさんを回避するための行動をとっていくことになります。

　一方で、あなたの評価を一任された上司Cさんを知覚したときは、脳は「良好な関係を築くべき相手」という意味づけのコンセプトを形成するでしょう。そしてあなたはCさんにずいぶんと気を遣って行動するようになります。あるいは、異性としての魅力に溢れるDさんを知覚したときは、脳は自己保存（遺伝子継承）のチャンスと捉えて、恋愛対象として意味づけるコンセプトを形成するでしょう。そしてDさんに好かれたいという気持ちに沿った行動をとることになるのです。

　自分にとって、危険なBさん、評価者であるCさん、恋愛対象のDさんのケースは、多くの人にとってわかりやすく共通して重要なので、脳の判断も似通ってきます。しかし、1つの対象についての重要性の判断は、個々人によって大きく異なる場合も少なくありません。

　たとえば、「地球温暖化」について脳が知覚したときを考えてみましょう。「地球温暖化」という記号も、人それぞれで重要性が大きく異なるので、脳が行う意味づけが大きく変わってしまいます。ある人にとっては全く重要ではありません。であれば「地球温暖化」という言葉を知覚しても、脳はサボってスルーするのでコンセプト形成すらされずに無関心が続きます。さらに、もう長く生きる予定のない人や既得権層の脳内では、温暖化対策に伴う"自分自身の不都合"をむしろ問題視して、ネガティブな意味づけのコンセプトが生まれる場合も少なくないでしょう。その逆もあり、これから長く生

きる若い世代や環境意識の高い人たちの間では、人類の最優先課題と意味づける人も多くいるわけです。このように、個々人の重要性があまりに違うので、同じ対象であっても、全くの無関心層からグレタさんのような活動家まで、態度や行動の違いが大きく生まれてくることになるのです。

　人間の脳は、それなりに重要な何かを認識するたび、その対象についての"意味づけ"、すなわち「コンセプト」を生み出します。これは人間が意識できていることもありますが、その意味づけは脳によってほとんどが無意識で行われていて、生まれている「コンセプト」はまさに数えきれないとてつもない量になります。そうやって、1人の人間が生まれてから死ぬまでの間に、無数の対象について、重要かどうかの判断と、自分にとっての意味づけの"要約"を繰り返し行って、さまざまなコンセプトが脳内に膨大に蓄積されていきます。

　結果、その人が認識するにいたったすべての"コンセプト（≒自分にとっての意味づけ）の集積体"が、その人の認識世界なのです。そんな一人一人の世界が約80億人分も並行して同時代を生きているのが、この世界の実相です。つまり、あなたの認識世界も、私の認識世界も、すべて認識した意味、すなわち「コンセプト」の塊です。この世界は「コンセプト」でできているのです。

4 「マーケティング・コンセプト」 とはなにか?

　広い意味でのコンセプトが、あるものに対してその人の脳がまるっとまとめた解釈（意味づけ、価値）のことだと御理解いただきました。その上で今度は、マーケティングの世界で使っているコンセプト、つまり「マーケティング・コンセプト」の意味を解説します。厳密にはさまざまな定義がありますが、ここでは私の考え方をできるだけシンプルに紹介します。

　冒頭、この項での結論を大きくつかんでいただきます。簡単にいえば、**マーケティング・コンセプトは、人の頭の中にコンセプトをつくらせるための道具です。**もう少し専門的に表現すれば、マーケティング・コンセプトは、消費者の認識世界に自社ブランドに有利なイメージ（≒ブランド・エクイティ）を築く意図でつくられた"記号世界のツール"のことです。両方とも同じ意味です。

　そして、マーケティング・コンセプトが伝わった結果として、消費者自身の脳が形成するコンセプト（意味づけ）こそが、ブランド・エクイティなのです。つまり、ブランド・エクイティは広義の意味のコンセプトそのものであり、消費者の脳内のみに存在する「認識世界」の住人ということになります。「記号世界」のマーケティング・コンセプトとは住んでいる世界が違います。

　つまり、最終的につくりたいもの（目的）が、「コンセプト（≒ブランド・エクイティ）」であること。そして、ブランド・エクイティをつくるための道具（手段）が、「マーケティング・コンセプト」で

あること。まずは、その2つの関係性からしっかりと理解しましょう。

　マーケターの道具「マーケティング・コンセプト」
　（消費者にブランドを認識させるすべての仕掛け）
　↓
　最終的に消費者の脳内で集積される「コンセプト」（＝これがブランド・エクイティ）

　その2つは、木版画をつくるときの「版木（型）」と、刷られて最終的に完成する「版画（絵）」の関係性と同じです。版木（型）にあたるマーケティング・コンセプトによって、消費者の頭の中に版画（絵）にあたる広義のコンセプト（≒ブランド・エクイティ）をつくろうとしているのです。当然ですが、最終的に消費者の頭の中につくりたい"版画"である広義のコンセプト（≒ブランド・エクイティ）が一番大事なのですから、仕掛ける側はその完成形から逆算して、それがちゃんとつくれるように"版木"を彫る、つまりマーケティング・コンセプトをつくらねばなりません。

　その2者の関係性がわかると、どうしてもイケていないマーケティング・コンセプトしか創れないと苦しんでいらっしゃる方々の典型的な原因がよく見えるようになります。

　最も多い原因は、**最終的に消費者の頭の中に描きたいブランド・エクイティを最初に定めていない**ことです。ほとんどの良くないケースはこの信じられない過ちを犯しています。ブランド自体をどうするか明確にしていないのに、びっくりするぐらい個々のマーケティング・コンセプトだけを考えているんですね。これって、どんな

絵を描きたいか不明確なままなのに、一生懸命に版木を彫っている
という恐ろしいことをやっているのと同じです。それではめちゃく
ちゃな版木しかできません！　2番目に多い原因は、ブランド・エ
クイティから考えてはいるけれども、そのエクイティが戦略的にと
ても弱いという問題です。弱いブランド・エクイティのために創る
マーケティング・コンセプトも当然弱くなります。この問題につい
ては本書を通して解決していきます。

　あと、忘れないうちに理解すべき大切な点に言及します。版木と
版画の内容は必ずしも同じにはならないと覚えておいてください。
実際の版画でも、版木に彫ってつくった線は転写すると反転します
よね？　版木の上では彫られて黒く見えていた線が、刷って絵にし
たときにその彫られた箇所は絵具がつかないので逆に白くなります
よね？　最終的な絵で白くしたいところは、版木の方では白黒反転
することを計算に入れてむしろ黒く彫らねばなりません。生物学を
学んだ方は、遺伝子DNAと、それをつくるために活躍するmRNA
（メッセンジャーアールエヌエー）の関係性で考えるとわかりやすい
でしょう。DNAをつくるために、mRNAはDNA情報を転写する
ので、mRNAとDNAの塩基配列は同じではないのと構造は似てい
ます。

　同じように、人の頭の中に描きたい最終形としてのブランド・エ
クイティと、それを描くための道具であるマーケティング・コンセ
プトは、本質的に役割が違うので同じ内容にはならない可能性を、
マーケターならば頭の真ん中に置いておかねばなりません。

マーケティング・コンセプト（版木）≠ ブランド・エクイティ（版画）

後の章で詳しく解説しますが、簡単な例を挙げておきます。あなたが初対面の人に「誠実な人」と思われたいとき、「私は誠実な人間です！」とそのまま伝えるのは愚かですよね？　本当に誠実な人なら自分でそういう主張はしないからです。同様に「カッコいい」と思われたいブランドは、自分で自分を「カッコいい」と言えばむしろカッコ悪いと認識されます。「異性にモテたい！」という密かな欲求を満たす商品が「モテない人でもこれを使えばモテます！」と大々的に広告をしていたら、むしろ買いにくくなる心理もわかりますよね？

　このように、最終的に描きたいコンセプト（≒ブランド・エクイティ）を実現するために、マーケティング・コンセプトはそのまま同じ内容だと目的が達成できない場合も少なからずあるということです。もちろん、両方がまったく同じで問題ない場合も多々あります。吉野家の「うまい、やすい、はやい」なども、そう思われたいことをそのまま言って成功しました。しかし、認識世界に描きたい目的のために、どのような順番で何を伝えると、さまざまな消費者の心理的反応をかいくぐって、狙い通りにブランド・エクイティが形成されるのか!?　マーケターなら常にその点を考える。勝てるマーケティング・コンセプトを創りたいならば、まずその意識が大切です。

　さておき、ここでは、**広義の「コンセプト（≒ブランド・エクイティ）」が目的**で、「マーケティング・コンセプト」はそのための**手段**だとシンプルに理解しておいてください。マーケティング・コンセプトは大切ですが、それはあくまでも目的のための道具に過ぎないという認識、これが重要です。この違いすら明瞭ではないマーケターが多い中で、この本質を明確に知ったあなたは、一気にマーケ

ティング・コンセプトづくりのマラソン大会の先頭集団に躍り出た
ことになります！　その本質的な理解を土台にすれば、後の章でこ
れから一つ一つお伝えしていく法則を習得する天井も格段に高くな
るでしょう。そして経験を積むほどにもっともっと速く走れるよう
になります！

　まとめておきます。**マーケティング・コンセプトは、自分に有利
なブランド・エクイティを消費者の脳内で形成させるために、"周到
に準備された情報の束"**のことです。消費者の頭の中に「脳」とい
う画家がいると思ってください。消費者に自分のブランドをもっと
選んでもらうために、マーケターは消費者の認識世界というキャン
バスに直接触れることができないので、描きたい絵を画家（消費者
の脳）に間接的に描かせようとしているのです。だから、マーケテ
ィング・コンセプトという記号世界を創り出して、画家（消費者の
脳）に強く語りかけます。結果として消費者の脳によって描かれた
絵がブランド・エクイティになっていきます。

　このあたりで、よくいただくご意見についてお答えしておきます。
それは「マーケティングって、なんとなく、腹黒くないか!?」とい
うことについてです。

　消費者一人一人に、それぞれの認識世界がありますが、我々が扱
おうとしている"マーケティング・コンセプトをつくる技術"とは、
その消費者の脳内世界を変えてしまう強力な武器になります。この
ことをもって「マーケティングは消費者の頭の中を操作する悪い仕
事なんじゃないか!?」と忌避される方もいらっしゃるのです。消費
者の認識を操作していることは悪いことじゃないのか？　それって
洗脳じゃないのか!?などと思う方もいらっしゃいます。私も直接そ

第4章　「コンセプト」とはなにか？　　**137**

のような質問をいただいたことが何度もあります。

　しかし、私は何度よく考えても、マーケティング自体を悪だとは決して思わないのです。人間により良い価値を、より強い満足感を、もっと幸福を実感させるマーケティングは、人類の発展はおろか、この残酷な世界を一人一人が生きていく希望そのものだと信じて疑いません。もしもマーケティングがなければ、この世界はどんなに褪めた灰色のつまらないものになってしまうでしょうか!?　それは一人一人があらゆる価値を実感することがとても難しくなる世界を意味するのです。

　たとえば、これを書いている私の目の前には今、いただいた小さなミカンが1つあります。この小ぶりなミカンがとてつもない糖度を誇ること。そのために丁寧な手間暇をかけて作られていること。高級宿泊施設など一部にしか流通しない希少性をもつこと。そんな貴重なミカンを私に食べさせるためにわざわざ準備して土産として持たせてくださった方の厚い心遣い……。それらを知って味わうのか、知らずに味わうのか!?　それによってこのミカン1つの価値が、私の幸福感が、激増するかしないかの極端な差を生み出します。

　皆様も、大切な人にプレゼントをもらったときのことを思い出してください。価値はもらったモノだけではないはずです。その人がどれだけあなたのことを想って、悩んで、一生懸命探して、苦労してようやく手に入れてくれた“物語”……。あなたの頭の中に、その意味づけ、つまり「コンセプト」がある場合と無い場合、あなたの幸福感がどれほど違ってくるかを、きっとあなたも御存じのはずです。その意味づけの差が、実際に人が実感する幸福感（≒価値）の差なのです。そして、これは真実ですが、実感する限りにおいて、

そこに間違いなく価値はあります。なぜならば、その人の認識世界は、その人の認識のみで成立するのですから。

この世のあらゆる商品やサービスも、人も、実はさまざまな"物語"を経て生まれています。私はその物語の中に消費者を幸せにできる要素をもっと見つけて、1つでも多く、もっと強く、1人でも多くの消費者にお届けしたいのです。なぜか!? 単純な話、人々がもっと喜んでくれるからです。だから叶うものならば、人をもっと幸福にする価値の実現に集中する企業を増やしたい、より多くの事業を勝たせてもっと多くの人々を幸福にしたいのです。本物のマーケティングは、価値創造のための技術。人々の幸福のために欠かすことのできない強力な道具だと確信しています。

もちろん、闇の目的のために使うならば、マーケティングも悪になり得ます。でもそれは、他のすべての強力な道具でも同じことです。たとえば、私が所持許可を得た猟銃も、正しい目的と方法で運用すれば、タンパク質を獲得したり、森林の持続性を保全できる大きな力になります。しかし目的を間違えると、有害な凶器にもなり得ます。そもそも道具自体には、善も悪もありません。すべては道具を扱う人間の目的次第でしょう。そして道具そのものを悪として忌避するのは、知性の敗北です。危険だという理由で「火」を避け続けたサルは、決してヒトにはなれなかったのです。

私にとってのマーケティング・コンセプトを練り込む目的とは、一人一人がもっと幸せになれる「価値」に1人でも多く気づいてもらうことです。それはゼロから価値を創ることに等しく、人を幸せにすることそのもの。その目的がブレない限り、マーケティングは必ず正義です。価値への理解と共感が広がれば、より幸福になる人々

が増えることで、結果として売上も劇的に伸びるのです。そして経済は活性化して社会は豊かになる。そうやって**価値を創ることで豊かさを発展させる科学、それがマーケティング**です。マーケティング・コンセプトを操るプロフェッショナルの職業使命はそこにあると私は信じています。

第5章

強い「マーケティング・コンセプト」をつくる

1 「コンセプチュアル・セル」の威力

　あらかじめマーケティング・コンセプトを刷り込むことによって、その価値をより強く実感させることができる。これを"コンセプチュアル・セル効果"と言います。たとえば、同じパンであっても、食べる前に強いマーケティング・コンセプトで価値を想起させておけば、そうでないときのパンと比べてより美味しいと感じさせることができます。実際のビジネスにおいて"虚偽"は絶対にダメですが、私はこの効果を試すために友人にイタズラをしたことがあります。

　親しい友人の1人（非常に優秀で経験豊富なマーケター）を家に招いたときのことです。ウイスキーをロックで飲むのが好きな彼をもてなすために、「この氷はちょっと違うんだよ。南極の永久氷壁から削り出した氷だから、ちょっと普通じゃないよ」と言いながら、グラスに大きく美しい丸氷をドーンと入れて、ウイスキーをトクトク注ぎました。

　「うわ!!　これ、凄いね!!　氷が違うとウイスキーの味まで変わるんか!!　角がなくてまろやか。光り方の輝きまでやっぱ違うし、溶けにくいね。うまい！　うまい!!」と、たいそう大喜びしてくれました。

　しかし、感動していた彼には申し訳ないですが、その"丸氷"は普通の水道水と丸い容器を駆使して、私が手製で用意しておいたものです（笑）。種明かし後は2人で大爆笑し、何がどのように脳内で作用したのかマーケティング談義で盛り上がりました。百戦錬磨の

マーケターにさえ、コンセプチュアル・セル効果は絶大なのです。

　人間の知覚は、認識によって大きなバイアスを受けるのです。普通の氷なのか、特別な氷なのか、その価値の"感じ方"でさえ左右するほどの威力をマーケティング・コンセプトは発揮します。そして真実は、人間の視覚も、味覚も、聴覚も、嗅覚も、肌感覚も、我々が思っているほど敏感でも繊細でも正確でもないのです。むしろ、"常態的にエラーを起こすセンサー"と思った方が実相に近く、その価値を信じているからそのように感じるということ。

　薬に関するいわゆる「プラシーボ効果」も有名です。有効成分が含まれていない薬剤によっても症状の改善や副作用が実際に現れるといいます。「効く」と思い込んだ脳の自己暗示によって自然治癒力が喚起されるというのは驚きです。また、影響が大きいので具体的な商品名は言及しませんが、某酒類のブラインド・テスト（商品名を隠した消費者調査）の話です。ある無名の商品が10倍以上の価格差のある超有名高級ブランドに大勝ちしているデータをみたことがあります。これは美味しいと思い込んでいるからより美味しく感じるということです。こういうことは特殊ではなく、似たようなことはあらゆるカテゴリーでザラにあります。

　わかりやすいところで言えば、その"知覚エラー"をエンターテイメントにした企画として、テレビ朝日系列で正月などに放映されているテレビ番組「芸能人格付けチェック」がありますね。ヴァイオリンの「ストラディヴァリウス」も、5大シャトーのワイン「シャトー・ムートン・ロートシルト」も、よほどのマニアは別として、大半の人にとって知覚できる実性能は"間違えてしまう程度の差"しかないことがわかります。人間の知覚の鋭敏さ（≒鈍感さ）の現

実の前には、一流と三流の差は"思っているほど大きくはない"ということです。

　もちろん知覚には個人差があります。私はたまたま趣味でヴァイオリンを弾くので、さすがにストラド独特の音色の明るい透明感や、響いてくる倍音の違いは感じとれます。しかし、ほとんどの人にとっては、ストラディヴァリウスは世界最高の音色だと思って聴くから特別に美しく感じるのです。そして実際には、ヴァイオリンを弾いてみると、楽器の音質の差も確かにあるのですが、それ以上に弾き手の技術の方がずっと大きな差をもたらすことがわかります。私が弾くストラドの音色よりも、私の先生が弾く安いヴァイオリンの音色の方がよほど美しく聴こえるはずです。ちなみに、聴きなれていない人が生のヴァイオリンの音色を聴くと、どんなヴァイオリンでも凄く良く感じるものですよ（笑）。

　一方で、私は昔から飲酒習慣がないので酒類については不勉強で、ワインに対する知識はチンプンカンプンです。今、教養としてのワインの勉強を少々始めたところですが、それがシャトー・ムートン・ロートシルトなのか、たとえ780円のワインと飲み比べたとしても、ブラインドでちゃんと区別をつけられる自信はありません。しかし凡庸な舌の私でさえも、もしも極めて貴重なワインであることを知って飲んだなら、知らずに飲んだときよりもはるかに美味しく、嬉しく、幸福に感じるに違いないのです。その瞬間に人間の脳は、確かに「より良い」と思っているのは間違いないのです。そこにはまぎれもなく「より大きな価値」がある！　何かを認識することによって生み出される価値の差を「コンセプチュアル・セル効果」と呼んでいるのです。

価値は、感じるよりも、信じるもの。

　もちろん、極一部のよほど感覚器が鋭敏な人や、微差を感じ取れるように特殊な訓練を積み重ねた人なら、たとえブラインド・テストであっても、その差を"実感"して高確率で言い当てることができる世界もあります。その人たちの中では、少なくとも歴然とした差があると信じられており、だからこそ圧倒的な価格差も正当化されます。しかし、圧倒的大多数の消費者にとっては、その差を生む震源は物理的な性能差というよりも、その人が何を価値として認識して信じているのか、つまりその人の脳が形成している広義のコンセプトだということです。

　強いマーケティング・コンセプトをつくって、その価値を消費者に伝えなくてはならない"前半の理由"は、そのコンセプチュアル・セル効果をテコに使うことにあります。予め価値を認識させることで、その価値にポジティブに注目させ、ターゲットの脳に高い価値を意味づけるコンセプトを形成させる。

　1つ身近な事例を挙げてみましょう。高級レストランなどではギャルソンがやってきて、一つ一つの料理について食べる前にあれこれ説明しようとしますよね？　材料が何であって、何にこだわって作られているのか？　その一皿が、素晴らしい素材で丹精を込めてつくられた貴重なものだと、お客さんにできるだけ認識させてから食べさせようとしているのです。そうやって、説明なしで食べられていたら意識されずに過ぎ去っていたであろうこだわりのポイントを、流されないように注目させて、ありがたみのある特別な価値としてその客の脳に認識させる。普通の牛ヒレ肉と思って食べるのと、それが"近江牛のシャトーブリアン"だと認識して食べるのでは感

第5章　強い「マーケティング・コンセプト」をつくる　　**145**

じ方が大違いだからです。そこで狙っているのも「コンセプチュアル・セル効果」です。

　もちろんこのギャルソンの説明に対しては、こちらの会話の最中に割って入られる説明にイラッとしてしまう人や、早く食べたいときにクドクドといつまでもうんちくを並べ続けられるのは苦手な人もいると思います。しかし、それでも価値をちゃんとわかって食べた方が断然美味しく感じてしまうのは、洋の東西を問わず誰もがそうなります。なぜか？　「自分にとって価値あるものを喜んでしまう」のは、人間である以上は避けることができない人類共通の脳の構造、つまり本能だからです。つまり、誰であってもコンセプチュアル・セル効果から逃れることはとても困難なのです。

　これを逆から言えば、素材や料理そのものはどの店も値段相応にそれなりに頑張っているので、実は料理そのもので大差をつけるのは難しいともいえます。特に高級料理店においては、その値段に見合う価値を実感させるためには、ギャルソンの話術でその価値を客の脳内で信じさせなければ、高い料金を取れるビジネスモデルが成立しないということ。そして、一流のギャルソンともなれば、もはや料理を超えて、客の一人一人に合わせて本能をくすぐる話術を展開し、総合的に食の域をも超えた強烈な体験価値を創りだすことができるのです。たとえば、高級レストランに大切な人を連れてきて饗することができる成功者としての承認欲求をギャルソンが話術でぶっ刺すことができれば、お客にとっては実は食欲以上に切実な“社会的動物としての飢え”を満たせるでしょう。だから客は高いワインを注文しますし、もう一度そのレストランへ行きたくもなるわけです。

実はマーケターの役割はこのギャルソンと似ていますね。製品やサービス自体では大差がない中でも、より高い価値を実感してもらうにはどうするのか？　食べる前に展開されるギャルソンのコンセプチュアル・セル効果のように、製品やサービスを実体験する前から、それがどんな価値なのかを消費者に認識させなくてはならないのです。レストランで一流ギャルソンがやるように、深いところにある消費者自身も意識していない"本能"を洞察して狙い撃つ。

そういう視点で考えると、皆様のビジネスは、実は大差ない料理なのに、ギャルソンのトークなしでそのまま食べさせている残念なレストランみたいなことになっていませんか？　それだと良くても"普通の店"にしかなれません。それで他社よりもお客さんが増えるとむしろ不思議なのです。皆さんの商品には、ちゃんとコンセプチュアル・セル効果の魔法はかかっていますか？

2 競争に有利な「ブランド・エクイティ」をつくる

強いマーケティング・コンセプトをつくって、それを消費者に伝えなくてはならない"後半の理由"について話しましょう。それは、マーケティング・コンセプトこそが、中長期的に競争を有利にする**ブランド・エクイティ構築のための最大のドライバー**だからです。

ここで「ブランド・エクイティ」について、ちゃんと説明しておきます。**ブランド・エクイティとは、あるブランドに対して消費者が頭の中で想起するイメージのこと**です。これまでの話と符合する

第5章　強い「マーケティング・コンセプト」をつくる　**147**

と、ブランド・エクイティは広義のコンセプトに分類され、消費者の脳によって形成されてその人の頭の中（認識世界）にのみ存在します。たとえば、「メルセデス・ベンツ」というブランドを考えたとき、あなたの頭の中に浮かんでくるイメージの一つ一つが「メルセデス・ベンツ」のブランド・エクイティです。高級外車。三ツ星のエンブレム。頑丈そう。黒の車体色のイメージ。お金持ちが乗ってそう。ちょっと怖い人も乗ってそう……。想起されたそれらすべてのイメージがあなたの頭の中にあるブランド・エクイティです。

　想起されるイメージ一つ一つをエクイティと呼びます。たとえば、三ツ星のエンブレムは「メルセデス・ベンツ」のエクイティ、というように言います。もともとエクイティ（equity）とは、英語で「資産」を意味する言葉です。消費者がブランドに対して脳内にもつイメージは、手で触れたり、目で見たりはできないけれど、消費者の購買行動に決定的な影響を及ぼす力があります。それは消費者の脳内に蓄積するブランドの資産だと。それまでのマーケティング活動全般の努力が積み重なって、消費者の頭の中にコツコツと蓄えられた貴重な貯金のようなものであると、マーケティングでは考えるのです。だから、ブランドの「エクイティ（資産）」という呼び方をしています。

　一つ一つのエクイティには、購買行動に影響を及ぼす重要性において大きな差があります。消費者にそのブランドを購入させるために、とても重要なものと、それほど重要でないもの、さらには無い方が良いものまであります。たとえば、「マクドナルド」というブランドについて考えてみましょう。ブランド・エクイティを想起してみてください。

ハンバーガー屋さん。赤いイメージ。黄色Mのロゴ。ビッグマック®。ポテト。他の好きな商品メニューのこと。CMの最後に流れる「パパッパッパッパ〜♪」というジングル。駅前や便利なところにお店がある。楽しい。美味しい。安い。早い。ドライブスルー。店員の笑顔……。などなど。人それぞれですが、たくさん想起できるその一つ一つが、マクドナルドのブランド・エクイティです。

たくさんあるそれらのエクイティですが、消費者が「マクドナルド」で商品を購入する確率を決めている重要性においてそれぞれ差があります。たとえば、「マクドナルド」がファストフードの市場で繁盛していくためには、「美味しい」、「安い」、「楽しい」、「早い」などのエクイティは重要性が高いはず。一方で、競争にそれほど関係のないものや、無い方がありがたいエクイティまであります。たとえば、過去に大騒ぎになった「異物混入」などのイメージは、消費者に選ばれる確率においてマイナスに働く"負のブランド・エクイティ"と呼ばれます。負のエクイティは弱まったらベター、無くなればベストです。

このように、ブランド・エクイティには、大きなプラスから大きなマイナスまで、そのブランドが消費者に選ばれる確率への影響度において大きな差があります。マーケターは重要なエクイティを強化したいと願い、マイナスのエクイティを消したいと願って毎日働いています。

ここで大切な定義です。重要性が高いエクイティの中で、集中して強化していくために選んだ極めて重要なエクイティのことを、そのブランドの「戦略エクイティ（Strategic Equity）」と呼びます。戦略エクイティは、人々がそのブランドを選ぶときの核となる理由

第5章　強い「マーケティング・コンセプト」をつくる　　**149**

と一致していなければなりません。それがデザイン性であるブランドは、「デザインが優れている」という軸に沿って戦略エクイティを強くしていかねばなりません。それが値ごろ感であるブランドは、「バリューがある（品質の割に安い）」という戦略エクイティを消費者の頭の中で大切に育てなければなりません。

　そしてこの項の結論になります。マーケティング・コンセプトのもっとも重要な目的は、この戦略エクイティを消費者の脳内に構築することです。

　消費者が何かを選ぶときにより重視する価値を「戦略エクイティ」として自分のものにしたブランドが勝つ。それがビジネスのルールです。したがって、戦略エクイティとして何を選ぶのか？　この見極めと選択に自らのビジネスの未来は懸かっています。戦略エクイティこそが、前述したブランド・ポジショニングの核心です。

　では、何を自社ブランドの戦略エクイティにするか？　戦略エクイティは、そのブランドが属している商品カテゴリーで最も重視されている価値領域から選ぶのが定石です。自分のビジネスで、消費者がブランドを選ぶときに重視している価値はなにか？　その中で大きいものは何なのか？　それが住宅メーカーであれば、「安全性（構造強度）」であったり、夢を叶える「設計能力」であったり……。テーマパークであれば、「happiness（幸福感）」であったり、「excitement（興奮）」であったり……。家電量販店においては、基本的に主要メーカーの同じ製品を売るわけですから製品そのもので差をつけにくく、小売店としてのサービス価値である、「品揃え」、「安さ」、「利便性（店舗アクセスなど）」、「安心（配送設置、アフターサービス）」などの価値の奪い合いになっています。

あるカテゴリーにおいて**消費者**により重視される「**価値**」であるほど、**その争奪戦はより激しいものになります。**同じ戦略エクイティで争うときには、その切り口や、信ぴょう性などに工夫を凝らして、なんとか有利なそのエクイティを自分のものにしようとします。だからマーケターは、常に突き詰めて考えなくてはなりません。本当の競争相手は誰なのか？　どの「価値（≒エクイティ）」を誰と奪い合っているのか？　狙っている戦略エクイティをこの時点で強く所有している競合は誰で、このままだと3年後にはどうなっていくであろうか？　自分が知能の限りを尽くすことによって創り上げたい3年後のブランド・エクイティはどうあるべきなのか？　それらのことを自分の思い込みではなく、消費者の脳内（心の中）をよく診て考えます。自ブランドの戦略エクイティの陣取り合戦を上空から俯瞰して見ている。常にそんな意識で自ブランドを有利にする策を練るのです。

　その際に注意すべき基本の1つがあります。「お客様」と「消費者」は違うということです。マーケターが最重要視して診なくてはならないのは「消費者」です。お客様は、今の段階で顧客になってくれているありがたい存在ですが、市場全体のほんの一部分に過ぎません。これから売上を上げていくために、むしろ本気で知らねばならないのは、今の段階でお客様になっていない人たちを含んだ"消費者全体"のポテンシャルです。「消費者＝お客様＋まだ顧客化できていない膨大な可能性」だからです。

　日本のマーケティングのレベルがまだまだ低いのは、「消費者」と「お客様」の違いすら意識できずにビジネスをしている人たちが蔓延していることからもわかります。以前、大手企業の幹部の方がおっ

第5章　強い「マーケティング・コンセプト」をつくる　　**151**

しゃっていた言葉を思い出します。「刀さんはお客様のことを"消費者"というのがどうも気に入らない。お客様は神様でしょう。消費者というのは失礼な言い方にも感じるので、もっと尊重してお客様と呼ぶべきではないのですか?」と。

　このように自覚なく、お客様（Customer）と消費者（Consumer）の違いが明瞭になっていない人はまだまだたくさんおられます。そのような意識では、目の前のお客様に侍ることばかりになり、消費者全体の課題やチャンスを診ることはできません。新規顧客を獲得する戦略やアイデアなどは生み出せないのです。

　もちろん、お客様（≒既存顧客）を分析することからも、今やっていることの何がどう刺さって顧客を獲得できたのかを実によく学べます。だから、お客様を診ることも、売上に貢献してくださることに感謝するのも、当然です。しかし、それだけで思考停止していらっしゃるのは、厳しい言い方になりますがマーケティングとしてはプロではないのです。必ず、市場全体、つまり**消費者を第一優先で診なければならない**。もっとも注視すべきは市場全体のチャンス（≒NBDモデルのMを増やすこと）なのですから。昭和の栄光を引きずりながらどんどん凋落していく企業においては、多くの社員が「お客様は神様……」で思考停止して、消費者全体のチャンスを診ていないことが多いのです。

　ではどうやって戦略エクイティを見定めるのか?　後でその詳細に踏み込む予定ですが、まず大きな考え方を紹介しておきます。深く消費者を診て、明確な仮説を立てるのです。

　消費者を診るにあたって、刀がやるような精緻な調査や分析がで

きれば一番良いのですが、そんなノウハウや予算は多くの零細事業者には普通はありません。しかし、どんな企業であっても、たとえあなた1人であっても、自分の消費者を徹底的に理解して、その本能が強く欲するものに明確な"仮説"をもつことはできます。10億円の広告宣伝費とは違って、この消費者価値についての仮説を立てることは、個人技による突破も可能であるとまずは信じてください。実際に私は何度もそうやってきました。たった1人でも、消費者理解に十分な時間の質と量を費やすことで、その仮説は必ず手に入ります。会社の規模や予算云々を言い訳にして自分に逃げ道をつくっても事態は解決しませんから、消費者理解からの仮説立てが、本来は1人でできるマーケターとしての仕事なのだとまずは覚悟することです。

　その仮説を判断軸にして、ブランドに必要な戦略エクイティを選ぶのです。

　そして、狙いの完成形であり、いわば刷り上げたい「版画」である戦略エクイティ（≒広義の意味の「コンセプト」）を消費者の脳に形成させるために、いったいどんな情報を練り込んでどう伝えるのか？　どんな"音色"を、どのような"順番"で鳴らすことができれば、消費者の脳内で狙いどおりの戦略エクイティが創り出されるのか!?　そのことを必死に考え抜いて周到に準備する、いわば「版木」となる情報の束のことを、マーケティング・コンセプトと呼ぶわけです。

　前半の理由として紹介した「コンセプチュアル・セル効果」も、マーケティング・コンセプトの1つです。その行き着く先は、積み上げられるブランド・エクイティに必ず含まれていきます。意図的

に仕掛けたマーケティング・コンセプトが上手く機能すると、より強く認識された喜びや感動が、消費者の脳内で狙った通りのコンセプト（≒意味）に変換されていきます。そこで狙って出来上がっていくコンセプトこそが、すなわちブランド・エクイティであり、「戦略エクイティ」なのです。

　もしも私が、たった1人で何かの事業に向き合うとしたら、私の時間と精神力の大半はマーケティング・コンセプトをつくることに迷いなく注ぎ込むでしょう。たった1人でカレー屋さんを起業したとしても、たこ焼き屋さんを始めたとしても、ピン芸人になったとしても、YouTuberになったとしても、大学を卒業して1人の社会人になるとしても、キャリアにおけるブランディングを……。知力を振り絞って考え抜くのは、目的とする「戦略エクイティ」と、その戦略エクイティを構築するための「マーケティング・コンセプト」です。

　なぜならば、マーケティング・コンセプトをつくる技術は、ビジネスにおける最大変数だからです。しかも、頑張れば、たった1人でも創ることができる！　広告宣伝費も、設備投資費も、人的リソースもままならない。自分自身も思い通りにならないことも多々ありますが、他と比べたらそれでも相対的に一番自由になるのが"自分自身の使い方"だとは思いませんか？

　1日数時間でよいので、全集中して消費者を深く知り、消費者の本能が発露する構造を見極めて、自分のブランドをその本能にぶっ刺すようにポジショニングする方法を考え続けるのです。たった1人でも、頭と時間の使い方によっては、ゼロから巨大な価値を生み出し、戦局を決定的に変える変化の起点をつくることは可能です。

リソースを持たない零細事業者でも、「コンセプト」さえ強力であれば、大きな競合に対する勝ち筋を見つけることはできます。むしろ小さき者ほど、マーケティング・コンセプトに集中しなければならないのです。企業体力、つまり認知と配荷では敵わないならなおさらです。知力で秀でて消費者の脳内のブランド・エクイティの牙城を制するコンセプトの強さなしに、小が大に勝てる道理があるはずもありません。

マーケティング・コンセプトの究極の目的は、中長期にわたって競争優位をつくる"価値"を、自ブランドの戦略エクイティとして構築すること。要するに、価値を実感させて、ブランド・エクイティとして消費者の脳内に貯金する。そのサイクルが回る構造をつくりあげるのです。すべてはそのためにやっている！　マーケティング・コンセプトはそのためにつくるという目的意識がとても重要なのです。

３ 最初に「ブランド・エクイティ」を明確化せよ！

さまざまな商品やサービスの概念をまとめようとして、あるいは宣伝広告のコピーのようなものを意図して、多くの人が"なんとなく"コンセプトという言葉を用いています。しかし、それらのほとんどが「マーケティング・コンセプト」としては実際には役に立っていないのです。その最たる原因は、マーケティング・コンセプトの目的であるはずの「ブランド・エクイティ（中でも戦略エクイティ）」が、事前に明確化されていないことです。信じられないことで

第5章　強い「マーケティング・コンセプト」をつくる

すが、ほとんどのビジネスがそうなっているように私の目には見えています。消費者の脳内に中長期で何を形成させたいのかを考えずに、目先の商品やサービスを売るコンセプト？ばかりを一生懸命考えている。商品コンセプトばかり考えて、ブランド・エクイティを考えないことが習慣になっています。

どんな「版画」を描くか明確になっていないのに、「版木」を行き当たりばったり彫るのはさすがにダメなことはわかりますよね。目的を明確化せずに、とりあえず考えやすい具体から考え始めたり、落ち着かないので手足を動かし始めたりするのは、勝率が低い"戦略的ではない人"の特徴です。それでは勝てません。狙いをつけずに鉄砲を撃っても、まぐれでもなかなか当たりません。それと同じように、ビジネスも、ブランド・エクイティを見定めていないなら、奇跡の確率を除けば、中長期で報われることはありません。これは途方もない無駄働きであるばかりか、多くの場合は"負のブランド・エクイティ"をもたらす悲劇となります。"負のブランド・エクイティ"とは、創りたいイメージの妨げになってしまうマイナスイメージのことです。

たとえば、「某寿司チェーンのブランド」がある時期になぜかハンバーガー!?を大々的に売ろうとしたことも、プレミアムイメージが大切なはずの「某化粧品ブランド」が大幅ディスカウントの価格訴求のみで初回トライアルを取ろうとしたことも、負のブランド・エクイティに帰結します。他人事だと思って聞くと、それらの施策は血迷ったように感じるかもしれません。しかし、現実には多くの企業や事業者がこういうことを平気でやってしまいます。自社のブランド・エクイティについて明確な設計図がないので、何をすればエクイティが育ち、何をすれば破壊されるのかがわかっていないので

す。

　ここは重要ですので、読者の皆様には「自分は大丈夫」と即断しないでください。ちょっと確認してみましょうか。御自身のさまざまな仕事にこの質問を当てはめてみてください。**その仕事は、いったいどのブランド・エクイティを強化する目的で行うのか？**　すぐに答えられるでしょうか？　そしてその答えは一緒に仕事をしている仲間たちと一致するでしょうか？　もしも、すぐに答えられないのであれば、あなたもブランド・エクイティの完成図を意識して働けていないということです。状況によってはあなたも寿司バーガーを出してしまうかもしれません。

　規模の大小にかかわらず伸び悩んでいるビジネスのほとんどが、強化すべき戦略エクイティを意識できていません。さらに、伸びているビジネスでさえそうなっていることが多い。だから次第に伸びなくなっていくのです。そしてついには既存ビジネスでの売上が徐々に下がっていく……。当人たちは「なぜだかわからない!?」と異口同音におっしゃいますが、その「なぜか!?」は明確です。昨日よりも今日、強くするべき戦略エクイティが強くなっていない日々が続いてきたからです。正しい戦略エクイティを伸ばし続けないビジネスの成長は止まり、凋落するのが自然の摂理ですから何も不思議なことはないのです。

　実は、今伸び悩んでいるビジネスも、ちょっと昔までは上手くいっていたビジネスです。そして戦略エクイティがちゃんと定められていない点では、実は昔も今も同じであるという状況がほとんど。たまたまでも一発当てて大きな成功を実現するのはもちろん並大抵のことではありませんが、創業者の「これがいけるんじゃないか？」

第5章　強い「マーケティング・コンセプト」をつくる　　**157**

というガッツが"たまたま"当たっただけで、何が戦略エクイティなのかという理解はないのが真相です。その証拠に、1つの事業が当たって会社が大きくなった後ならば、規模を拡大してもっと成功できるはずなのに、新規事業展開でもM&Aでも、ことごとく失敗し続ける新興企業は枚挙にいとまがないでしょう。そのような会社は、ほぼ例外なく、初期の成功をもたらした要因についての構造的な理解がありません。だから再現性がない。

　事業の成功は、さまざまな構造的な条件から生まれます。どんなに"たまたま"に見える場合でも、その確率を発生させた構造が必ず存在します。この場合の構造とは、製品・サービスの生産に関するもの、流通・配荷システムに関するもの、競合活動に関するものなど、市場におけるさまざまな要素があり、消費者が商品を買う確率に影響を及ぼしている比較的安定した因子のことです。その中でも、私がもっとも強調したい最強の構造が、消費者の脳内につくる構造。つまりブランド・エクイティです。多くの企業が、資材の調達構造や、流通構造への理解はそれなりにあっても、ブランド・エクイティがどうなっているかについて、まったくといってよいほど無頓着です。だから再現性がない。

　自分たちのこれまでの努力の結果、せっかく生み出した自分たちを勝たせてくれたエクイティが何なのか!?　死守しなければならないその戦略エクイティが何なのか!?　ちゃんと意識できていないので、絶好調だった記憶がまだ新しいのにどんどん伸び悩むようになってしまう。そして成長が鈍化すると焦って「やってはいけない施策」を連発し、大切にすべき戦略エクイティをさらに壊して、死期を早めるパターンが多い。"経験"というどんぶり勘定の表層的理解はあっても成功の"本質"を捉えてはいない。だから再現性がない。

もちろん本人たちには自覚もありません。だから目先の事情に合わせて、良かれと思って戦略エクイティを弱めてしまう多くの判断ミスを連発します。変えてはいけないものを変えてしまう。あるいは環境の変化に合わせて変えるべきものを変えることができない。そのような致命的なミスを繰り返して、結果としてブランド・エクイティは崩れていき、消費者にそのブランドを買わせていた脳内構造が壊れるのです。これがせっかく起業に成功した会社が陥っていく典型的な衰退パターンです。戦略エクイティをちゃんと見定めていないことから生まれる必然とも言えるでしょう。

　ブランド・エクイティを明確化せずに努力しても徒労に終わる悲劇となります。その典型事例として、**ブランドの設計図なき新商品開発**を挙げてみましょう。序章で紹介した御夫婦のパン屋さんでも、それはよく見受けられました。季節ごとに新商品があれこれ出てきますが、一つ一つの新商品のコンセプトが、そのパン屋さんの屋号であるブランドの何をどう強化するのか!?　それがまったくわからないし伝わってこないのです。そして、これが最大の謎なのですが、それら新商品の親であるパン屋さんの"ブランド価値"とはそもそも何なのか?　私にどんな価値をくれるパン屋さんなのか、どんなブランドになろうとしているのか!?　まったくわからない。そこが不明ならば何をやっても徒労に終わります。新商品をどれだけ出したところで、親ブランドが強くなることはないのです。

　単発のヒット商品は稀に生まれるかもしれません。しかし、ほとんどが来店客の同じ財布と胃袋のなかで他の既存商品と食い合うのがオチです。そのような新商品は、お客様（≒既存顧客）の目先を飽きさせないことで若干の客単価向上が期待できたとしても、屋号

第5章　強い「マーケティング・コンセプト」をつくる　　**159**

である親ブランドがより強くならないのであれば、消費者全体から来店客数を大きく増やしていくこと（≒新規顧客の獲得）にはつながりにくい。なぜなら、消費者の脳は、パンを選択する前に、パン屋を選択しなくてはならないからです。パン屋のプレファレンスを上げる努力が必要なのです。

　消費者が商品やサービスを選択する道筋と順番をよく考えて、その大きな分岐点で自身に有利なブランド・エクイティを構築しなくてはなりません。前に述べたように、消費者の脳は構造上の理由で「商品カテゴリーの選択⇒ブランドの選択⇒購入する商品の選択」と大きいところから、購入の意思決定をしていきます。このパン屋さんの場合は、まず、多くある食材調達オプションの中から「パン」を買うことを選ぶのか？　次の選択として「どのパン屋」に行くことを選ぶのか？　そして店に来てから「どのパン」を選ぶのか？です。

　パン屋そのものが選ばれない限りは、チョコチップ・メロンパンに意味はなく、新商品開発のすべての努力が無駄になります。もちろん、その新商品を大々的に宣伝できるならば、その新商品目当てで新規顧客を獲得できる可能性はあります。しかし、実際にはチョコチップ・メロンパンは、お店に来てから初めて認知する構造にしかなっていないわけです。それなのに、涙ぐましく多くの新商品を次から次に開発して店に並べ続けても、既存商品から新商品に売上がシフトするだけで、報われない努力で終わります。だから、このパン屋の御夫婦が集中すべき最大変数は、お店そのもののブランド・エクイティを強くすることです。

　もう1つの典型的な報われない努力は、多くの大企業の「広告代

理店にカモられているだけの広告」です。皆さんも消費者としてネットやTVなどの、あらゆる広告スペースで「何が言いたいかよくわからない」広告にたくさん当たっていると思います。それらの膨大な広告投資は、広告主である企業にとってはすべて金の無駄なのですが、ジャブジャブと湯水のように垂れ流しています。広告代理店や媒体社が儲かること以外に、広告主にとっては何の投資効果もありません。

　私の基準で申し上げれば、世の中の7〜8割の広告投資はほとんどリターンを生まずに蒸発していることになります。ブランド・エクイティを創ることにほとんど貢献しないからです。その無駄な広告宣伝費の1割で刀を雇ってくれれば、残りの9割を戦略的に活用して売上をジャンプさせるのにと、さまざまな広告を見ながらいつも歯がゆく思っています。

　広告コミュニケーションは、商品使用体験と双璧をなす代表的な、知覚化されたマーケティング・コンセプトそのもの。したがって「広告」と「ブランド・エクイティ」も、まさに「版木」と「版画」の関係性にあるのです。つまり広告とは消費者の脳内にブランド・エクイティを築くために存在するということ。では、どうしてブランド・エクイティを構築できる広告コミュニケーションが、それだけ多くの企業で正しくつくれないのか？　なぜだと思いますか？　広告代理店が無能だからでしょうか!?

　私は俯瞰してこう考えています。一番多い理由は、広告代理店の能力云々の以前に、むしろ発注側（企業側のマーケター）の問題です。広告主側が、ブランド・エクイティを明確に定義できておらず、広告代理店に明確にオーダーできないのです。その広告で訴求する

第5章　強い「マーケティング・コンセプト」をつくる　　161

戦略エクイティは何なのか？　何を伝えなくてはならないのか!?　その1点を見極めることができていない。ビジネスを伸ばさない広告しか使えない企業は、広告以前にブランド設計そのものに問題があります。最も多いのは、ブランドの設計がそもそも存在しないという問題。つまり消費者から見るとブランドの「顔がない」、だから覚えられない、選べないという状態になっています。残りは、ブランドはあれども、そのブランドが消費者視点で設計されていないという問題。消費者の本能を衝かずに、作り手の目線や、経営者や会社側のエゴや思い込みに過ぎないブランド定義になってしまっていることです。

　どちらの場合も、売上を伸ばす戦略エクイティにフォーカスされていない広告になり、消費者の脳内に有利なエクイティを構築することはできません。結果として広告は、ブランド・エクイティを競合に対して相対的に強化しないもの、つまり消費者の脳内で自社ブランドが選ばれる確率は上がらず、長期的な売上に繋がらないものになります。

　そうやってボヤっとしたオーダーから仕事を始めることになる広告代理店も、認知率向上のためにせめて面白い広告表現（見てもらえる）を模索することが多いのですが、面白いだけでは「戦略エクイティ」が伝わる表現にはなりません。むしろ、戦略エクイティとは関係のないところで注意を惹く広告になってしまって、伝えるべきことが余計に伝わらなくなります。その訳のわからない広告が、せめて企業名に漠然とした良いイメージが紐づけて伝わればまだマシな方です。しかし、たいていの結末は、そんな漠然とした表現では、脳にとっての重要性の壁を越えられないので、脳によってシャットアウトされて情報は無視され、戦略エクイティどころか何の価

値も認識されずに終わります。

　さらに追い討ちですが、そのような戦略エクイティを見定められないクライアントの「あるある」として、毎回のように広告メッセージがコロコロと変わってしまう問題が起こります。戦略エクイティをめぐる競合との椅子取りゲームを意識していないので、とにかくコロコロとメッセージを変えます。都度の見た目のインパクトとか、新しさなどという、まっとうなビジネス用語ですらない要素を満たすことに執心して、訴求するメッセージが変わり続けることになります。そのようなやり方では何年経っても消費者の頭の中にエクイティを何も貯金することはできません。

　別の「あるある」としては、マーケティングの素養を何も積んでいない組織の権力者の個人的嗜好に合わせた、好きか、嫌いかで、広告をつくっているパターンです。そんな広告は、もはや企業上層の機嫌を取るための「内向きの発表会」みたいなものです。そんな社員や広告代理店は、消費者そっちのけで権力者のために働いています。エゴの強い権力者たちは、深層心理において、消費者のためではなく、自分が気持ちよくなるために広告をつくらせています。

　こうやって、ほんとうに年間に何十億〜100億円を費やす膨大な広告宣伝費を、広告代理店と媒体社を太らせるだけで消失させている企業が7〜8割のように思います。こういうクライアントは、代理店や媒体社にとっては本当にチョロいお客さんです。たくさん広告出稿しているのに売上が上がらないことを嘆く人は少なく、そんなものだと思っている人が多いのに驚きます。これは、マーケティングによる成功経験がまったくない組織の中にずっといたので、ちゃんとした広告を作れば広告出稿をして劇的に売上が伸びるという発

想がそもそも無いからです。広告は企業の知名度とイメージを良く
するくらいのものだと思っており、売上を大きく伸ばすという概念
がない人は、私の実感では驚くほど大企業（とりわけ古めの
establishment）に多いです。

　まさに「井の中の蛙、マーケティングを知らず」です。広告に期
待しないのは、御自身も、その会社も、マーケティング能力が乏し
いからです。この現代の企業競争の中で、デジタル全盛期に、自分
たちだけがいまだに石斧をもって突っ立っている滑稽な姿を自覚し
ていただきたいものです。今まで石斧でも儲かってきたのであれば、
よほどの規制などで守られた参入障壁のおかげであって、それを自
分たちの実力だと勘違いしてもらっては困ります。その競争を阻害
している参入障壁が崩れた瞬間に、実力の無さを隠しようもなく痛
感することになるでしょう。

　そもそも、広告とは、即効性をもって認知を上げ、売上を伸ばす
ために存在します。売上を伸ばさない広告など、無意味かつ無価値、
むしろ外道です。何の広告だかわからないのも外道、面白いだけの
広告も外道、つかみどころのない企業イメージ広告などもすべて外
道です。

　強い言葉を使って申し訳ありません。しかし、ここは明確に伝え
させてください。なぜならば、日本の個人消費の何十年にも及ぶ落
ち込みは、この無能な広告主と、それらを美味しいカモにしてきた
広告業界から生み出される、消費者の購買意欲をドライブしない〝外
道な癒着〟がもたらした責任が大きいと私は考えているからです。
広告に携わる職業人たちは、消費者が買いたくなるような広告をつ
くって、消費意欲を喚起して社会経済を動かす職業使命を全うすべ

きです。

　少し余談になりますが、多くの宣伝広告費を使う企業経営者やファイナンス系の方々にお伝えしておきます。広告代理店との関係性が適切かどうかに常に目を光らせてください。組織的な癒着による慢性的コスト高と個人的な癒着によるズブズブの関係性に注意です。

　組織的な癒着はマーケティング部の雑務から始まります。本来は広告代理店の仕事ではない面倒な仕事でも積極的なフットワークの軽さでどんどんやってくれて、広告主側にとっても便利な存在として深く入り込んできます。そうやって楽だから離れ難い関係になりながらメディアの単価をどんどん乗せられて良いお客さんにされていきます。会社にしてみれば、マーケティング部が自分たちの仕事をせずに楽をするために高い値段でメディアを買わされているなんてとんでもない話ですが、広告のコストや効果も敢えてブラックボックス化しているので、他部門から突っ込みようがない会社が多いというのが実情ではないでしょうか。

　個人的な癒着はもっと生々しい世界です。広告代理店や媒体社（テレビ局など）は、大手企業の広告出稿に権限を持つキーマンに接待攻勢を頻繁に仕掛けてきます。経営者、マーケティング責任者、メディア購買責任者などが狙われ、志操の低い人間ならば容易にずぶずぶの癒着構造をつくられてしまいます。そのような闇落ちしたマーケティング担当者は企業にとって害悪ですので厳粛に取り締まってください。最初は割り勘ではないお食事から始まり、接待漬けや秘密の共有によって、だんだんと深みにハマっていく人が少なからずいます。子息の就職まで世話してもらった残念な人もいました。仕掛ける側は合理的に仕事が取れますので、こういう"昭和の営業"

第5章　強い「マーケティング・コンセプト」をつくる

はこの業界に限らずたくさん残っていますが、その中でも広告業界の昭和感は濃いです。

　そういえば、かつてUSJ時代の私がCMOに就任した際も、多くの媒体社・代理店関係者からさまざまなお祝い!?が届けられました。メッセージや花はともかく、記念品や、高いお酒や、商品券の分厚い束など……。私はその一つ一つを目録化してUSJの人事に報告し、お気持ちだけ受け取ると称してすべて送り返しました。その後も、あらゆる機会を見つけては接待のお誘いは来ますが、私はすべて断ることによって「森岡には接待がまったく通用しない」という自身のブランド・エクイティの確立に腐心してきました。

　大望ある人は、奢ることはあっても、奢られてはならない。自分自身のために私はそう考えています。欲しいものがあるなら自分で買えばよいのです。そんなセコいことで、しがらみに囚われて最適の外部リソースを投入できなくなると、自分自身が大きな力を発揮できなくなります。「森岡から仕事を得たいならば良い提案を持っていくしかない」と外部パートナーに心底思わせることは、私が結果を出し続けるために極めて重要なのです。読者もそういう立場になったときに、そういう"堕落"に決してからめとられないように気をつけてください。

　本題に戻します。マーケティング・コンセプトの前に、目指すブランド・エクイティが必要です。最初に必死に考えるべきは、競争を有利にする強いブランドの設計なのです！　マーケティング・コンセプトから考えるのではない、まして広告表現から考えるなんて愚の骨頂。ブランドが何を目指すのか明快であれば、マーケティング・コンセプトも、その具体である広告表現も、すべての努力が戦

略エクイティを構築する目的に対して、太い1本のベクトルで繋がります。このシンプルな構造が極めて重要です。

そうやって設計された親ブランドが明快で強いから、その傘の下でそれぞれの商品が売れるようになるのです。しかも、その一つ一つの商品コンセプトは、親ブランドをさらに強くするように設計されていなければなりません。親が子を強くし、子が親を強くする。そのようなエクイティ強化の好循環が回るループ構造を、我々は腹黒く考えて設計しなくてはなりません！

そう、この有利なエクイティ強化の好循環の構造は、偶然にはなかなか生まれないのです。消費者の潜在的欲求をよく洞察し、ブランドが選ばれるために重要な価値をどうやって自身のエクイティに取り込むのか!?　あのパン屋さんが考えなくてはならないのもそれだったのです。新商品を考えるどころか、お店を開ける前に、パンの生地を練り上げるよりもずっと前に……。そのお店を、つまりそのブランドを、消費者が選びたくなる決定的な価値は何なのか？　焦点はそこです！

4　ブランドの設計図 「ブランド・エクイティ・ピラミッド」

(1)　マーケティングの成功は、ブランド・エクイティの設計から

版木であり、道具であり、手段である「マーケティング・コンセプト」をつくる目的である「ブランド・エクイティ」をどのように考えて設計すれば良いのかという核心について、私の考え方の大枠

を皆様にお伝えしたいと思います。

　おさらいですが、「ブランド・エクイティ」とは、特定のブランド
に対して消費者が想起する一定のイメージです。そして「認識世界」
に属するものであって、概念ですから物理的に触れず、消費者の頭
の中にしか存在していません。たとえば、ディズニーランドでは、
ミッキーマウスやシンデレラ城など浮かんでくるそれらすべてのイ
メージがブランド・エクイティです。その中でも、消費者がブラン
ドを選ぶ確率を決めている「戦略エクイティ」は、ブランド・エク
イティの最も大切な一部分です。ディズニーランドの場合は、言葉
にできずともディズニーランドと聞くと多くの人々が脳内で感じて
いる「楽しい、笑顔になれる、ワクワクする」などの"幸福感"が
「戦略エクイティ」です。

　ブランド・エクイティは結果的に消費者の頭の中に植え付けられ
ただけの結果論だ、あるいはでき上がったものを後付けで言語化し
ただけだと思っている人も少なくありません。しかしながら、そう
ではありません。ブランド・エクイティは狙ってつくれますし、そ
もそも狙ってつくる技術のことをマーケティングと呼び、私はブラ
ンド・エクイティを狙ってつくれる人のみをマーケターだと考えて
います。

　日本にはまだ本物のマーケターが少ないと以前から申し上げてき
ました。たとえば、デジタル・マーケターと自称されている方々が
よくいらっしゃいますが、デジタル広告を当てる技術だけが得意で
も、ブランド・エクイティをまったく操れないならば、少なくとも
マーケターではありません。本来はデジタル・プロモーターと呼ぶ
のが正しいのです。当てて刈り取るのも大切な仕事ですが、マーケ

168

ティングはブランド・エクイティを操るのが本丸ですから、ブランド・エクイティを操れないならばその方はマーケターではないのです。同じように、製品企画にかかわっている人は、多くがプロダクト・マーケターだと自認されています。しかし、技術を云々する前に、どの戦略エクイティを強化し、どの技術を使うのかという順番で考えていないのであれば、その方もマーケターではないのです。

とにかく、ブランド・エクイティから考えるのです。成功への道すじは、ブランド・エクイティを設計するところから始まります。これが不明確だと、あるいは大きく間違っていると、その後のすべての活動と努力が無駄になってしまいます。商品開発も、流通戦略も、広告宣伝活動も、どれもバラバラの的外れ、中長期的な整合性も取れず、肝心要の消費者の認知世界で選ばれる"必然"をさっぱり貯めることができません。

(2) ブランド・エクイティは、まず60点を確実に！

ブランド・エクイティを設計するスキルは深淵です。本書では、今から紹介するブランド・エクイティ設計のフレームワークと、私の全力の解説で、これからの実戦経験とセットで読者の大半が60点を早く取れるようになることを目指します。この60点ラインでブランド設計ができる能力が極めて重要です。それさえあれば、たいていの戦場で中長期的に勝てるブランドを創っていけるでしょう。裏返すと、たいていの戦場において、60点のブランドを設計できる本物のマーケターは少ないので十分に戦っていけるということです。

では、60点のブランド・エクイティとは何か？　それは、グレート・ストラテジー（Great Strategy）でなくても良いので、グッド・ストラテジー（Good Strategy）がちゃんと担保できているというこ

第5章　強い「マーケティング・コンセプト」をつくる　　**169**

とです。大まかに正しいブランド・エクイティがつくれるということ。大まかに戦略さえ正しければ、あとは戦術を頑張れば何とかなります。

　大まかに正しいとは、WHOとWHATそれぞれの選択、そしてその2つの組み合わせが大きく間違っていないということ。WHOについては、たとえば「子供を持つ母親」が正解だったとして、「女性」であれば大まかに正しいのですが、「男性」や「独身女性」であればまずいということ。WHATについては、美しく戦略便益をアーティキュレート（言い当てる）することができていなくても良いので、便益選択の方向性を間違えるとダメということです。どう「おいしい」か定義しようと頑張って、ピンポイント過ぎる「辛い」や、方向が変わる「楽しい」になるくらいなら、ブランド・エクイティにおいては、大まかに「おいしい」のままの方がずっとマシということとです。

　ブランドの大戦略であるブランド・エクイティが大きく間違っていたとしたら、その後のすべての戦術的な努力は無駄どころか、ひどい害悪にすらなってしまいます。間違った戦略を素晴らしく実行してしまうと、リカバリーが利かなくなるので、むしろ傷口は大きくなって最悪の結果となります。つまり、ブランド・エクイティの設計は、戦略的に大筋を外していないことが何よりも大切。それが60点の意味です（悪い戦略と、良い戦術の組み合わせが、どうして最悪の結果になるのかについては、拙著『USJを劇的に変えた、たった1つの考え方　成功を引き寄せるマーケティング入門』（KADOKAWA）の第4章あたりに詳しく書いていますので参照してください）。

繰り返しますが、この60点のブランドを設計できていない事業者は非常に多いです。飲食店、小売店、理美容店など、皆さんの身近にある街中の多くの零細事業者だけではありません。家電業界、自動車業界、金融業界、TV局に代表される大手メディア業界など、技術先行であったり当局の規制に守られていたりする、大企業に非常に多い。反対にブランド設計が比較的なされていると思える業界は、日用雑貨、化粧品、菓子、飲料品など、いわゆる"ローテク"と呼ばれる業界が多いのです。技術や規制でビジネスを守れない競争市場の方が、マーケティングが発達する必然性が高いからです。当然ですがマーケティングを本格的に身につけたい人は、実戦経験を求めてマーケティング重視の業界や会社に進まれることをオススメします。ある程度身につけた人は、伝統的にマーケティング軽視（クリエイティブ重視）のテーマパーク業界に私が行ったように、ぜひ新天地を目指して頂ければと思います。

（3）90点を設計するために必要なもの2つ

　世の中で観察しうる大多数のビジネスシーンにおいては、大筋での正解を担保する60点のブランドをしっかりと設計し、あとはいかにしっかりと戦術レベルで素晴らしくやり抜くかに懸かっていると、実感を伴って私はそう考えています。そのエクセキューションでの力や、実行に移すスピードの方がむしろ問われる場合がほとんどなのです。大きく間違っていないならば「兵は拙速を貴ぶ」局面の方が多いです。

　しかしながら、中には戦局によっては60点の設計ではそもそも構造的にどれだけ戦術的に頑張っても勝てない場合もあります。60点よりも遥かに高難度のブランド設計が要求される世界があるのです。大ピンチでの大逆転勝利しか生き残れないような戦場では、グッド・

ストラテジーでは不十分でグレート・ストラテジーが成功の必須条件なのは日常茶飯事です。

たとえば、かつてのUSJのように、沈み続ける関西市場への依存度が異様に高く、不祥事で凋落してブランド・エクイティは負の遺産の方が多く、カネもヒトも時間などの経営資源も枯渇しているビジネスを無理やりV字に曲げるような逆境。しかもあのときは、新たにブランドを設計するにしても消費者の脳内エクイティの競合が「ディズニーランド」という宗教レベルに到達した世界最強ブランド……。

そういう笑うしかない最悪の戦局のときには、60点の戦略ではもはやどうにもならないので、ブランドの設計図は問答無用に"グレート・ストラテジー縛り"です。だから死ぬほど考え抜いて、90点、95点の強力なブランドを設計するしかありません。しかも"グレート・ストラテジー縛り"では、90点に未達の仮説を事前にふるい落とすための需要予測のノウハウも不可欠です。実は70点だったブランド設計図をグレート・ストラテジーだと思い込んで実行しないためです。事前に気づければもっと時間をかけて必要な強さに近づけることができます。

では、そんな高難度の設計能力はどうやって身につけるのか？　本書の領域としてはマニアックになりすぎるので、軽くだけふれておきます。まずは60点をしっかりつくれるようになった後に、次のステップに進んでいくためには、チーム能力において、さらに2つの要素を意図的に伸ばしていく必要があると私は考えています。

1つ目は高度な"**戦略発想力**"。これは修羅場を踏んだ経験の質と

量によって伸びます。一朝一夕に身につけることはできません。どんなに生まれつき頭脳明晰な人でも、いくら本だけ読んでも、学校でケーススタディを疑似体験しても、質の高い実戦経験を積まないことには身につきません。多くの人を見てきて言えることは、この能力については生まれつきの戦略思考のある程度の素養と、濃くて激しい戦場の匂いを嗅ぎ続ける経験の両方がセットで開花するものであり、経験の方がむしろ重要だと確信します。マーケティングが実戦学と言われる所以です。

"戦略発想力"を要素別にさらに分解しておきます。主に以下の4つの能力が相乗的に働くことで戦略発想力は発揮されると考えています。どれも重要ですが、最初の消費者理解が的を射ていないとすべてが外れるので、それがすべての大前提になります。あと、マーケターの個人技としてそれら4つを伸ばしていくことは大切ですが、チーム能力としてボトルネックとなる弱点をお互いに補い合う重要性だけは忘れないでください。

①**消費者理解の力**：消費者の言動を（マーケター自身の脳内バイアスの「解釈のエラー」によって歪めることなく）深く理解して、消費者の本能と購買行動の因果関係を読み解き、長期的にブランドが衝くべき本質的価値が何であるのかを明瞭に定義する力。そのために、消費者の文脈に自身を長時間にわたって深く浸らせる（限りなく状況を合わせて消費者のやっていることを自身で徹底的にやってみる）ことで、消費者の判断基準を自身の脳内に移植してくることを習慣化する。

②**経営資源を増やす着眼力**：今までの歩みを全否定するのではなく、その中から消費者価値に繋がる「強み」となる特徴を発見

する力。一見してマイナスにしか見えない事柄でも、消費者価値のプラスにひっくり返せれば＋2の大きな援軍を生み出せる。発想が閉じがちな逆境の中にあったとしても、常に物事の二面性を意識して、影をみたら反対側に光がないかを考える、影しかなければ影であることがプラスになるように「文脈」を操作する可能性を考える。まるで無意識に空気を吸っているように、自分の頭が勝手にそういう機会を探し始める、そのような習慣を身につけることです。

③**戦略思考能力**：どんなに高い壁（目的）でも、階段（戦略ステップ）さえつくることができれば必ず越えることができます。高い目的から逆算して階段を下ろして現在の足元まで繋がる一筋の太く整合性ある"勝ち筋"を構築していく能力。それが戦略思考能力です。広範囲に散らかる複雑な戦略に関わる要素を、目的⇒戦略⇒戦術に粒度正しく整理する。そして各階層においてやることを"選択"する（≒同時にやらないことを選択する）ことで経営資源の集中を生み出す。さらに、それらのゲームプランをシンプルに定義できる高レベルの抽象思考が求められます。先述した「重心」を洞察する力を意識しながら、実際に自身の智嚢を振り絞る実戦の繰り返しによって、戦略思考能力は伸びていきます。

④**ストレス下の決断力**：実行前にその戦略でいくことを決断しなくてはいけません。自己保存が危険にさらされる強いプレッシャーがかかるときにも決断の時はやってきます。むしろ不確実性の高い逆境のときこそマーケターが戦略的判断によって、経営資源の集中を生み出して戦局をひっくり返さねばならない。平常時で当たり前の決断ができることと、ストレス下でまっと

うな決断ができることでは求められる精神強度がまったく違います。そしてその胆力は実戦経験を積まない限り鍛えることはできません。ブランド戦略の策定に関わることができて、実力相応にヒヤヒヤする判断をさせてもらえる組織に身を置き、その"決断経験"を積み上げる機会を貪欲に求めることです。

2つ目は需要予測に代表される**"仮説検証力"**。高難度の戦局では、1回でも大きな失敗をしたらゲームオーバーなので、その1回を実行する前に勝率を予知する能力がどうしても必要になります。ブランドの設計などの戦略仮説に基づいて、"なけなし"のリソースを投じる前に、成功の確率とそれに紐づいた必要条件を明確にする技術があれば、成功確率を投資前にどんどん高めることができるのです。グレート・ストラテジーを世に送り出せる確率を劇的に上げることができます。

これについては先述しましたが、大マーケティング本部の中にインテリジェンス部門を構築して、その中で適性のある人間たちをアサインして「数学マーケティング™」のノウハウを研究・吸収させること。加えてインテリジェンス部門を統括するマーケティング責任者（CMO）や経営層が、正しい質問や課題設定をすることによって、この部門をちゃんと働かせること。組織としてこの2点にコミットできるかが問われます。

戦略発想力にしても、仮説検証力にしても、どちらか一方が好き・得意という人がほとんどです。そこで、基本はチーム内の人材の凸凹を組み合わせて補い合うことで、共同体として戦略発想力と仮説検証力の両方を備えることを目指すことになります。ただし、小規模な組織や個人レベルでは、高レベルな仮説検証力をプロジェクト

第5章　強い「マーケティング・コンセプト」をつくる　　**175**

のために備えるまでは人件費の観点から難しいかもしれません。そのような場合は、戦略が生まれないことには検証ができませんので、その順番で強化していってください。戦略発想力の強化に主軸を置いて、生まれてきた仮説を小リスクで早く実戦の場で試せる方法を考えることです。その結果と仮説の紐づけをしっかりと行い、さらなるグレート・ストラテジーを目指してください。

　ブランドの設計でもっとも大切なことは消費者価値の大枠を決して外さないことです。まずは、60点をしっかり取れることを目指す。そのために、ブランド価値について、自身の思考を深め、議論して集団知を活かし、そして内外に啓発するためにとても有効なツール「ブランド・エクイティ・ピラミッド」を紹介します。

(4) "全員野球" を可能にするブランドの設計図の恐るべき力

　そのブランドが、どの消費者の脳内に（WHO）、何の戦略エクイティを（WHAT）、どうやって構築していくのか（HOW）、その中長期的な設計をまとめたものを刀では「ブランド・エクイティ・ピラミッド」と呼び、日々の実務で役立てています。以下、まずはそのフォーマットをご覧ください。

　具体的な使い方は第7章で紹介するとして、ここではブランドの設計図をつくる意味について解説したいと思います。このシンプルな三角形のフォーマットに一つ一つの要素を吟味して埋めていくと、合格点に届くブランド設計がかなりやりやすくなるのです。

　というのも、このような可視化された設計図がなければ「ブランドってこうあるべき」のような抽象的な議論はとてもじゃないですが不可能に近いのです。まず、自分自身の中でも思考を深めること

Brand Equity Pyramidの基本フォーマット

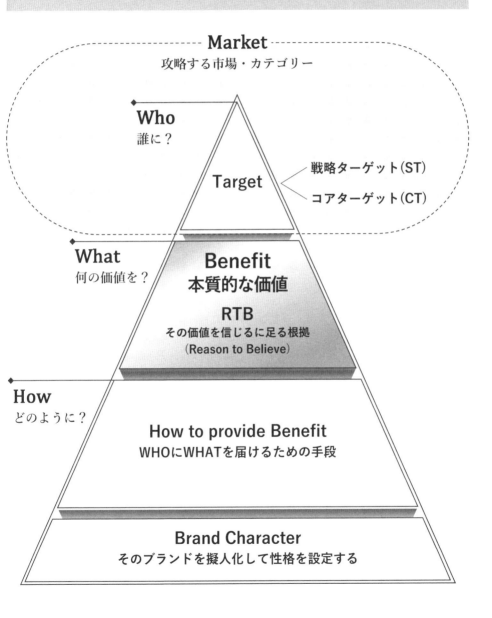

第5章 強い「マーケティング・コンセプト」をつくる

が難しい。自分の頭の中にあるブランドについての考えを、しかも複数のオプションを、自身で客観的に直視すること自体が非常に困難なのです。いったん頭の外に書き出すと整合性を客観的に診ることができるので、自分自身の思考を深められるようになります。

　さらに可視化された設計図がなければ、複数の人間が関わる議論は悪夢そのものです。ブランドに関わる人たちで「ああだ、こうだ」と話しても、誤解や混乱で共通理解に立った議論はなかなか成立しません。そこで集団知を活かすために1枚の設計図に書き出すのです。

　このブランド設計図があれば、社員一人一人が一丸となった"全員野球"ができるようになる。議論と検証の末、意志決定者がその設計図でいくと決めた後こそ重要です。実際のブランド構築の成否は長丁場の戦いになります。大切なのは社員一人一人の正しい理解と動機づけです。何のブランド（≒消費者価値）を自分たちは消費者の脳内に構築しようとしているのか？　その意味を誤解なく理解させねばなりません。さらに、そのブランドをつくるために自分の役割は設計図のなかのどこのミッションを担っていて、自分のどんな働きが重要なのかをしっかりと認識できる状態にせねばならないのです。そのために、1枚の設計図の共有は不可欠です。

　家を1軒建てるにしても、設計図がなければどうなるかを考えるとわかると思います。棟梁の頭の中に明確な最終ビジョンが仮にあったとしても、設計図が無いのであれば関わる大勢の職人たちと何をどう建てるのかを共有することは極めて困難です。一人一人の人間がいちいち棟梁にお伺いを立てて、指示を仰いで確認しないと仕事を進めることもできません。棟梁の時間や精神力には限界があり

誤解や混乱や遅延を呼びます。結果として、意図通りにちゃんとした家が建つことはないのです。

　この棟梁のような状態になってしまっているワンマン社長が君臨する会社は実に多いです。社員一人一人が、会社は何の価値を創ろうとしているのか、そして自分はその大ミッションのどこを担当していて、自分はどのようなクオリティの仕事をすることが期待されているのか？　そのような社員一人一人の理解が徹底できていない多くの組織にいらっしゃる皆様、よく自問してください。皆さんの会社にブランドの設計図はありますか？　もしもないのであれば、指示待ち族が多いのもそれが原因ではないでしょうか？

　いやいや、ちゃんと我社には創業以来の「社訓」が健在で、朝礼で毎日復唱しながら徹底しています、とおっしゃる多くの企業幹部の皆様は、ブランドの設計図の意味すら正しく御理解されていないことが多いです。私がここで明確にお伝えしたいのは、企業目線あるいは経営者目線の"願望"を並べた社訓のようなものは、ブランドの設計図ではないということです。ブランドの設計図というのは、あくまでも消費者にとっての価値で、消費者の脳内に創り上げる「コンセプト」の骨格を定義したものです。我社や、我社社員は……、という主語で始まる文章のことではありません。

　ブランド設計がまだ不明確、あるいはぜんぜんできていないと感じられる方々、悲観しないでください。むしろチャンスです。ブランドの設計図をつくるメリットは、究極的に2つです。その会社の経営資源を集中する焦点、どの消費者価値をどう向上させるのかを明確に、かつ中長期的に一貫させられること。もう1つは、その全体像と自分の役割を明確化され動機づけられた社員全員の力を引き

出した"全員野球"の恐るべき力を引き出すこと。結果的に、消費者の頭の中に蓄積されていく有利な戦略エクイティの力と、劇的に引き出される社員たちの生産性向上の往復ビンタで業績は上がっていきます。

第 6 章

強いコンセプトは
消費者理解がすべて

ここまでで、"版画"にあたる消費者の脳内につくりたいブランド・エクイティと、それを実際に創り上げるための"版木"にあたるマーケティング・コンセプトの関係性を理解していただいたと思います。本章では、実際にどのようにマーケティング・コンセプトをつくっていくのか、実際の私がやっている基本的なフレームワークをお伝えします。

　マーケティング・コンセプトをつくりたいとき、いきなりマーケティング・コンセプトからつくり始めようとするのは失敗のレシピです。特殊な才能や、特別な幸運に恵まれていなくても、強いマーケティング・コンセプトを生み出す確率を上げるにはコツがあります。それを創り上げるための大前提をちゃんと満たすことです。そして創ったものを実際に実行してみて、その結果を実感する経験を積み重ねることで、マーケターにとってプレファレンスを上げるためにもっとも大切な「コンセプト・スキル」を磨いていくのです。これも一朝一夕にマスターするのは難しいですが、基本を大切に努力すれば強いコンセプトはどんどん書けるようになっていきます。

　マーケティング・コンセプトをつくり実行する「5つのSTEP」の中から、本章ではもっとも大切なSTEP1〜3に焦点を当てて解説します。STEP4については、さまざまな調査についての最も大切な考え方や注意点について、前作『確率思考の戦略論　USJでも実証された数学マーケティングの力』（KADOKAWA）を御参照いただくと良いと思います。STEP5のHOWに関しては、近未来に機会や時間があれば私が知り得たことをまとめてお伝えさせていただきたいと思いますが、書き始めるとあまりに膨大ですので、本書では焦点である「Mを増やすための戦略からコンセプトの展開」に集中します。

STEP1：消費者理解
STEP2：ブランド設計の仮説立案
STEP3：マーケティング・コンセプトの策定
STEP4：量的調査による検証
STEP5：HOW（プロダクト、コミュニケーションなど）の策定

1 モニタールームでは到達できない深淵

　最初のSTEPとしてやるべきことは、**徹底した消費者理解**です。何度もお伝えしてきたように、我々が最重要視して活用すべき市場構造は、消費者の脳内構造なのだからこれ以上に大切なことはありません。消費者の脳内をポジティブに貫通してトライアルを起こさせるために、我々はどのようにマーケティング・コンセプトを紡げばよいのか？　その思索世界を歩けるようになるためには、まずは歩こうとするその地形を深く知らねばなりません。

　もちろん消費者の脳内構造以外にも、前作でも声高にお伝えした通り、その市場において勝敗の確率に影響力の強い他のさまざまな構造的特徴も把握する必要があります。基本的な視点は5C分析（Company：自社の特徴、Consumer：消費者、Customer：顧客、Competitor：競合、Community：社会・法律・世論など）で構いません。

　マーケターとして成功しようと思う人は、活用できるさまざまな有利な条件や、避けるべきさまざまな不利な条件、さらには一見し

第6章　強いコンセプトは消費者理解がすべて　　**183**

て"不利"な条件を"有利"にひっくり返す可能性、これら"構造的特徴"を探知し続けることを習慣化すべきです。まるで空気を吸うように、これらの構造的特徴をつい探してしまう職業病的習慣の有無が、良将と凡将の別れ道になっているように思います。アイデアを捻りだせるかどうかは、いかに構造的な特徴を自分の目的のために活用できるかにかかっているからです。

　しかし、その5つのCの中でも、私のやり方はとにかく最重要な構造であるConsumer（消費者）の理解に傾斜的にリソースを集中します。消費者プレファレンスこそがマーケターが操作できる最大の変数だと考えているからです。本当にそうなのでお伝えしますが「強いコンセプトは消費者理解がすべて」です。9割ではありません、すべてです。これ以上に大切なことはありません。

　プレファレンスを最大化できそうなWHO（だれに）・WHAT（なんの価値を）・HOW（どのように）提供するのかの組み合わせの仮説。それをSTEP3（マーケティング・コンセプトの策定）までに生み出すために、消費者理解の深さがほぼすべてと言っても過言ではないでしょう。凡庸な仮説のままSTEP4以降の検証段階に進んでも意味がないので、STEP1の消費者理解において、いかに情熱ある密度の高い時間を注げるか？　私のマーケティング・コンセプトのつくり方を理解したい方は、まさにConsumerこそが勝負だと心得てください。

　したがって、自分たちの提供しようとしている商品やサービスが消費者の本能のどこに刺しうるのかを洞察するために、私は消費者理解に尋常でない時間と精神力を投資します。優秀なマーケターたちは、それぞれ独自のやり方を持っており、さまざまなやり方があ

ります。どんな方法を選ぶにしても、消費者理解に十分な時間と情熱を注げていない、あるいはFGI（フォーカスグループインタビュー）などの質的調査だけ参加して、消費者のことをわかった気になっているようでは、マーケターとしては残念なのです。

　なぜモニタールームでの質的調査だけではまずいのか？　それは、答えている消費者自身が自分の行動の本当の理由をよくわかっていないからです。しかも考えがあったとしても「翻訳のエラー」で必ずしも正しく言語化できないからです。

　もちろん消費者自身が明確に認識できている内容であれば、FGIや1オン1インタビューなどでわかることも多いです。商品の使用習慣や、目の前で見せられたコンセプトやパッケージが好きか嫌いかなどは答えられるのです。しかし、彼らがなぜその商品を使っているのか、なぜそのブランドが好きなのかという本当の理由は、質問して彼らに本当の理由を答えさせるのは困難です。それは、消費者を突き動かしている根源が、彼らが認識できる"意識"ではなく、無意識の"本能"からくる衝動だからです。

　認識すらできていない、あるいは認識できていたとしてもうまく言語化できないことは、本当は消費者にもわからない。モデレーターに聞かれて彼らが答えている内容は嘘だとは言いませんが、本人すらわかっていない本能による選択を、意識が事後に取り繕ってその場で説明しているに過ぎないのです。したがって、一般的な質的調査は消費者の認識を効率的に理解するには適していますが、消費者がモニタールームで語っていることすら認識全体の氷山の一角であり、さらにその発言も質問者の期待に応えるためのバイアスがかかっています。

第6章　強いコンセプトは消費者理解がすべて

質的調査バイアスについて。まず、そもそも調査に参加している消費者は、周囲と上手くやることで生存確率を高めようとする社会的動物です。FGI（グループ調査）などは、他の参加者の意見や考えと違っていても、その影響を受けたり、同調したりする意識が働くものです。また、目の前のモデレーター（調査員）に対して、遠慮する心理はもちろん、自分の受け答えによってモデレーターを喜ばせようとするバイアスがかかっていることも非常に多いのです。まあ、モデレーターと被験者の密室での"談合"のようなものだと思っていてください。それをわかった上で上手く使えばよいのですが、質的調査だけで必要な消費者理解の深淵に辿り着くことはできないのです。

そこで消費者理解をもっと深める方法が必要になります。彼らの認識や言葉を超えて彼らの衝動の根源に辿り着く方法として、私がよくやっている2つのやり方を紹介しましょう。

2 "凡人"と"狂人"に「憑依」する

1つ目のやり方は「凡人と狂人への憑依」。これは多くの人たちからドン引きされてきた、私特有のマニアックな方法です。特有というのは、今まで約30年近くマーケティングをやっていますが、私のような執念で消費者に向き合うマーケターにはまだ出会ったことがないからです。徹底的に突き詰めて何かをすることが苦にならない"超凝り性"である私の特徴を活かしたやり方でもあります。よく言われますが、私自身がマーケティングを突き詰める「狂人」である

と、自分でもそう思います。確かに壮大な労力を必要としますが、自分のブランドが刺すべき人間の本能とその刺し方が見えるようになるので、勝ち筋を見つけて突破できる確率が最も高い実感が私自身にはあります。

さて、これから「凡人」と「狂人」について読み進めていただく前に、本書における『狂人』の意味について明確にさせてください。この言葉には社会通念上いくつかの意味があり、誤解を生まないように念を入れたいのです。

本書および、私のマーケティング・ノウハウの説明における『狂人』は、日本最大の国語辞典『日本国語大辞典』（小学館）にもあるように「常人と異なった言動をする人」の意味合いで使っています。より具体的には、**特定カテゴリーの消費行動において、あまりにも常軌を逸して没頭する人を『狂人』と表現**しています。筆者としては、文脈から切り離されてこの言葉が一人歩きすることがないように、これ以外の意味でこの言葉が解釈されることのないように願っています。

私の意図ではなくても、誤解されると誰かを傷つけてしまうかもしれない別の意味も持つセンシティブな言葉ではあることについては、出版元のダイヤモンド社からも真摯な御意見をいただき、私も悩みました。そして多くの別表現を必死に検討しました。しかしながら、標準からあまりにも掛け離れた特異な消費行動を継続的に取り続ける非常に稀な消費者を言い表す、しっくりくる表現がどうしても他には見つからなかったのです。「マニア」、「オタク」、「玄人」、「プロ裸足」……。残念ながら私が伝えたい没頭の強さはもっと強烈で、これらの表現では伝わりません。

「熱狂人」という新たな造語まで創り出して真剣に検討しましたが、どんな普通の人でも（たとえば好きなアーティストのライブなどで）一時的に熱狂することくらいできるので意味が変わってしまいます。常軌を逸した熱狂ぶりを継続的に突き詰められる人は稀で、「熱狂人」という言葉でも浅くて足らないのです。このあたりも第4章でお伝えしたように「解釈のエラー」の現実の前に、それでも伝えようとする「記号の世界」の著作物の生みの苦しみです。

悩んだ末の結論としては、本書の第一の目的である私のノウハウを「しっかりお伝えして遺すこと」を考えたとき、ここで丁寧な説明をすることで、読者の皆様の万が一の誤解にもならないように万全を尽くすこととしました。本書を手にとってくださる読者を信頼し、この本の目的のための表現の自由にご理解を得られれば幸いです。

では本論に進みましょう。

(1)「凡人」に憑依する

最初にやるべきことは、まずは「凡人」に憑依することです。その商品カテゴリーで代表性のある典型的な消費者を「凡人」と定義し、「凡人」がやっていることを、できるだけ同じ文脈で自分自身でも同じように徹底的にやってみる。「凡人」に憑依する際の最重要なことは、第一印象や初期の感覚を忘れずにいつまでも素人であり続けることです。しかしこれがとても難しく、どんどんやるとすぐに慣れちゃって、「凡人」の域をすぐに卒業してしまいます。この初心や「凡人」でいる間のあらゆる学びをメモして保全することがとても大切なので、この後でお伝えする「狂人」よりも「凡人」から先

に憑依するのがオススメです。

　あるカテゴリーの商品に初めて手を出すとき、消費者としての素朴な疑問、第一印象、抵抗感、戸惑い、不便、ミス、誤解……。あらゆる些細な躓き、これらを実感として捕まえることが極めて重要です。また、初心者ならではの喜びや達成感をどのような瞬間に得て、その感覚をできるだけいくつもの形容詞に落として記録していく。それらを、できれば自分1人ではなくマーケター複数で同時にやってみることで、「凡人」の典型的パターンを網羅していきます。それらのバリアやモティベーションへの気づきは、プレファレンスを水平拡大してトライアルを伸ばすための宝の山なので、絶対に忘れないようにどんな些細なことでも克明に記録します。トライアルがどんどん細くなっていくカテゴリーやブランドは、この "凡人の初心" を忘れてしまっていることが多いです。

　たとえば、自動車業界の人は、もっと凡人に、とりわけ初心者のバリアや動機付けに真摯に向き合えば、もっとずっと伸びるはずのカテゴリーだと私は考えています。自動車業界に限らずどの業界も共通ですが、車がとても好きな人ばかりが業界に入るから、無意識のうちに "車好き" の視点で商品をつくってしまう。自動車業界は初心者のことをちゃんとわかっているのかな？と思うような敷居の高さがやたら目立つように思います。

　思い起こせば、私の娘が免許を取りたての頃……、当時の愛車トマト号『ジムニー（軽自動車）』に私が同乗して運転の練習をさせたときのこと。なんと、彼女は給油で立ち寄ったガソリンスタンドで、軽油を入れようとしたのです。娘は何の疑問も持たずに「軽自動車だから軽油だと思った」と。「軽自動車」と「軽油」、確かにキッチ

第6章　強いコンセプトは消費者理解がすべて

ン・ロジックです。他にも変速機1つとっても、Dがドライブなのはわかるとしても、Rって一体なんなんだと。後ろに行くならBackでBなら直感的でわかりやすいのに、Reverse（ギヤの逆回転）だからRって、どんな機械オタクな呼称のままなのだろうと。

　まだまだあります。米国なら安くてあっという間に取れるのに、日本では何十万円もの費用と何か月もの時間を費やして自動車免許は取らねばならない。自動車価格も魅力を感じる欲しい車は、もはや若者の経済的事情ではほとんど手が届かないところに行ってしまい、燃料費、駐車場代、保険、メンテなどの維持費全般も消費者の生活を苦しめる。凡人にとって、特に初心者にとって、いちいち凹んで躓かせることばかりなんです。はっきり言って萎えます。若者が新たに自動車カテゴリーに入ることは、まるで"地雷原"を抜けるような難しさになっています！

　自動車カテゴリーのサイコロ自体を振らない選択肢も常に持っている若者です。この地雷原を越えてでも車を運転したい人は、つまりサバイバーはずいぶんと絞られてしまう構造になっていますね。なのに、業界の方々は若者の車離れに真剣に悩んでいるそうで、個人的に相談に来られた方もいらっしゃいます。私にはなぜ悩むのかが不思議でなりません。拒絶するようにわざわざ構造をつくっているのですから、そりゃ若者が車離れするのが自然なのです。

　このままだと、消費者の脳は、車を所有することをステータスだとは認識しなくなるかもしれません。車を所有しない生活スタイルが多くの市民権を得てくると、消費者の脳は、車を持てないことを社会的劣等性のシグナルだと感じるストレスを軽減・回避するために、カウンターとなる価値観をどんどん創出していくはずです。も

はやインターネットのますますの発達で、人間は外出しなくてもインドアでそれなりの楽しみを得られる時代です。都会で暮らすのに車なんて必要ない、むしろ車に乗らないライフスタイルこそがカッコいい、環境にも優しくてイケている、嬉しそうに大きな車を自慢したがる人は昭和の化石にしか見えない……。そんな価値観がますます市民権を得ていくと思います。

　今の消費者に、「凡人」に、もっと寄り添っていただきたいと思います。「自動車に憧れた昭和」はとっくに終わっているからです。消費者プレファレンスを左右する構造が変わってしまった。自分が車を好きだからといって「人は自然状態で自動車に乗りたがる生き物だ」と信じ切って疑わない人たちは、この先もどんどん需要を細らせてしまいます。

　あとは「運転することが楽しくて仕方がない」というタイプも、業界内に集まっている人たちには多いですよね。しかし、大変申し訳ないですが、そのような方々は全体から考えるとマイノリティだと認識した方が良いかと。むしろこの後に出てくる『狂人』に近いのです。大半の消費者の深層心理においては、「便利に移動する手段が欲しいだけ」であり、運転自体はしんどくて面倒な"苦行"でしかないことを理解すべきです。確かに"FUN TO DRIVE"は車好きの昭和人間の願望です。そういう「狂人」に近い人はこれからも一部で残り続けることも確かですが、ほとんどの「凡人」はそうではないのです。

　自分自身の価値観や感覚から離れて、ちゃんと消費者の本能に向き合って考察すると、「できればハンドルなんて握らずにみんなで酒盛りしながら目的地に安全に着ける方がずっと良い」ことくらい、

すぐにわかるじゃないですか。そのような「凡人」の本質を診ていれば、日本の自動車業界は自動運転への投資シフトをもっと早期に決断できたのではないでしょうか？　すでにGoogle陣営に周回遅れの差をつけられた感がある根底には、「ちゃんと今の消費者を診ているのか？」という課題があるように思えて仕方ありません。

かつての私の古巣であったP&Gでは、"普通の消費者"を知ろうとするカルチャーはしっかりしていたように思います。ベイビーケアで紙おむつの担当になった新人は、赤ちゃんの紙おむつを替える経験を何度も何度も体験しに行く。大人用紙おむつの担当になったならば、介護の実体験で介護者の文脈を学ぶだけでなく、自分自身で履いて寝て、それで小も大も用を足してみることで被介護者の文脈にも近づこうとする。コスメティックスに配属になった男性社員は、自分自身の顔面にフルメイクを施して勉強します。生理用品の担当になったならば、資料から学ぶだけでなく、男性でも実際に自分の下着に着けてみる。ヘアケアでスタイリングとヘアカラーの担当になった私も、御近所から「あの人はカタギではない」と冷たい視線を浴びながら、毎週のように髪色を金や赤に変えて、ヘアワックスで髪をモヒカンにしたり尖らせたりしていたわけです。

新人が入ってくるたびにそれらを当たり前にやってみることが組織文化になっていました。今から思うと、その合理的な利点は2つほどあったように思います。マーケターとして自身が責任をもつブランドに対して、実際に使っている"普通の消費者"の文脈と感性に近づく努力の大切さを新人に継承すること。そして、すぐに"業界人"になって目が濁って忘れがちになる「凡人の初心」を、組織やチーム全体としても常に取り戻してフレッシュに維持しようとする努力に他なりません。また、新人の方も、チーム内において今の

消費者を一番よく知っている人という有利な役割ができますので、経験不足ながら消費者視点で先輩方に物申す拠り所になっていましたね。あの会社にもいろいろと問題はありましたが、この点はとても良かったと思います。

　さて、このように凡人への憑依は、普通の消費者がなぜその商品を使うのかについての本質的な理解を磨くのに役立ちます。口では消費者のため、お客様のためと言いながら、自分自身が普通の消費者と感覚が大きくズレてしまっていることの自覚がないビジネスパーソンは、無意識のうちに自分の感覚や自分の好きなものを優先した商品・サービス開発を進めてしまいます。そうならないために、自分が扱うカテゴリーの「凡人」の感覚、必要な価値が何なのかを深く理解しようとする地道で謙虚な姿勢は、すべての消費者に関わるプロの最低限の心構えだと私は固く信じています。

(2)「狂人」に憑依する

　次にやるべきことは、「狂人」に憑依することです。その商品カテゴリーで超ディープな消費者、栄養ドリンクならカフェイン中毒になりそうなくらい飲む人、ゲームなら日常生活に支障が出るくらいのいわゆる"廃人"と言われる人、コンテンツのファンならば平均の100倍くらいグッズを買いこんでいる人、これらの人たちをリスペクトをもって「狂人」と定義し、**徹底的に"狂人"目線で自分も「狂人」になって同じことを本気でやってみる**、これが狂人憑依です。

　先に憑依して理解を深めた「凡人」に加えて、そのカテゴリーでぶっ飛んでいる「狂人」になりきって、彼らの言動を観察して凡人と相対化しながら、いったい何が原動力になって彼らをそこまでさ

第6章　強いコンセプトは消費者理解がすべて　　**１９３**

せているのかの核心に迫っていきます。本気で取り組むことで「凡人」や「狂人」に自分自身が共感できるまでになったらベストですが、たとえ"共感"できなくても少なくとも彼らの脳内構造を"理解"できるようになれる状態を目指します。共感できなくても、マーケターとして理解することは必ずできます。

さて、「凡人」と「狂人」のどちらかだけではなく、その両方に憑依するとなぜ勝ち筋が見えやすくなると思いますか？　それはその2点の視座を繋ぐことで、そのベクトル上に商品・サービスが刺すべき消費者の衝動の根源、そのカテゴリーが根差している「ヒトの本能」をより発見しやすくなるからです。

「凡人」と「狂人」は同じ人間なので本能の構造自体は非常に似通っています。しかし、流れている衝動（欲求）の量がまったく違うのです。「凡人」は観察しても本能がまだわかりにくいのに対して、その部分が覚醒している「狂人」は、流れている衝動の量が異様に多いので、そうさせている本能が何なのかが非常にわかりやすい。したがって「狂人」は、ヒトの本能と行動の因果関係を読み解くヒントを得る研究対象として、非常にありがたい存在なのです。

そして「狂人」から学んだその本能と欲求の根源という脳内構造をうまく活かしながら、今度は「凡人」の本能にも自社商品が刺さるようにWHO・WHAT・HOWをチューンアップする組み合わせを考えていきます。ほとんどの場合、圧倒的大多数の「凡人」に刺さるマーケティング・コンセプトを開発するのが最終的な目的になります。なぜなら、プレファレンス（NBDの式中のM）を大きくするためには、「狂人」だけでは狭すぎるので、できるだけターゲットを拡げるようにWHO・WHAT・HOWの組み合わせを考えねばな

らないからです。

　そして注意すべきことがあります。「狂人」が喜ぶことをそのまま
やったら「凡人」には Too Much になります。怖すぎる、キツすぎ
る、しんどすぎる、お金がかかりすぎる、時間がかかりすぎる、の
ような反応になります。**ブレイクスルーな価値の多くは「凡人」と
「狂人」の間にあり、今の「凡人」を「狂人」の方向にちょっとだけ
近づけていくベクトル上に見つかることが非常に多いのです。**いく
つかの実例で、この「憑依法」において、何にどの程度の努力をす
るのかのイメージが湧くように説明しましょう。

■ USJ：“熱狂的IPファン” に憑依する

　USJ時代、あらゆる有力なマンガやゲームやアニメや映画などの
コンテンツの理解のみならず、その熱狂的ファンの心理を知るため
に私自身が最熱狂のファンとしてその方々に憑依していました。非
日常の冒険心を掻き立てる素晴らしいクオリティのゲームブランド
「モンスターハンター」も新しいタイトルが出るたびに999時間（当
時はそれ以上は表記不可能）をプレイしました。NHKの「プロフェ
ッショナル　仕事の流儀」に出演した際に途中経過が紹介されてい
ましたが、オンラインゲームの「ドラゴンクエストⅩ」は数年かけ
て累計で何千時間もプレイしました。「エヴァンゲリオン」も「進撃
の巨人」も「ハリー・ポッター」も何もかも似たようなものです。
私が憑依したかったのは、もちろんコンテンツそのものではなく、
それらを愛してやまない熱狂的ファンたち、つまり「狂人」の本能
です。

　パークで感動を創り出すことを使命とするマーケターは、たとえ
ば「ワンピース」の世界観やストーリーやキャラクターなどを理解

しているだけでは甚だしく不十分です。我々が本当に理解しなくてはならないのは、ファンが「ワンピース」の何が好きで、何を大切に想っていて、それがなぜなのか？ということ。「ワンピース」が彼らの本能のどの部分に刺さっているのかを理解できていないと、我々はパークでファンの皆様を泣くほど感動させられる体験を創り出せるわけがないのです。

　しかも、リソースの制約（特に人、時間、制作予算が毎回シビア）が常にあります。ゲスト体験をつくったり、集客コミュニケーションをつくったりするとき、どこはあきらめて、どこに集中するのかの判断の正しさが大切です。そこを突き詰めて考えずにつくってしまうと、予算は膨らみ、その割にはゲスト満足にも集客にも寄与しない玉虫色のものができあがります。だから体験だろうが集客だろうが、そのコンテンツを愛してやまない人たちを誰よりも理解しておく覚悟と時間が欠かせませんでした。そこまで時間を使うことを非効率だと思って私をみていた人は多かったと思いますが、私にとっては消費者の本能に投資するのが一番効率良いと思ってやっていました。

　IP（コンテンツ）のファンの皆様はテーマパークの入場料を越えてやってきてくれます。北海道や沖縄などの距離抵抗の大きな方々も、少なくない交通費や宿泊料も越えてきてくれます。つまり、テーマパークのIPイベントを目的として来場してくださる方々は、それらのハードルを越える時点で「狂人」にかなり寄ったありがたい方々であったことも狂人分析の必要性を高めていました。その文脈において何をコアのアイデアとして体験開発すべきなのか？　どこまで予算をかけてどこまでのクオリティでなければならないのか？しかし、お金をかけすぎると投資回収の失敗が近づいてきます。し

たがって、個々のIPイベントを集客と顧客満足の両方の観点で、限られた予算を投資リターンが最大化するように配分せねばならない。

さらに、個別のIPイベントだけならば、それぞれの才覚ある担当者に任せていればできるかもしれません。しかしCMO（マーケティング責任者）としては、たくさんあるIPイベント間の優先順位をつけねばなりません。常に5～6のIPイベントの計画が並行している中の各担当者の主張を超えた全体最適を判断しなければなりませんでした。だから担当者任せではなく、CMO自身がそれぞれの「狂人」をできる限り理解する必要があったのです。1人の脳内で、A、B、C、D、E……のIPを横で並べて、次はこのタイミングで新たにFをCに入れ替えようとか、BではなくAに広告予算を集中しようなどの判断ができたことは幸いでした。当時のUSJが多くの新イベントを確率高く成功させていたのは、その「消費者視点での全体最適を判断できる構造」が大きかったと思います。

■ スマホゲーム：“廃課金者” に憑依する

スマホゲームに課金する人々の心理を理解するために、いわゆる“廃課金者”に憑依したことも何度かあります。課金中毒になった消費者と同じくらいに自腹で課金して彼らの心理の奥底に迫り、オフ会も開いて彼らのゲーム外での日常や人となりをよく知り、そのゲームが彼らの深いところの何を満たしているのか？について、執着して探っていきました。以前、あるスマホゲームの研究に400万円を課金したこともありますし、近年でも別のスマホゲームに数千万円を課金しました（本当です）。もちろん刀の経費ではなく、マーケターとしての自己投資として、すべて自己負担にしています。

もともと私は課金もギャンブルも大嫌いですので、まったく個人

的な趣味ではありません。それぞれ仕事で必要になったから、その
ゲーム内で狂人になるのに必要な金額を課金したのです。そこまで
するか？とドン引きされますが、"廃課金者"が自腹でそのゲームに
大きなお金を注いでいるのに、マーケターである私が自己負担する
ヒリヒリ感を知らずして、狂人理解の深淵に辿り着けるわけがない
のです。

　ちなみに自社製品を会社の福利厚生などで、タダあるいは大幅な
割引で買えるようにしている企業がよくありますが、あれはやめた
方が良いと思います。社員が正規の値段で自社商品を買うせっかく
の経験機会を奪っていては、消費者視点もへったくれもないからで
す。テーマパークでも福利厚生として、社員にタダチケット配って
家族連れで遊ばせているところが多いですが、ほとんどの社員は毎
年配られるそのチケットを待つようになって、自腹でパークに行こ
うとはしなくなるものです。そんなことをやっていては、高い入場
料を払った後に長い時間待たされる消費者の心理なんてわかるはず
がありません。

　そもそも論として、社員ですら正規価格で買わない自社商品って
非常にまずいのではないでしょうか？　消費者感覚を奪う福利厚生
はやめた方が良いと思います。社員には日頃からちゃんと競争力あ
る年俸で報いてあげていれば良いだけではないでしょうか。

　さて、話を元に戻します。ソシャゲーの廃課金者に憑依したおか
げで、私はさまざまな彼らの心理の深淵を理解できたと思います。
それによって一見して不可解な消費者の行動の理由が、実は本能の
構造からくる極めて合理的な行動だと理解できるようになりました。
そうなれば、どのような施策を打てば彼らがどう反応するのかもあ

る程度は合理的に予測できるようになっていきます。

　1つだけ例を挙げましょう。廃課金者が"引退"する謎について。ソシャゲーの世界では、"廃課金ユーザー"が、何百万円や何千万円も課金した後に、それまで大きなお金と時間を費やして築き上げたゲーム内のステータス（地位）をまるっきり捨てて、突然ゲームをやめてしまうことが頻繁に発生します。それを"引退"と呼びます。普通に考えるとそれまでの壮絶な投資金額で構築したデータには、その金額が大きければ大きいほどゲーム内では圧倒的な強さがありますから、ログインするとそれまでの課金のおかげで優越感はすぐに実感でき、だからこそ莫大な課金額の末に得られた地位を捨てることは「もったいない！」と強烈に思うはずなのです。したがって、それまでの課金額の大きさが、廃課金者を辞めにくくする撤退障壁そのものになっているはず。それなのにどうして突然ゲームをやめて離れてしまうのか？

　私自身が"廃課金"してみたことで、彼ら本人すらも明確に言語化できない動機もわかるようになっていきました。彼らは"引退"するとき、「忙しい」とか「飽きた」とか「他のゲームが」とか体裁の良いことを周囲に言いながらやめていきます。しかし、彼らの本音を端的にいうと、**引退は恐怖からの避難行動**です。

　よほどの超富裕層でもない限り、彼ら・彼女らは、自分の経済力の限界に近づくまでガチャを回し続けているわけです。そして自己コントロールができない自身への自己嫌悪がどんどん積み重なっていきます。強くなるほどに増す嬉しさや優越感にぴったりと並走しながら、実は強い自己嫌悪と経済的不安がどんどん膨らんでしまうのです。「こんなにお金を使ってしまった！　この先どれだけのお金

をこのゲームに吸い上げられるのか!?」という、言いようのない"恐怖"がだんだん優勢になってしまいます。こんなにお金を費やしたのにこの世界を捨てるのは惜しいという強い思いもありながら、課金を少額にコントロールすることが難しいことが自分でもわかっている中で、不安が上回ってしまうのです。

　つまり"自己保存の本能が引退させている"のです。それがわかれば、せっかくのロイヤル顧客をもっと長期間維持し続けるにはどうしたら良いのか、その施策にも想像力が湧くようになります。まず、どのようにすれば、経済的に無理をさせ過ぎずに末永く楽しくプレイしてもらえるか？　そんな恐怖を抱かせるまで課金させず、燃え尽きさせないようにペースをしっかりと設計する。さらに、それまでに投資した金額がその先により良く本能を満たせる構造をどのように担保するのか？　引退せずに継続した方が自己保存の本能をより満たせると実感できるように、ゲーム体験を改善していく。それらのために、狙った感情便益（≒実感）から逆算してあらゆるプロダクト（ゲーム内外での体験）を作っていく。そのように本能起点で考えれば、LTV（lifetime value：生涯顧客価値）を最大化するための改善策もいろいろと発想できるようになります。

■ ネスタリゾート神戸："山遊びの狂人"に憑依する

　周囲は山しかなかった凡庸な年金保養施設・旧グリーンピア三木を「ネスタリゾート神戸」として新たに立て直す際には山の「狂人」に憑依しました。都会から山に人を引っ張り込むWHO・WHAT・HOWを考えるために、山で本能を剥き出しにする「狂人」は誰かと考えて、猟師の皆様に仲間入りするため、私自身も狩猟免許と銃所持免許を取って本当に猟師になったのです。今でも有害鳥獣駆除活動や猟期における狩猟に参加して増えすぎた動物から山林を守る

活動をしたり、そこで斃した命を大切に食べさせていただいています。猟師になろうとした頃は刀の創業期で、私の投入可能な時間が非常に限られていたので、当時、夜間の座学と週末の実習が可能だった「大阪ハンティングアカデミー」に第4期生として入塾し、1年間ほど通ってさまざまな勉強と猟師人脈の手がかりをつくりました。

　動物の解体ノウハウは、夏場の有害鳥獣駆除活動で捕れたシカなどの実際の動物を使って学ばせてもらいました。銃や罠などで獲られて絶命した大型獣から内臓を出して、毛皮を剥いで、大バラシ、脱骨、精肉と一連の食べられるようにするまでの技術を身につけました。うだるような暑さの夏場で汗だくになりながら、独特の獣の血の匂い、それよりも遥かに鼻を衝くガスがどんどん膨らんでいく消化器系の内臓や腹腔内の強烈な匂いの中で、血に群がる凄まじい数の蠅や自分に群がる蚊やブヨならまだマシで、手を伝って這い上がってくる無数の危険なマダニを払いながらの作業になります。こみ上げてくる生理的嫌悪感に少しずつ慣れていくまで、何度も何度も、数十頭を解体しても、やはり時間がかかりました。

　さらに銃の所持許可を取るのはもっと大変でした。筆記や実技のテストに合格する必要があるだけでなく、1年以上かけてじっくり行われる国家公安委員会と地元警察による厳格な調査があるのです。たとえば、厳しい反社チェックはもちろん、本人だけでなく同居家族にも犯罪歴や精神疾患がないことの証明、経済的に困窮していないことの証明、親族間のみならず近隣関係や職場でトラブルがないことなどを警察が実際に確認します。日本の治安を守るためには銃は普及させない方が良く、できるだけギブアップさせるようにあらゆる制度ができています。銃を持ちたいと発想した人を萎えさせるために、精神的・時間的なコストが異様に高いストレスに満ち

たプロセスです。

しかし、その壮絶な面倒を越えてでも鉄砲で獣を撃ちたい人々を理解することが私の目的でしたから、それらの銃の所持許可を得るまでの並々ならぬ苦痛こそが狂人理解のための貴重な学びとなりました。

肉はスーパーに行けば、食べやすい切り身になって売っています。ジビエでさえもお金があればちゃんと買える時代です。一発の弾を撃てるようになるまでの壮大な手間暇とお金、山で獣を見つけて撃って当たるようになるまでの長大な訓練の努力、実際に殺した獣を山から下ろして解体して食べられるようにするまでの壮絶な時間と労力、それらを考えると肉はどんな肉でも買った方が絶対に安いです！　ではどうして彼らはわざわざ山に行くのか!?

彼らに聞くと「肉を獲るため」と言うんです。しかし、彼らの意識はそう答えても、本当は肉のためではありません。ヒト本来に備わった本能が彼らを山に駆り立てているのです。「狂人」に憑依するとその深いところがわかるようになります。

猟師の皆さんの脳内構造と本能の発露は、魚釣りがものすごく好きな人と似ています。山の「狂人」たちは、**自然界から大きなタンパク質を自分の力で勝ち取ったときに脳内で噴出する報酬物質の快感に魅せられた**人たちです。獲物をちゃんと獲れる自分を確認すること、「できた！」とか「できるようになった！」という実感がとても大切な人たちなのです。言い換えれば、生物としての自分の生き抜く力の強さや、その能力の進歩を確認できることに喜びを感じています。

もしも"山の狂人・本能さん"にしゃべらせることができたら、きっとこのように話すと思います。質的調査で本人の意識に聞いてもこのようなことはもちろん出てきませんし、ダイレクトに聞くと当人の意識にきっと即座に否定されると思います……。

　*「獲物とれたらめっちゃめちゃ嬉しい！　それがオレ様の能力の証明だから!!　山が好きなのは、ここには文明の利器がほとんどないので、生物本来の能力の違いが如実にわかりやすいから。都会では、スイッチ押したら灯りがつく、蛇口捻ったら水が出る、ボタン押したら誰でも暖かくも涼しくもできる。便利すぎて自分の能力がわからないし、生きている実感が湧かない！　オレ様のせっかくの能力が際立たないので、都会では頭でっかちのモヤシ男の方がモテるからムカついている。あんなのは弱い！　本当は何でもできるオレ様の方がイケてるはずなのに!!」*と。

　もちろん狂人理解で得た本能の根源は他にもたくさんありますが、この1つからどのようにビジネスに活用したのかを例示しましょう。まず、生物としての自身の能力の高さを実感させるとヒトの本能は非常に喜ぶことを発見。次に、この消費者理解を元にして、もっと多くの消費者（≒凡人）の本能にも刺さるように、都会ではなく山だからこそ実感を増幅できる「できた！」とか「できるようになった！」体験を次々と開発していきました。ネスタリゾート神戸のブランドを「大自然の冒険テーマパーク」へと再設計し、生まれ変わらせたのです。

　さて、ここで肝に銘じることがあります。"狂人向け"にブランドをつくってはダメということ。ネスタに限らずですが、ビジネスと

して欠かせないボリュームの大半を占めるのは、いわゆる「凡人」の皆様だからです。人間は"欲求"が"抵抗"（≒コストやリスク）を超えたときに行動します。注意すべきは「狂人」に比べると「凡人」は"欲求"がずっと小さいので、とても小さな"抵抗"でも購入意向はすぐに萎えてしまうことです。したがって、いかに"抵抗"を小さく見せ、小さいと実感させるのか、ここがMを拡げていくためのポイントになります。「凡人」は、どんな労苦でも厭わない「狂人」とは違うので、山ならではの「できる！」体験を提供するとしても、「刺激的で面白そう」しかも「不快・危険・面倒ではない」という塩梅に企画を合わせることが大切です。

　実際のネスタでは、設備投資可能資金が非常に限られていたので、できるだけお金をかけずに動物としての本能を呼び覚ます「できた！」体験を開発しなければなりませんでした。たとえば、生きたニジマスをつかみ取りしたり、野菜を収穫したりして、現場でレシピに沿って美味しく調理して食べてもらう収穫体験「ワイルド・ハーベスト」は非常に好評を得ました。また、身体を使った大自然ならではの適度なチャレンジやスリルを、家族や仲間と一緒に共有できる数々のアトラクションをつくりました。鳥のように滑空する飛行体験「スカイ・イーグル」、透明な大玉の中に入って斜面を転がり落ちる「キャニオン・ドロップ」などです。

　中でも、本格的なオフロード・バギーで爆走する「ワイルド・バギー」は大ヒットになりました。このオフロード・バギーをここまでの規模で導入したのは、日本唯一だったのではないでしょうか。多くの一般人にとって、自動車の運転から連想しやすい割には、本格四駆のオフロード・バギーを運転した経験は皆無で、良い塩梅の初チャレンジになること。また、公道ではないので小学生でも10歳

以上であれば運転できるので、人生で初の自分で車を運転した体験をつくれること。加えてコスト面でも素晴らしく、本物の四駆オフロード・バギーでも1台数十万円しかせず、たとえ100台導入しても数千万円の低いところで済みます。もともと山しかないネスタですから、重機を使ってコースをつくれば舗装代をかけずに（舗装しない方がむしろエキサイティング！）将来にわたって拡張性が大きいことも実に素晴らしかったのです。

　ここで読者の皆様にお伝えしたいのは、それらの実際の体験のアイデアは「HOWからの発想（個々のプロダクトを思いついた）ではない」ということです。たとえばバギーも狂人分析からのWHO・WHATから考え抜いて思いついた。この事実が再現性のために極めて重要です。当時、狂人分析担当だった私は、以下の必要条件を刀の開発チームにブリーフし（②がもっとも重要）、そこから刀のクリエイティブたちがバギーのアイデアを捻りだしてくれました。

　①都会ではできない山の中ならではの体験
　②凡人にとっても"動物的な興奮"を強制的に喚起される、強烈
　　な「できた!!」体験
　③できれば多くの人にとって記憶に残しやすい初めての体験
　④設備投資費用が小額の予算内に抑えられる体験

　これらはすべて「狂人」そのものではなく、「狂人」から学んだ人間の本能の核心を、「凡人」の皆様に向けて衝くように企画した体験です。意図的に、**多くの「凡人」の背中を「狂人」の方向に向けて、少し強めに押してあげる塩梅**を狙っています。したがって、本能をより良く衝くように随所で工夫しているので、他のアウトドア系パークにありがちなものとは実際の体験価値はまったく違ってきます。

第6章　強いコンセプトは消費者理解がすべて

たとえば、技術やシステムは同じようなジップラインでも、ネスタのスカイ・イーグルは、凡人の背中を押すチャレンジとして加速の度合いや最高スピードを調整し、従来のジップラインのようにぶら下がるのではなくスーパーマンの姿勢で鳥のように飛ぶ体験のスリルを際立たせ、しかもグループの4人が体験を共有できるように横に並んで同時に滑空できるように作りました。他施設のジップラインとは実際の体験価値がまるで違うものができるのは、本能の理解からHOWを設計しているからです。

山しかない破綻した旧グリーンピア三木に集客するという2018年から始まった挑戦は、トップラインを大幅に伸ばし、わずか数年で償却前利益での黒字化を達成しました。原動力になったのは都会から山に人を集客する価値を構造化（≒ブランド設計）し、それを実感できる消費者体験として創り上げ、マーケティング・コンセプトとしてコミュニケーションし続けたことです（※経営再建に貢献させていただいた後、刀はネスタリゾート神戸での使命を2023年10月末で円満に完了し、それ以降の経営や運営には一切関与していません）。

(3)「憑依」とは要するに……

他にもたくさんの事例がありますが、いずれの場合も私にとって消費者に憑依することの目的は一貫しています。**憑依する目的は、消費者と同じ文脈で同じことをやってみることで、マーケター自身の本能を起動させながら、消費者の「本能」と「行動」の因果関係を読み解いていくことです。**そうやって、自分の頭の中に"消費者の判断基準"を移植していきます。先述したように、人間は他人の言動をどうしても自身の「認識の世界」によって歪めて解釈してし

まう生き物です。しかし、消費者理解を徹底することで、マーケターは自身の認識世界の中に"消費者の判断基準"を取り込むことができます。私個人の判断基準（好き嫌い）とは別に、狙った消費者グループの判断基準を自身の脳内に移植することによって、消費者の認識世界に近い判断ができるようになる。その結果、さまざまなアイデアも思いつくようになります。

　マーケターとは、自身のオリジナルの認識世界の中に、ターゲットとする消費者の認識世界を取り込むトレーニングを積んでいる者と言い換えることができるのではないかと考えています。自分のフィルターを通して消費者価値を判断するのではなく、自身の認識の世界に移植した「消費者のフィルター」を通して物事を判断することができる。それが強いマーケターです。

　最後に、この「憑依」の難点も挙げておきましょう。それはズバリ、1分野の解明に壮大な時間と労力がかかることです。しかも自分自身の信条や趣味と反する事柄について憑依する場合には精神的負担も大きいです。しかし、多くのマーケターの皆さんは、私ほど複数のブランドを同時に構築する特異な状況ではないはずです。そして1日は平等に24時間であることを考えると、私ができている程度のことを1つや2つのブランドに対してやる時間がないはずがありません。要するに、そのマーケターがどれだけ本気で仕事をしているのかという覚悟の問題かと。また、会社組織であれば、マーケティング・チーム内で、それぞれの得意分野を手分けすれば、多くの「狂人」や「凡人」の判断基準を共同体に取り込むことが可能になります。ぜひ、御自身のマーケター魂に火をつけて個人技として磨くとともに、共同体の中に同志を増やして集団知を活用していただければと思います。

3 消費者の脳内想起から本能をたどる

　個人の壮大なエネルギーに依存する1つ目の憑依法とは異なり、この2つ目は、質的調査を駆使してより組織としてアプローチするやり方です。**消費者が想起する内容から"脳内記号"を手掛かりに本能をたどっていく方法**になります。

　これは経験の蓄積によってどんどん研ぎ澄まされていく消費者理解のノウハウです。脳内の認識世界の中にあるブランドやカテゴリーについて、消費者自身が認識できていない、あるいは記憶からなかなか引き出せない原体験や、さらには本人では言語化できない「本能」の領域を推理しながらできるだけ太い仮説を立てていきます。最終的にはSTEP4以降の量的検証で、強いマーケティング・コンセプトが創れていることが確認できた上で、さらに実際の市場で結果を出せれば、ようやく仮説が実証できたことになります。

　典型的なやり方の概略を説明した後、実例で具体的によりイメージを掴んでいただきたいと思います。

　まず、自分が売りたい商品（＝ブランド）よりも大きな枠組みであるカテゴリーに着目します。売りたい商品が、たとえば「アサヒスーパードライ」であった場合は、そのもう1つ上のカテゴリーである「ビール・カテゴリー」、あるいはできればもう1つ上の「酒類・カテゴリー」や、さらにより大きな「セルフ・インダルジメント（嗜好品）カテゴリー」まで、拡張して考えます。

なぜ上のカテゴリーに着眼するのかというと、ブランドをどこにポジショニングするかの判断に、ブランドを内包する上位カテゴリーのプレファレンスの理解が不可欠だからです。消費者の脳は製品（SKU）を選ぶ前にブランドを選び、ブランドを選ぶ前に無意識にカテゴリーを選んでいます。つまり本能は最初にカテゴリーを選択しているわけですから、カテゴリーの価値がどの本能に刺さっているのかを知ることは、ブランドのあるべきWHATの核心を知ることにほぼ等しいのです。

　上位カテゴリーについて質的調査を行い、"カテゴリーにまつわる脳内記号"を深く理解します。質的調査の限界については先述しましたが、それをわかった上で消費者がカテゴリーについて想起するあらゆる脳内イメージを引き出していきます。さまざまな言葉で表現してもらうだけでなく、雑誌の写真やイラストの切り抜きなどのビジュアルを用いたコラージュなどでも表現してもらいます。さらにそれらのアウトプットを手掛かりに、その人のそのカテゴリーにまつわる思い出や記憶をできる限り引き出していきます。この作業を必要な消費者属性別に一人一人積み上げていきます。課題によって違いますが、私の経験では1つの商材に関して40〜60人程度を調べていくことが多いです。

　こうやって集めた資料を統合的に分析することで、①消費者の脳内でそのカテゴリーやブランドがどのような意味（≒価値）をもって記号化されているかを知り、②そのように記号化された原点を推理しながら消費者のどの本能に刺さっているのかを仮説立てする、ということをチームで必死にやるのです。

具体的な例で説明した方がわかりやすいので、「丸亀製麺」との協業の際に刀として何をやっていたのかを通して御理解いただきましょう。

　すでに各種メディアで報じられたとおり、丸亀製麺と刀は2018年秋から協業し、既存店の売上が落ち込んでいたトレンドをV字に曲げる成果を出すことができました。そのときに起爆剤となったのは「丸亀製麺は1店舗1店舗、すべての店で粉から作ってうどんを提供している」という事実を活用した、「できたてにこだわっているブランド」であることを訴求した新たなマーケティング・コンセプトでした。

　ここでの本題は、そのドラスティックな業績回復の結果自体よりも、「1店舗1店舗、粉から作っているという事実が、プレファレンスを高める消費者価値として非常に強い」ということをどうして発見することができたのか？ という点でしょう。これも先ほどのネスタのバギーと同じで、決してHOWから一発の思い付きではないのです。むしろHOWからの発想では決して思いつくことはできなかったと私は確信します。やみくもに砂漠でダイヤモンドを見つけることはできないからです。繰り返しますがWHO→ WHAT→HOWの順で発想するアプローチこそが確率高い戦略構築にとても重要です。

　この協業を刀としてやるかどうかの判断にあたり、我々は丸亀製麺というブランドの上位カテゴリーである「うどん」と「外食」にまつわる消費者調査を独自に行いました。刀は、たいていの場合、協業することによってそれなりにお役に立てそうか、勝ち筋の大まかな見立てを検証してから引き受けるかどうかを判断しています。

我々が限られたリソースを本気でかける以上、結果を出せそうにない（刀の力が活きない）プロジェクトは契約してもお互いにとって後々良いことにはならないからです。

このときは、時間が非常に限られていたので、憑依法ではなく「消費者の脳内想起から"脳内記号"を本能目がけて辿っていく方法」で本気でアプローチしました。丸亀製麺ブランドのプレファレンスを顕著に伸ばすために、「うどん」や「外食」などの上位カテゴリーに注目し、それらカテゴリーが消費者の脳内でどのような記号性を持つか？を調査したのです。

すると、極めて興味深いことがわかりました。「うどん」と聞いたときに消費者が脳内で想起する感覚に独特な特徴があることがわかったのです。「スパゲッティ」と聞くと、消費者の脳内には、"オシャレ"、"晴れの日"、"デート"など、イタリア料理への憧れ感や異性に関連する想起が多く喚起されます。「そば」と聞くと、消費者の脳内には、"食通"、"物知り"、"こだわり"、"本物志向"といった、グルメ志向や趣味人的な想起が多く喚起されます。しかし、「うどん」は、なぜか情緒への紐づきが強かったのです。「うどん」という言葉から消費者が想起するのは、"なつかしい"、"やさしい"、"ほっこりする"、"温かみのある"、"ノスタルジーのある"といった、内向的な安心感に想起がきれいに集中するのです。

次に、それらを手掛かりに、なぜ大多数の日本人にとっての「うどん」が内向的安心感の記号性をもつのか？という点を深掘りしていきました。以下、詳述すると長くなるので刀のノウハウを駆使して辿りついた当時の仮説をお伝えします。それは「うどん」は、多くの日本人にとって特殊な位置づけにある"感情的な食べ物"であ

ること。その理由は、誰しもが具体的に思い出して語ることはできないけれども、「うどん」は離乳期や幼児期の原体験を脳が情緒的な記憶として覚えているとてもユニークな食材だからです。

　どうして小さな子供はうどんを、"ちゅるちゅる"などと呼んで、あれほど好きなのか？　消化がとても良いことはもちろんありますが、どうして離乳食として「うどん」はこれほど好まれるのか？　なぜだと思いますか？

　実は、幼児にあれほど好かれるのは、「うどん」のあの太さも、あの独特の食感も、母親のおっぱいを吸っていた頃の記憶、つまり"唇が覚えている母親の乳首の感触"にとても近いからです。

　ちなみに「うどん」は世界でもっとも直径が太い特異な麺であり、コシと呼ばれるあの特異な弾力を好むのも、授乳期における母親の乳首の感触の記憶に紐づいている。そしてその物理的な記憶よりも大切なのは、その唇周りの記憶とリンクした授乳期や離乳期の"感情の記憶"です。無防備で無力だった頃の自分が、母親に大切に守られて無条件に愛されていたときの安心感と、唇の物理的な記憶が結びついて脳内で記憶されているのです。

　こんなことは明瞭に意識できていませんので、消費者に直接聞いても絶対に出てきません。しかし「うどん」は多くの人にとって"母親の慈愛の記憶"であり、"尽くされることの安心感"を象徴する記号性をもっているということ。うどんをすすって食べている消費者の脳内では、明確に意識はできていませんが、幼少期の原体験が"情緒として蘇る"のでその頃の何かを同時に感じています。だから「うどん」を食べたら、なぜか懐かしくて、やさしくて、ほっこりした

気持ちになるのです。

　つまり「うどん」は、"尽くされる安心感"を欲する本能に刺さっている！　ということは、**尽くされる安心感を欲する本能にもっと刺さるように丸亀製麺ブランドを設計し、ポジショニングすれば、プレファレンスを格段に上げることができるのではないか？**　そんな勝ち筋の仮説を念頭に置きながら、刀として協業させていただく判断をしました。

　マーケターにとって、カテゴリーに紐づいている本能の出どころがわかることは、これから攻め込む城の本丸へと続く侵入路を示す地図を手に入れたようなものです。どこから入って何に到達しなければならないのかがわかっていることで、勝つ確率をグッと引き寄せることができる。しかしそれだけでは不十分。WHOの求めているものはわかった、では「何の価値（WHAT）を、どう伝えれば（HOW）本能まで突破できるのか？」という課題をクリアしなければ、消費者の脳内に価値を認識させることはできません。

　したがって本能の衝きどころがわかれば、そこからWHAT（≒消費者価値）をどう言い当てるのかという"価値の切り口"を探す段階に入ります。市場全体のMを拡げるための本能を刺せるWHATの定義、つまり「価値の言い当て方（≒Benefit Articulation）」を見つけるのです。このケースにおいては「うどんカテゴリーの丸亀製麺というブランドを、"尽くされる嬉しさや安心感"を求めている消費者の本能に、どうやって直感的にもっと刺さるようにポジショニングするのか？」という課題を解かねばなりません。

　だから協業開始直後から、我々はひたすらある１つのことを必死

で探していたのです。「尽くされる嬉しさ・安心感」に直感的につながる何かはないか!? 消費者からみて「そこまで自分のために尽くしてくれるのか!」と直感的にわかる材料はないか!? 丸亀製麺ブランドのなかで何か言えることはないのか!? それを必死に探すべし……!!

その大号令のもとで、何を見つけなければならないのか? を明確に意識して必死に探していると、砂漠でもダイヤモンドが見つかるものです……。

なんと、「丸亀製麺は、800店舗もあるのにセントラルキッチンも使わず、お客様の"できたて"にこだわるあまり、本当に丁寧に1店舗1店舗で製麺している!!」という信じられない事実の報告を受けたとき、私はジャンプしそうになるくらい興奮しました。本当ならば実に都合が良い! しかし、そんなことはあり得ないのでは? と、にわかには信じられなかった。なぜなら丸亀製麺のような大規模な飲食ブランドでは、いわゆるチェーンストア理論、セントラルキッチンを活かしてスケールで利益率を上げていくのが常道だからです。しかし、丸亀製麺は、本当に例外なくすべての店で麺を粉から作って、できたてのうどんを提供していたのです。

我々にはその事実がピッカピカのダイヤモンドのように輝いてみえた。消費者が潜在意識下の本能で、"尽くされる嬉しさ・安心感"を求めていることを知っていたからです。しかも、競合には真似できないレベルの「できたての美味しさ」の証として、1周り大きな外食カテゴリーの本質的便益にも直結できる。つまり、Part1で先述した「重心」の考えに照らしても、「本能に刺さる消費者価値」と、「自社の特徴」と、「競合には真似できない」ことの3つの重な

りの中心だから「これは重心だ」と思いました。

　そんな大きな価値に、関係者がどうして刀が関わる前に自分たちで気づけなかったのか？という質問をその後もよく受けますので、ここで私の意見として述べておきます。これは無理のないことと言いますか、これに限らず一般論として、砂漠に埋もれているダイヤモンドに関係者が自ら気づくのは非常に難しいのです。自分自身のことを自分自身で知ることがとても難しいのは、あらゆることが“当たり前”と“慣れ”で覆われてしまうからです。このケースにおいても、創業以来ずっとお客様からも見ようと思えば見える店内でずっと麺を打っていたので、関係者の中では「その事実はお客様にとっくに広く伝わっているだろう」と思われていました。

　では、自分でダイヤモンドに気づくにはどうすれば良いのか？　私は、やはり深い消費者理解、プレファレンスの根源である“本能”に迫ることが一番の近道ということを信じています。自分たちが売っているカテゴリーや商品に対する消費者の脳内での本質的な欲求を知って、いわば**本能と現状のGAP**に気づくことが大事だと思います。

　GAPという手がかりがあれば、自分で気づくことも可能です。かつてUSJでジェットコースターを後ろ向きに走らせたときも、何とか思いついたアイデアである“逆走コースターによる後頭部からの落下”が、「消費者が本質的に求めているスリル」と「当時のUSJの現状」で満たせていなかったGAPを埋める勝ち筋になると、自分のブランドのことであっても一瞬でわかるのです。

　さて、「1店舗1店舗で粉からうどんを打っている」という事実を

第6章　強いコンセプトは消費者理解がすべて　　**２１５**

活かすべく、我々はすみやかにマーケティング・コンセプトを作成して量的な検証へ移行しました。どれだけ誰かの直感でイケると思っても、その判断が重要であればあるほど、限りなく客観的な検証、需要予測と数学マーケティングによる分析を我々は重視します。そのときも、コンセプトテストの結果、現行のマーケティング・コンセプトに比べてみてどの程度プレファレンスを改善する力があるのか、いくつかの伝え方の切り口による購入意向の変化など、検証とラーニングを積みました。仮説であった「お客様のために、できたての美味しさにこだわる」ブランド・ポジショニングのポテンシャルに自信を深めたのです。

このときは新たに大規模なR&Dをかけることもなく、「創業以来、全店舗における店内製麺の事実」が強烈な特徴としてすでにありますから、ブランド設計だけでなく、すみやかに新たなコミュニケーション（HOW）も開発・実行することができました。量的検証で仮説を磨いた後、1店舗1店舗で打ちたてのうどんを出していることを訴求した新ブランド・キャンペーン「ここのうどんは、生きている。丸亀製麺」を、協業から半年足らずの圧倒的スピードで展開したのです。結果、業績は急回復を始めました。

ちなみに、もしも"言いたい特徴"がどうしても既存の商品やブランド資産のなかで言うことができなければ、ブランド・エクイティとして獲得したいその"特徴"を、製品や体験の中に新たに作り込んでいくことになります。ここでようやく製品開発の出番になるのです！　消費者の本能が求めていることを満たすために、つまりブランドのプレファレンスを構造的に上げる必然をつくるために製品開発は存在しているのです。良い製品を作ったら売れると妄信し、技術から発想して製品を作るのがデフォルトになっている会社とは

哲学が異なります。プロダクトアウト発想とは真逆、これがマーケティングができる会社のあるべき考え方です。

　この項をまとめます。何よりも深い消費者理解がもっとも大切なのです。マーケターならば、消費者の本能を手掛かりにして、まだ誰も気づいていないダイヤモンドを見つけなければならない。しかし、やみくもに**砂漠でダイヤモンドを探しても見つかるわけがない**のです。探すべきはどんなダイヤモンドで、それはどのあたりに埋まっているか、その見当をつけてから探しに行くから辛うじて見つけることができる。プレファレンスを上げるダイヤモンド発見のための地図は、消費者の脳内にあります。人はなぜ「テーマパーク」に行くのか？　人はなぜ「ソシャゲー」をするのか？　人はなぜ「うどん」を食べるのか？　人はなぜあなたのブランドを買うのか？　すべて消費者の本能を最初に洞察して、それを手掛かりに勝ち筋を組み立てるのです。

　人の購買行動と本能の因果関係を解き明かし、その本能に刺すようにブランドの価値を創り、訴求するのです。本能にまで必ず辿り着こうとするあなたの執念の先に、ダイヤモンドはきっと見つかります。

第6章　強いコンセプトは消費者理解がすべて

Part 3

「マーケティング・コンセプト」
のつくり方

第 7 章

実際にブランドを
設計してみよう

さあ、ブランド設計のSTEP1として、消費者がそのカテゴリーを選ぶ本質的な理由が理解できるようになってきたでしょうか？　消費者理解が深まれば、そのカテゴリーの中で戦う自分のブランドがどのような価値をブランド・エクイティとして消費者の脳内に構築する必要があるかについて、皆さんの脳裏にもさまざまな仮説が生まれる状態になっているはずです。

　そうなれば、STEP2に進みます。ブランド設計の仮説立案です。ただし、この段階では仮説のオプションはいくつかあっても良いです。ゆくゆくはSTEP4以降で検証すれば良いのでこの段階で絞り切れなくてもそれは構わない。しかし、もしもその仮説が貧弱なものしか浮かばないとすると、残念ながら消費者理解が足りません。STEP1が不十分なのでやり直しです。貧弱な仮説と共にこの先へ進んでも行き詰まりますので、早く消費者理解に立ち戻るべきです。

　この後は、それなりの仮説が浮かんでいる状態を前提として話を進めます。どの市場（カテゴリー）に対して、WHO（誰に）、WHAT（何の価値を）、HOW（どのように）を提供するのかの有力な組み合わせ。その一つ一つのセット（組み合わせ）こそが、ブランドのコンセプト、すなわちブランドの設計図になります。

　このSTEP2では、そのブランドの設計図をブランド・エクイティ・ピラミッドに書き込んで整理してみます。一度紙に書き出すことで、考えを自分自身の頭から外に出すことができます。思考が整理できて、自分自身でもそのオプションをより客観的に診ることができるようになります。最大の利点としては、他の人たちと議論しやすくなるので、集団知を活かしやすくなります。ぜひこの段階でブランド・エクイティ・ピラミッドを活用してみてください。

組み合わせのオプションが2つなら2つ、5つあるなら5つ、ブランド・エクイティ・ピラミッドができてしまいます。それら一つ一つが「ブランド設計の仮説」であり、そのブランド設計の仮説の1つずつからそれぞれ複数のマーケティング・コンセプトが生まれます。ブランド・エクイティのオプションがやたら多いとこの後のSTEP3でのマーケティング・コンセプトづくりや、STEP4以降の検証にさまざまなコストが膨れていきます。本当にそれだけのオプションを抱え続ける必要があるのかをよく考えて、それまでの深い消費者理解に基づいた判断として、ここでリソースに見合う程度に絞ることをオススメします。

　この章では理解のために有効なのは具体例だと思いますので、どのようにブランド・エクイティ・ピラミッドにまとめるのか？ということを実例でお見せしたいと思います。

　そのために、ここで御理解いただきたいことがあります。ブランド・エクイティ・ピラミッドというのは、そのブランドのDNAであり、究極の社外秘情報となります。たとえば私が競合のそれを知れば、そのブランドを攻撃・破壊するための策をいかようにも立てることができる性質を有しているのです。したがって、いかに私が経験してきたブランド設計の場数があろうとも、こういう場で公開できるものはほとんど皆無なのです。もちろんクライアント様のものはプロとして墓場まで持っていきます。だいぶ時間が経った過去の自分自身のプロジェクトでも、その本物を、正確に、詳細に、このような場で公開することは古巣の皆様への影響を考えると非常に難しいのです。

しかしながら、消費者の脳内に描きたい「版画」であるブランド・エクイティを、このブランド・エクイティ・ピラミッドにまとめる実際のやり方というのは、私の持っているノウハウの中でも極めて重要であり、それを死ぬ前に書き遺して社会の知の水平線の拡張に少しでもお役に立ちたいという公共心もあります。

私は非常に困りました。架空のブランドで示すことも考えました。しかし、リアリティのないものでは本質が伝わりません。利害関係のない実在のブランドを私が推測で設計図化することも考えました。しかしそれでは憶測を呼んでしまい、私がこの業界で持つに至ってしまった多少の影響力を鑑みると、当たっていても外れていても、関係者にご迷惑をかけてしまうことが予想できます。

というわけで、私は自分たちでかろうじて責任がとれる範囲にあるブランド・エクイティ・ピラミッド、およびそのマーケティング・コンセプトのリアリティの高いものを本書で公開する判断をしました。刀が事業主体として推進するオンライン医療のブランド「高血圧イーメディカル」での実例を通して、ここからのSTEP2およびSTEP3の理解を深めていただきたいと思います。

1 ケース・スタディ：高血圧症のオンライン診療で3100万人を救え！

この後のブランド・エクイティ・ピラミッドや、STEP3でのマーケティング・コンセプトの話を咀嚼（そしゃく）しやすくするために、ケーススタディとして扱う高血圧イーメディカルの事業の背景について、最

初に必要な情報をまとめておきます。背景情報の理解がその後のブランド設計の内容に大切になりますので、しばしお付き合いください。同時に御自身や御家族の健康にとって大切な知識もアップデートしていただけると思います。

(1)「高血圧イーメディカル」設立の背景

　オンライン診療プラットフォーム「高血圧イーメディカル」は、「マーケティングの力で適切な医療を必要な人に届ける」という大義を掲げ、刀の有志が発足させた企業内ベンチャーです。「イーメディカルジャパン株式会社」が運営し、私も高所からの戦略的なアドバイスはしていますが、刀出身のイーメディカル経営陣が情熱と自律性をもって推進してくれています。2021年に発足し、2022年後半にサービスを本格始動したばかりですが、たった1年半ですでに4桁におよぶユーザー様の健康をお預かりしています。2024年7月現在は刀の連結子会社ですが、「日本人の突然死を防いで健康寿命を伸ばす」という大義をより早く実現していくために、さまざまな連携を模索していくつもりです。

　さて、もともとのきっかけは社内で新規事業のアイデアを募ったときでした。刀の有志チームが熱い提案をしてくれたのです。「今の日本の医療業界に消費者（患者）視点のマーケティングを導入すれば、もっと日本人を健康にできる！」と。高血圧を慢性的に放置している日本人があまりに多い。防げたはずの膨大な数の心臓突然死が、先立たれた御本人だけでなく、その家族や友人や仕事関係者にまで、最悪な悲劇をもたらしている。しかも、放置された高血圧症は血管を損傷し続けるので、心臓突然死だけではなく、脳梗塞や脳出血、大動脈瘤など循環器系のあらゆる疾患に繋がる。多くの日本人の健康寿命と社会活力を奪っているというのです。そして多くの

日本人にはその認識すら不足しており、重大なリスクにもかかわらず高血圧症は著しく軽くみられていると。

　ここで読者の皆様に1つ質問させてください。皆さん、日本の心臓突然死による年間死者数はどのくらいだと思いますか？　ちなみに日本の交通事故死者数は年間で約2600人です。かつては交通戦争と呼ばれた1万〜2万人もの人が亡くなった時代もありましたが、法規制によるシートベルト義務化や飲酒運転の厳罰化、テクノロジーの向上による自動車の安全性能の向上などの構造的な取り組みにより、近年ではこれほどまでに年間死者数を減らすことができています。

　それに比べると恐ろしい数字ですが、**日本の現在の年間の心臓突然死による死者数は、なんと約8万人です！**　年間交通事故死者数の30倍強です。高齢者の方だけの話ではなく、働き盛りの現役世代においても心臓突然死で亡くなるケースが後を絶ちません。それは亡くなられた御本人の無念もさることながら、残された家族にとってのその後の人生にも苛烈な悲劇です。出かける家族にかける「車に気をつけてね！」の声だけでなく、本当はその30倍以上は「心臓に気をつけてね！」と意識せねばならない日本の大問題。しかしながら、日本人の死因の上位をずっと占めている、これらの心臓突然死や脳卒中などの循環器系疾患の根底に、"高血圧症の放置"という根深い問題があることはまだよく知られていないのです。

(2) "高血圧症の放置"は大問題である
　日本は、第二次大戦後の混乱期を経て、世界トップレベルの長寿国になっていきました。その起爆剤となったのは、実は「血圧降下剤の普及」であったことを御存じでしょうか？　日本人の死因は、

国民病とも言うべき高血圧症を土台にした心臓病や脳卒中といった循環器疾患がずっと長年にわたってトップだったのです。しかし奇跡的な薬がこの状況を一変させます。1960年代から本格的に普及した「血圧降下剤」によって、我々は高血圧をコントロールできるようになり、日本人の平均寿命は10年単位で劇的に向上していったのです。

　さまざまな厄介な病がある中でも、この**高血圧症**は、**"おおごとになる厄介さの割にはちゃんとコントロールできる病"**です。運動や食事などの生活習慣を改善するだけで良くできる場合もあります。しかし、そうでない場合においても、たとえば自己管理が苦手な患者や、高血圧の度合いがもはや生活習慣の改善ではどうにもならない患者であったとしても、**薬が劇的な効果を発揮してくれる**からです。適切に薬を飲みさえすれば血圧はコントロールできるので、早く始めればそれだけ循環器系へのダメージの蓄積を大幅に解消できます。しかも多くの高血圧の薬はジェネリック化されて経済的にも安価です。つまり、高血圧症はちゃんと受診して適切に薬を飲み続ければ、ほとんどの人が健康寿命に大きな悪影響にならないようにコントロールできる疾病なのです。

　しかしながら、大幅に改善されたとはいえ、今でも循環器疾患は日本人の死因の上位を占めています。実は、今現在でも日本の全人口の3分の1（大人だけなら2人に1人）にあたる**4300万人の日本人が高血圧症であり、なんとその大半の3100万人が適切な高血圧治療をちゃんと受けていない**のです。血圧が適切にコントロールされていない3100万人の内訳は、高血圧症であることを知らない人（約1400万人）や、高血圧であることを知りながら治療を始めない人（約450万人）や、治療を受けつつも適切にコントロールできて

いない人（約1250万人）です。結果、高血圧による血管へのダメージは、日々蓄積されて老後の健康寿命を削るのみならず、働き盛りの人にとっても、高血圧症と関連のある脳卒中や心筋梗塞で亡くなるなど、突然死を引き起こす恐ろしいリスクとなります。働き盛り（59歳まで）の心臓突然死だけでも年間なんと10000件（※）にも及び、日本の現役世代の死因上位にずっとあり続けています。毎年これだけ万単位の働き盛りの方々が亡くなられているので、読者の御親族や御友人にも思い当たる悲劇があるかもしれません。

※心臓突然死の人数（「総務省消防庁 救急救助の現況」より引用）

　ちゃんと取り組めば防げるはずなのに防げていない。特に血圧のコントロールがきちんとされていない3100万人もの方々に適切な高血圧症の治療を受けていただくことは、日本人の大きな課題だと我々は考えるに至ったのです。そして、これだけは私の全力でお伝えさせてください。健康で長生きしたいならば、高血圧症を絶対に軽く見てはいけません。御本人はもちろんのこと、大切な御家族にも目を配って、どうか高血圧を放置しないでいただきたいのです。現在、適切な高血圧ケアを必要としている3100万人という恐るべき数の人々がいます。ちゃんとケアさえすれば、年間8万人も心臓突然死で死なせず済むはずなのです。そのために最も大切なのは、日本人一人一人の意識が啓発されることだと私は考えています。

　ここで、間違った知識によって読者御自身や大切な御家族の健康を損なうことがないように願って、高血圧症に関しての一部の書籍やブログやYouTubeなどで散見する間違った情報や"陰謀論"のような言説に対して、日本高血圧学会の指導医・専門医の先生方から私が理解した反論を書いておきます。

①（誤）高血圧症の診断基準が140から欧米と同じ160に変更になった!?

（正）まったくのデマ。2024年7月現在の診断基準は上下140/90mmHgのまま。特定健診における受診勧奨判定値も変わっておらず、今も140/90mmHg以上は「生活習慣で数値改善なければ病院受診」であり、160/100mmHg以上は「すぐ病院受診」のままである。日本高血圧学会に再三の確認を行ったので、その診断基準が160への変更というのが全くの誤情報であることは間違いありません。しかし、この誤情報を平気で拡散している発信者が少なからずいますので注意です。

②（誤）加齢とともに血圧が上がるのは末端まで血液を巡らせるために必要で放置して問題ない!?

（正）加齢で血圧が上昇傾向にあるのは事実だが、たとえば60代日本人の収縮期血圧の平均は134mmHg（30代は117mmHg）、診断基準の140/90mmHgはもちろんのこと、平均から逸脱して高い数値を放置するのは健康上の重大リスクである。恒常的な高血圧は有害であり、放置せず適切なケアで下げるべきである。なぜならば高血圧は血管内壁に損傷を与え、炎症を引き起こす。これにより動脈硬化が進行すると血管が狭くなり、血流はむしろ阻害される。さらに高血圧が進行するという悪循環に陥る。心臓は血液を全身に送るためにより強い力で収縮する必要があり、結果として心肥大や心不全のリスクも高まる。

③（誤）血圧を下げるとむしろ危険であり、死亡リスクを高める!?

（正）血圧が上がるほど死亡リスクは高まるので、血圧を標準域まで下げると死亡リスクは下がる。患者によっては過降圧によるふらつきなどの不利益が生じることもあるが適切に対処すればよい。ま

してや降圧薬が高血圧治療のメリットを超えて重大な副作用をきたすデメリットは、確率としては非常に低い。大切なのは血圧を下げることで全体最適としての死亡リスクをまずは下げた上で、まれに発生する治療によるリスクを個別の医師がしっかりと個々の患者に合わせて適切にケアすること。

④（誤）高血圧症の治療を煽ることで製薬会社や医療業界が金儲けをしようとしている!?

（正）むしろ逆。高血圧への早期治療により、重篤な疾病発症を8.1%低下させ、医療費では3年間で約33万円／人を低減できる（重篤な疾病の医療費は飛躍的に増大するため）。そもそもの前提として、軽い高血圧に用いられることはない一部の特別な新薬を除き、降圧剤は有効な薬がジェネリック化され普及しており、薬価もとても安い（単価数円〜数十円）。国民の健康を犠牲にして陰謀を仕掛けるほど儲かる構造にはない。ただし、頻繁な通院を求めたり不要な検査を行ったりして、収益を上げようとする医療機関も散見するため、消費者が賢く医者を選ぶことも大切。

ここで紹介した以外にも、明らかなトンデモ論を、PVや再生回数目当てでしょうが、医師免許を持つような人までが発信者となって断定口調で拡散させていますので、騙されないようにくれぐれも御注意ください。特に④のような"陰謀論"は悪質です。そもそもそんなに高血圧治療が儲かるなら、こんなに長く3100万人もの高血圧患者が放置され続けたはずがないのです。

効率よく儲けようと思うならもっと他に有利な診療科目はあります。半世紀も前にこれだけ劇的に効く薬が発明されたのに、いまだに日本人の高血圧が放置され続けている構造的な理由は、むしろ薬

価が非常に低く、診療報酬も相対的に低い、つまり高血圧治療が長年にわたって儲かりにくい構造だったからだと私は考えています。

　では、その高血圧治療を促進するためのオンライン診療システムを提供するプラットフォーム事業に刀が参入したのはなぜなのか？　それは極めてシンプルな理由です。**誰かがやらなければならない事業だと思ったからです。**

　これに限らずですが我々の社会には、困難でリスクは高いけれども、誰かがやらないといけない大切な仕事がいくつもあります。世の中をより良く変えていくために、前例の積み重ねの"安全な現状"を飛び出して、大義ある挑戦ができる人が社会にどれだけ存在するか？　それが社会の豊かさを決めているのではないでしょうか。しかし、やれる可能性をもった人が失敗を恐れてビビり、できるだけ楽に儲かることを優先し、挑戦する人がどんどん少なくなって、日本はだんだんおかしくなってきたように思います。

　年間8万人もの人が亡くなる心臓突然死の最大原因である高血圧症を放置し、良い薬があるのに半世紀たっても3100万人もの日本人がこの瞬間も循環器系のダメージを重ねているのは日本国の大問題です。その解決に「人々の認識を変えるマーケティングの力」が不可欠だとわかっているとき……。自分たちの得意分野を活かして良い変化をつくれる可能性を感じているとき……。この仕事の価値から目を背けることができるでしょうか？　挑戦すらできなかったことを悔いる未来は来ないでしょうか？

　もちろん、ちゃんと事業継続できるようにキャッシュフローを回せるのか、刀の経営規模で吸収できるリスクで収まりそうか、それ

らの経営視点の検証はちゃんとやりました。しかしながら、そもそもの大前提ですが、医療事業の本質は儲かるか儲からないかではありません。我々にとっては「マーケティングで日本を元気にする」という刀の創業理念と符合する大義がそこにある。したがって事業が続けられる程度にキャッシュが回れば十分だと我々は考えたのです。

社内議論を尽くした後、私は刀として「高血圧イーメディカル」を創業する決断をしました。事業目的は「日本人の健康を増進すること」であり、その手段は「マーケティングの力で高血圧症に対する意識変革をもたらし、高血圧症の早期ケアを普及させること」です。マーケティング・カンパニーである刀の挑戦が新たに1つ生まれました。

(3)「高血圧イーメディカル」の特徴
「未治療」と「非継続」も含めたちゃんと高血圧治療ができていない人々が、どうして3100万人も？　そんなに多いのはなぜ？　そもそも、高血圧症は放っておくとものすごく怖い病気ですが、ちゃんと薬さえ飲めば対策しやすい病気だと申し上げました。にもかかわらず、どうして3100万人もの圧倒的人数が放置しているのでしょうか？

結論を申し上げると、よほど切迫している人か、よほど時間的余裕のある人でない限り、治療をすること自体が"消費者的に難しい構造"になっているからです。その状況を変えるために「高血圧イーメディカル」は生まれました。

我々は消費者（患者）を深く理解するためにさまざまな調査を行

いました。働き盛りの40代や50代の人が処方箋の有効期限のせい
で、いつもと同じ薬を手に入れるために毎月1度は仕事を休んで医
療機関を受診しなければならない。そこでのたった数分間の診療の
ために、下手すると数時間も診療待ちしなければならない。さらに
その後、薬をもらうためにも処方箋薬局まで行って長い時間を待た
される。仕事が忙しい消費者（患者）としては緊急性でもない限り
「こんなことはやってられない！」のです。

　医療業界の方々は、患者にひどく面倒な治療プロセスでも自分た
ちの日常だから慣れちゃって何とも思わなくなっているのか、健康
のことなのだからそれでもやるべきと思っているのか、さまざまな
お考えがあると思います。しかし、生活者としての消費者（患者）
の立場から言えば、「今痛い」とか「今熱がある」なら病院に行きま
すが、生活習慣病のような**緊急性を感じられないことにそれだけの
通院の手間と時間を使い続けることは難しい**のです。だから酷くな
って緊急性が出てくるまでちゃんとした治療を受けていない人が3100
万人も出てきてしまう構造になっています。

　一人一人の医師や看護師、業界関係者の方々は非常に献身的で患
者想いの立派な方が多いと日々実感しています。しかしながら、集
団として、業界として、せっかく良い薬ができてから半世紀も経つ
というのに、いまだに3100万人もの日本人の健康を救えていない現
実は重いのではないでしょうか。マーケターの観点で申し上げると、
せっかくの医療の価値をより多くの人に届けられるように、**医療の
方がもっと消費者（患者）に寄り添うべき**だと考えるのです。

　医療業界を消費者視点でアップデートできないか？　もっと消費
者にとって受診しやすくて続けやすい「高血圧治療」を構造化でき

第7章　実際にブランドを設計してみよう　　**233**

ないか？　そして昨今のIT技術の大幅な進歩と、医療における規制緩和が少しずつ進む中で、自宅にいながらオンラインで適切な高血圧症に対する医療を、まだちゃんとした治療を受けられていない3100万人もの人々に届ける社会システムの確立を目指して、何ができるかをあれこれ真剣に推敲しました。

　そんなとき、一人の医師との運命の出会いが起こります。高血圧症の未治療・非継続問題に対して、同じく強い問題意識をもってずっと活動してこられた、高血圧症治療に精通した谷田部淳一医師です。我々は谷田部医師らと意気投合し、刀としてイーメディカルジャパン株式会社と、その基幹ブランド「高血圧イーメディカル」を一緒に立ち上げる運びとなりました。2021年のことです。

　「高血圧イーメディカル」は、単なるオンライン診療を支援するシステムではありません。医療業界に消費者（患者）視点を取り入れた画期的な医療サービスを提供するプラットフォームです。従来の対面診療よりも「消費者にとってベターな医療体験を同等の価格」で提供することを目指しています。2024年7月現在は、高血圧症と脂質異常症（高コレステロール血症、高脂血症）、高尿酸血症を対象としていますが、今後もユーザー様のより高い満足に資するものから随時追加していく予定です。すでに4桁もの人々の大切な健康を預かり、2024年7月現在の半年後の治療継続率も9割以上という、おかげさまで顧客満足度が極めて高い「続けられる」医療サービスを提供させていただいています。

　高血圧イーメディカルの5つの特徴
　①忙しくてもとにかく続けやすい。予約するだけで診療待ちが要らない約15分のオンライン診療

②自身の状態をより良く知れる血圧モニタリング。オムロン社製の血圧計が無料で自宅に届く

③高血圧治療に精通した医師のノウハウに基づいた安心かつ誠実な診療

④薬待ちの時間や手間も要らない。必要な薬は自宅に郵送で届く

⑤保険適用なので患者の医療費負担は従来の対面診療と同等で済む

　もしも読者の中で、本人はもちろん、身内や友人に、血圧や脂質異常症が気になる方がいらっしゃる場合は、「高血圧イーメディカル」の最新情報をホームページ（https://e-medicaljapan.co.jp）でよく御確認いただけると良いと思います。

　またこれまでは、ほとんどの企業が従業員に健康診断を受けさせるだけに留まっていて、確実に進行している従業員の健康リスクに誠実に伴走しているケースはなかなかありません。しかし、運送業界や旅客・交通インフラ業界における"運転手"を想像していただくとわかりやすいように、そもそも従業員の高血圧症を放置することは、多くの企業にとって重大な"経営リスク"です。

　そんな中で「高血圧イーメディカル」は、一般の消費者からだけではなく、志ある企業の皆様からも、従業員の健康を守り続けるための方法として多くの関心を寄せてもらっています。たとえば運送業のNBSロジソル（本社：大分県日田市）は先陣を切り、従業員を大切にする経営理念に基づいて「高血圧イーメディカル」を法人としてご活用して下さっています。今後も我々は、個人だけではなく、より多くの法人の皆様と力を合わせて、日本人の健康を守る高血圧ケアを推進したいと考えています。

2 「高血圧イーメディカル」の ブランド設計

　さて、ここからはこの「高血圧イーメディカル」のブランド設計を実際にどうやったかについて紹介します。ブランドの設計からコンセプト作成まで、マーケティングにおけるもっとも大切な源流部分を、どのようなプロセスでどのような課題を解決しながらつくったのか？　マーケティング従事者でもなかなか目にすることのない希少な粒度での実例開示になります。この社会をより良く活性化させる目的を共有する皆様に、ブランド設計をどのように行っているのかについて、何らかの気づきやヒントになるように強く願いながら伝えます。

　これが次頁に示す高血圧オンライン診療プラットフォームとして世に生まれた「高血圧イーメディカル」の初期のブランド設計、2021年当時にチームが設計していたブランド・エクイティ・ピラミッドのほぼ現物です。

(1) 消費者理解の概要
　まずは王道の「マーケティング・フレームワーク」に則り、5C分析、WHO→WHAT→HOWの順番でそれぞれを定めていきました。とりわけConsumerの理解がもっとも重要なことは、本章の冒頭でお伝えしたとおり、高血圧治療に関してもまったく同じです。人はなぜ医療を欲するのか？　なぜ高血圧治療を受けるのか？　本能レベルでの消費者理解は、WHOの定義に欠かせず、しかもプレファレンスを左右するWHAT（ブランドの価値）を"言い当てる"ために最重要です。

通院しない便利さと、いつも繋がる安心を。

e 高血圧 e-メディカル Brand Equity Pyramid

Market / 攻略する市場・カテゴリー

医療業界

Who /誰に？

Target

戦略ターゲット(ST)　高血圧疾患を持つ人、予備軍
コアターゲット(CT)　CT1. 高血圧治療の非継続者
　　　　　　　　　　CT2. 高血圧の未治療者

What /何の価値を？

Benefit
通院しない便利さと、大きな安心

RTB
自分の血圧を「いつも見守り・診療してくれる」
オンライン高血圧ケア

How /どのように？

How to provide Benefit

信頼できるクオリティを追求した	効果的な血圧コントロールをサポートする	継続治療を可能にする
サービス体験	**専門家の考えたケアプログラム**	**消費者起点の仕組み**
① 高血圧専門家による継続モニタリングシステム(POD)	① 毎日の血圧計測をポジティブに継続できるUI、UXを実現するしくみ(POD)	① 不合理なコスト(時間・労力)を最小限にする予約から診療、相談、決済、薬配送までの一貫したオンラインサービスの仕組み(POP)
② 蓄積された家庭血圧をベースとしたオンライン診療(POD)	② 自分の状態を把握し、アクションを促す、データの見える化(POD)	② コストをコントロールしやすく、毎月の決済から解放する定額サービス制(POD)
	③ 個人データベースのタイムリーなアドバイス・チャット相談(POD)	

Brand Character
信頼できるプロフェッショナル　寄り添い、一緒に並走してくれる伴走者

第7章　実際にブランドを設計してみよう

このケースにおいては私個人ではなく、このプロジェクトを立ち上げた刀の仲間たちがそれぞれのやり方で消費者（患者）の本能に迫ってくれました（ちなみに私個人はすごく高血圧だと思われがちですが、実はむしろ低血圧で、このプロジェクトにおいては憑依法も使えず……）。刀は何でも私がやっている訳ではなく、志の高い仲間たちとあれこれ手分けして複数のプロジェクトでの消費者理解に邁進しています。

プロジェクトチームがリードしてくれた消費者理解の概略をまとめておきます。実際に高血圧症をきちんと治療している消費者（A）、受診して治療したことはあるものの続けていない非継続者（B）、高血圧の自覚はありながらも受診や治療を開始していない未治療者（C）の3グループに分け、それぞれどのような属性の差があるのかを調査しました。

結論的にはAグループが他のB・Cと顕著に違う点は主に2点で、a）高血圧の重篤化が進み健康リスクが高まった患者の割合が高いこと、b）比較的時間に融通がきく高齢者や自営業者の割合が高いこと。高血圧治療に必要な月1回の通院や薬待ちへの強い抵抗感はA、B、C、どのグループにも共通にある。しかし、そんなことを言っていられないほどに症状が悪化した人から、仕事などの他のことよりも高血圧治療の優先順位が上がって、ようやく治療を開始する構造にあることがわかりました。

Bグループ（非継続者）の特徴として、一度開始した治療を続けられなくなった主な原因として挙げているのは通院が面倒・困難であると感じたこと。薬を飲み続けるのに必要な毎月の処方箋を得る

ために、平日の仕事で最低でも半日休暇を取らねばならず、長時間の診療待ちや薬待ちを相当な負担に感じている。その傾向は現役世代で顕著であること。また、Bグループに少なからずいたのは、降圧剤で血圧を下げたことで「もう治った」という間違った理解の人たち。高血圧症は基本的に根治できる病ではなく、日常の血圧を適正域でコントロールし続けるために薬を飲み続けなければならないのですが、その基本認識すらない消費者も多いことがわかりました。

　Cグループ（未治療者）が大量にいる理由は、高血圧症に対する危機意識とリテラシーが日本人一般に非常に低いことが原因と考えられます。すべてのグループにおいて言えることですが、できるだけ早い段階、症状がまだ軽いうちからきちんと対処して高血圧症状の重篤化を防いでいれば、血管や循環器系へのダメージ蓄積も防げるという基本認識をもつ消費者はほとんどいない。消費者全般において、高血圧症に対する知識と危機意識が相当に低く、高血圧はしばらく放っておいてもすぐにどうということはないという認識に立っており、よほど酷くなって緊急性を要するまで治療開始が遅れてしまう、認識の問題が大きいことを理解しました。

　このように、日本の国民病とも言われる高血圧症に関して、大半の消費者が危機意識とリテラシーが非常に低いこと。それに加えて、1か月に一度は通院して診療待ちと薬待ちを我慢しなければならない継続ハードルの高さが、大量の未治療・非継続者を生んでいるのは明らかでした。正しい認識の欠如と、その時点で痛みなどの自覚症状がないことによる「治療モティベーションの低さ」。さらに治療を続けるのが面倒すぎて、特に現役世代が感じている「治療コスト（時間と労力）の高さ」。その2つを同時に解決することが鍵だと考えました。

第7章　実際にブランドを設計してみよう

つまり、ソフト面において「高血圧症は放っておいてはいけない、早期の治療開始が健康寿命のために大切であることを、日本人に必要な医療リテラシーとして強く啓発」する。そしてハード面においても「患者にとって時間と手間が不便すぎる現状の高血圧診療に対して根本的な解決策を提示」する。この両輪を上手く同時に回転させる必要があり、どちらかだけを進めてもなかなか上手くいかない。そのことは血圧降下剤が開発されてから半世紀もの間、誰もこの問題を抜本的に解決できなかった歴史が示しています。

(2) WHO：「不安」と「大丈夫」の綱引き

　以上の消費者理解のプロセスを経て、深いところで人の本能はどのような構造になっているかの仮説をシンプルにまとめておきます。人間は、高血圧症であることを認識することで生まれる「不安」の大きさによって、綱引きの勝者が決まると我々は理解しました。綱引きとは、「大丈夫だろうと思いたい衝動」と「最悪を避けたい衝動」の2つの間で勝敗が決まる構造のことです。

　自己保存の本能に基づいて、不安が十分に大きい場合は、恒常性バイアスによる「大丈夫だろう」はもはや機能せず、最悪を避けるための行動を起こせるようになるのです。人間の脳にとって「不安」はストレスですので、それを軽減するために「ネガティブに考えないようにする」か「ストレスの原因を解消させる行動を取らせる」か、どちらがより生存確率を高めるかを脳は状況に応じて判断しているのです。ちなみに高血圧症に対するリスク認識の程度に、グループＡ ＞ グループＣ ＞ グループＢというわかりやすい顕著な違いも確認できました。

では、本当は放っておくとやばいけれど、まだ痛くも困ってもいない高血圧症の患者に対して、どうすれば早期に診療を受けるように促せるのか？　その答えを端的に言うと、消費者の脳に「これは重要だ！」と認識させることです。高血圧症に対する適切な健康リテラシーを啓発していくことで、「正しいリスクの認識」を持たせると脳の構造的に最悪を避けるための正しいアクションをとる確率は高まります。

　根拠のない不安や、不必要に不安を煽るのは社会正義に反しますが、リスクに見合った不安を喚起する "警鐘" は大切です。これまで医療業界が半世紀にわたって解決できなかった「3100万人もの高血圧症患者・放置問題」の真の課題が見えてきました。それは薬だけでは解決できないことです。人間の本能の構造に沿うカタチで情報を伝達して人々の認識を変えねばならない。それこそが、私が希求するマーケティングの真骨頂です。

　わかりやすくいうと、人間に限らず動物には「A：リスクや危険をできるだけ探知して回避しようとする本能」と、「B：できるだけ変化を避けて現状維持をさせようとする本能」が存在します。AとBが綱引きをして、Aが勝つと行動を起こし、Bが勝つと現状維持で何もしません。Aの本能が機能しないと危険にのまれて自己保存が危うくなるのでAが大事なのは言うまでもありませんが、実はBも大切なプログラムなのです。Aだけだとあらゆることを不安に感じ回避行動ばかりとって消耗し、まともに生活ができなくなります。ちゃんとBが機能するから無駄かもしれない行動を取らずに気力体力を温存できる、これも自己保存です。

　私は毎年、狩猟期になると増えすぎたエゾシカを北海道の山々で

狩ります。エゾシカは私を認識するとＡの本能が機能して猛烈に走って逃げます。しかし私は慌てません。ほとんどの場合、逃げたエゾシカは数十メートルから100メートル程度走ると、立ち止まってこちらを振り返ることを知っているからです。私はエゾシカが止まってこちらを向いた瞬間を狙いすまして撃ちます。立ち止まらずそのままずっと走り続けていれば私に撃たれずに済むのですが、彼らはどうして立ち止まってしまうのか？　それは、エゾシカが生き抜くための脅威はハンターだけではないからです。

　サルは100kcalの柿の実を採るために200kcalも運動で燃焼してしまうと消耗して死に近づきます。エゾシカも必要以上に走ってカロリーを消費しすぎるとエネルギーを消耗して死に近づきます。動物は、生き抜くのに必要な行動ならば取らねばなりませんが、必要以上の行動は生命を消耗させるのでそれも避けねばならないのです。エゾシカはあのとき、もう逃げなくても大丈夫なのではないか、それ以上走り続けてエネルギーを消耗しなくて良いのではないかと、Ｂの本能が機能してその足を止めさせたわけです。「危険回避のために行動！」と「消耗したくないから現状維持！」の綱引きが、エゾシカにおいてもちゃんと機能しています。

　人間がたとえ危機の中にあっても「きっと安全だろう」とか「たぶん大丈夫だろう」などと思いがちな“恒常性バイアス”も、実はこのＢ系統の本能が作用しています。危機意識が強い、いわゆる“心配性の人”は、Ａ系統の本能が優勢に作用する特徴をもっています。真逆のタイプ、Ｂ系統が優勢な“のんきな人”もたくさんいます。高血圧症においても適切なケアが遅れる3100万もの人については、この後者の人も多く含まれていると考えられます。したがって、高血圧症を何もしないで放置し続けることが、将来の健康寿命はもち

ろん、現役世代における突然死にも直結するリスクになる認識を広く啓発しなければなりません。

　さて、ここからブランド・エクイティの設計における戦略ターゲットとコア・ターゲットの選択の説明をします。できるだけ広く定めるべき戦略ターゲットは、より便利で安心な診療を必要とする「高血圧症の患者」と「その予備軍」も含めた"全員"にしました。しかし、コア・ターゲットは未治療者（C）と非継続者（B）に絞って定めることにしました。つまり、コア・ターゲットには、すでにきちんと対面診療で高血圧治療を行っている患者（A）を含めないことを選んだのです。

　なぜなら、すでに対面診療を行っている人をオンライン診療にシフトさせることは優先することではないからです。もちろん、すでにどこかの医療機関で診療を受けている方が、高血圧イーメディカルの「便利さ」と「安心」に期待して申し込んでくださるならばもちろん大歓迎です。戦略ターゲットに入っているというのはそういうことです。

　しかしながら、コア・ターゲットに選ぶということは、その消費者セグメントに対して集中的にマーケティングのリソースを投下するということに他なりません。また、Aの患者さんを対面診療からオンライン診療に切り替えさせる目的と、BやCの人にちゃんと高血圧症の診療を始めてもらう目的とでは、必要なマーケティング・コンセプトの訴求点や、コミュニケーションやメディアにおけるHOWがまったく違ってくるのです。だから、無尽蔵のマーケティング予算がないのであれば、ちゃんと選ばなくてはならないのです。

第7章　実際にブランドを設計してみよう　　**２４３**

さらに本質的な理由もあります。イーメディカル創業の大義に照らすとフォーカスはそこではないからです。そもそも我々は、対面診療からオンライン診療に患者をシフトさせて、対面診療を誠実に行っておられる多くの医療関係者の皆様と競合するためにイーメディカルを創業したのではありません。むしろ、それら従来の医療サービスでは助けられていない3100万人もの適切な高血圧ケアを必要とする人々を掘り起こし、対面診療のクリニックとも連携しながら一緒に力を合わせて高血圧症への健康リテラシーを高めることで、1人でも多くの患者の皆様に医療の力を届けたい。それが我々の変わらぬ創業の目的です。

　ちなみに、このときのコア・ターゲットの選択により、イーメディカルは、未治療・非継続の人たちを含んだ3100万人に焦点を当てたマーケティング・コンセプトの作成およびブランディング活動を一貫して継続してきました。その結果、2024年7月現在のイーメディカルの患者様の8割以上が、我々の狙い通りBかCの消費者、つまりその3100万人に属していた方々であり、イーメディカルをきっかけにして高血圧ケアを始めた方々です。

　マーケティングに慣れてくると、ターゲットの設定を緊張感なく、まるでフォーマットを埋めるように事務的にやってしまう人が増えてきます。しかし、これこそがマーケティングリソースをどこに集中投下するかという極めて重要な選択であることを肝に銘じていただきたいのです。

　ここでコア・ターゲットをどう定義するのか？　リーチしやすいようにデモグラフィック（性別、年齢、収入、地域など統計的指標に基づく分類）で切り取るのか？　それとも上手く定義できれば効

果効率の良いサイコグラフィック（ニーズやカテゴリーに対する受容性、潜在心理など、心理的指標に基づく分類）で切り取るのか？その選択の巧拙はその後のWHATとHOWの良し悪しに直結します。そして、WHO→WHAT→HOWが一気通貫した本物のマーケティングを行う場合は、ここで定めるコア・ターゲットは、近未来における現実の顧客のビルディング・ブロックとなることを覚えておいてください。

（3）WHAT：プレファレンスを長期的に大きくする便益

このブランド便益であるWHATを"言い当てる"こと、戦略的に定義することをマーケティング用語で「ベネフィット・アーティキュレーション（Benefit Articulation）」と言います。優秀なマーケターは、このベネフィット・アーティキュレーションが上手いのです。だから消費者の本能を衝いて、ブランドのプレファレンスを上げることができる。

戦略的に定義するとは、その価値の領域と輪郭を明確にするということであり、決してコピーライターが考えたような「うまい言い方」のことではありません。ブランド・エクイティ・ピラミッド上においては、広告に登場するようないわゆるキャッチコピーのような"表現された言葉"でなくて良く、むしろそうでない方が良いのです。というのも、特定の表現によってブランドの便益をここで定義してしまうと、その表現しか使えなくなり、長期的に便益領域のHOWの展開が難しくなるからです。同じことを切り口を変えて言い当てる表現ができなくなり、ずっと同じことについて同じ言い方しかできなくなってしまいます。

たとえば、とある"クッキー"のブランドがあったとして、その

ブランドのエクイティ・ピラミッドでのWHATの定義を考えてみます。このクッキーは、昔ならではの手間暇かけた製法にこだわっていて、派手さはないけれども上質で素朴な美味しさが特徴だったとします。そのときに、WHATにおいて便益を「懐かしい美味しさ」と定義するのか、「メアリーおばあちゃんの手作りの美味しさ」と定義してしまうのか、その2つは大きな違いを生むのです。"戦略的定義"とは前者であり、"表現された定義"とは後者のことです。たとえ最初の広告にメアリーおばあちゃんが登場するとしても、ブランド・エクイティの定義では戦略的定義にしておくべきです。

　理由は「不易流行」をしっかりと考えておかねばならないからです。変えてはいけないもの「不易」と、状況に合わせて変えていかねばならない「流行」。ブランドの設計とは、その境界をどこに設定するのかを突き詰めて考えることに他なりません。基本的にブランド・エクイティとして定義する要素（ブランド・エクイティ・ピラミッド上に記入する内容）は、それが長期間一貫して消費者の脳内に構築したいことなのだから、よほどのことがない限りコロコロ変えたりすべきではないのです。

　どれだけ上手なキャッチコピーも、爆撃の威力（≒Mの総数、プレファレンスの大きさ）はともかく、爆撃範囲（≒ペネトレーション）自体は戦略的定義よりもどうしても狭くなりますし、飽きられずに半永遠的に続けられる表現もなかなか創れない。だからメアリーおばあちゃんをずっと使い続ける（たとえばメアリーおばあちゃんが特別に美味しいクッキーをつくる権威であった場合など）覚悟がないならば、1キャンペーンや1表現の戦術レベルのことで上位戦略であるブランド・エクイティを縛ってはいけないのです。長期的に変えてはいけない「不易」のみで可能な限りブランド・エクイテ

ィを設計すること、それがとても大切です。

「インテル、入ってる」、「ピンクの小粒、コーラック♪」、「セブン・イレブン、いい気分♪」、「ここのうどんは、生きている。丸亀製麺」、「世界最高を、お届けしたい。ユニバーサル・スタジオ・ジャパン」……。それらはどれも強力な「表現したコピー」ではありますが、そういう"表現"をブランド・エクイティ・ピラミッドの中心であるWHATには書きません。それらはWHATをクリエイティブに展開したHOWの戦術要素、つまり広告表現なのでWHATを表現したマーケティング・コンセプトの1つではありますが、WHATそのものではないからです。

ちなみにWHATはより戦略的（≒抽象的）、HOWはより戦術的（≒具体的）なので、すべてではないですがWHATを「表現したコピー」はWHATそのものよりも概念の範囲は小さくなる傾向にあります。もちろん、その抽象的なWHATを、よりわかりやすく深く伝えられるので「表現」を使う意義は大きいですし、代理店クリエイターたちが命を燃やして創る表現の貫通力は私も信じています。ただ、ここでの話は、ブランド・エクイティの階層においてWHATに何を書くかということであり、WHATの定義においてはクリエイティブ表現は要らないと明言しておきます。

WHATの定義でもっとも大切なことは、そのベネフィット・アーティキュレーションが、長期的にブランドのプレファレンスを伸ばすことができるように、強くて大きな便益を明確に定めることです。

さて、ここからは「高血圧イーメディカル」の実例で、実際のプロジェクトチームがWHATの定義の際にどんな論点に悩んでいた

第7章　実際にブランドを設計してみよう　　**２４７**

のかを共有させていただいて、読者の理解をより深めていこうと思います。当時のブランド・エクイティ・ピラミッドに載ったWHATは最終的に以下のようになりました。

Benefit：通院しない便利さと、大きな安心
RTB：①オンラインで「いつも見守り・診療してくれる」高血圧ケア
　　　②高血圧治療に精通した医療チームの高度な医療クオリティ

　実は、WHATの別案として、「便益：続けやすい」と「RTB（その価値を信じるに足る根拠）：通院不要なオンライン診療」のセットで訴求すべきではないか？という意見もあったのです。「続けやすい高血圧ケアが始まります！　その理由は通院不要なオンライン診療だから」みたいなポジショニングです。確かに「高血圧治療が自分に必要なことは十分わかっているけれども、通院が不便だから泣く泣く続けることができない」という消費者には、その「続けやすいオンライン治療」というポジショニングは強く刺さるだろうと思います。また、今まさに対面診療に通院している高血圧患者をオンライン診療にシフトさせる目的であれば、そのシンプルなポジショニングの方が効果的だとは思います。

　しかしながら、未治療者・非継続者が大半を占める3100万人ものコア・ターゲットは、自分が治療しなくてはならないという認識も希薄なので、続けにくいものが続けやすくなるという価値に絞ってしまうと、案外と需要は小さいのではないか？　また、オンラインで通院不要ということだけに依存してブランドを構築すると、後発の類似競合がきっと出てくる近未来を考えると、長期的にはまずいのではないか？

このとき白熱して皆で議論したのは、高血圧治療のリテラシーに関係なく、コア・ターゲット3100万人、戦略ターゲット4300万人もの市場全体に対してできるだけ広く、本質的に刺さる"価値"とは何だろう？ということでした。長期的に消費者価値を生むであろうWHATを抽象思考で突き詰めると、通院しなくて済んで薬まで自宅に届けてもらえる「便利さ」と、高血圧治療に精通した医師チームの高い医療クオリティにオンラインでいつでも繋がれる「安心」の2つ。この2つこそが、人間が本質的に求めている自己保存欲求に最もダイレクトに響くであろうと、当時のイーメディカルチームが考察を重ねて判断したということです。

　さて、当時はそのWHATの決定に際して、私もチームに混ざって一緒にとことん議論したのですが、マーケターのWHATの定義として非常に大切な論点がもう1つあったので共有しておきます。それは「便利さ」と「安心」の両方がどうしても便益として必要なのか？という点です。WHATに主要便益を2つ持ってしまうことは「デュアル・ベネフィット」と言い、経験を積んだマーケターであればできれば避けた方が良いことを知っています。<u>デュアル・ベネフィットは、シングル・ベネフィットのブランドに対して、HOWのコミュニケーションの段階で非常に苦労することになることが多い</u>からです。

　そのわけを、私が社会人になりたての頃に流行っていたリンス・イン・シャンプーを事例として解説しておきます。当時では画期的なコンセプトとして、"リンス・イン・シャンプー"が登場しました。従来のシャンプーした後にリンスをする2ステップのプロセスを、リンス成分を配合したシャンプーによる1ステップだけでリンスまでできるという商品です。私がいたP&Gのリジョイを含めて、

主なメーカーからそれぞれ2in1のブランドが投入され、忙しい朝に便利ということで、"朝シャン"ブームと共に市場の2〜3割を獲得するまで一時は伸びたのでした。

しかしながら、確かに手間が減ることや追加でリンスを買わなくても良い経済性は消費者にとってわかりやすかったものの、「ちゃんと洗えること」と「ちゃんとリンスできること」の両方（デュアル・ベネフィット）を立てないといけなかったことで、ブランド価値が"中途半端感"が否めない状況に追い込まれていったのです。

まず、使用感の問題。シャンプーの中にシリコンなどのコンディショニング成分を多く配合しているため、洗っているときには普通のシャンプーよりもヌルっと感じて、すっきりと洗えた気がしない。そのコンディショニング成分も洗浄目的のシャンプーと同時なので髪にちゃんとリンスができている気がしない。

次にコミュニケーションの問題。市場の大半を占めるシングル・ベネフィットの1点集中の便益訴求に比べて、デュアル・ベネフィットは広告が複雑になってしまうのです。パンテーンは「髪のダメージに効く」、ヴィダルサスーンは「スタイルがキマる髪」など、シングル・ベネフィットだと、それぞれの便益領域に集中して深いコミュニケーションをしやすい。しかしリジョイは、ちゃんとリンスできるのかと疑う消費者に対して説得するところで留まってしまう。

社会人になりたての私は、リジョイの便益を「簡便性」だけのシングル・ベネフィットに再定義して勝負する戦略も考えてみたのですが、今考えるとそれは本質的な解決策ではなかったと思います。これは普遍の法則なのです。**消費者は便利なものを欲しがりますが、**

便利さだけを個別に欲しがっている訳では決してありません。それなりに価値あるものが便利に手に入るから欲しがるのです。今思うと、あの頃の私の消費者理解は甘かったです。

　したがって、仮にリジョイを便利さだけで訴求していたとしても、シェアが伸びることはきっとなかっただろうと思います。1ステップで便利なだけでは他社の2 in 1ブランドと変わらない。少なくとも2 in 1セグメントの中で他よりも突出した何かを訴求しなくてはならない。こうして「1ステップの便利さ」と「もう1つの価値ある何か」という"デュアル・ベネフィットの沼"に永遠にハマったリンス・イン・シャンプーは徐々にセグメントシェアを落とし、やがてほぼ消滅していくことになりました。

　話をイーメディカルに戻しましょう。ここでも「便利さ」と「安心」のデュアル・ベネフィットになっています。言いたいことは「より良い安心がより便利に手に入る」ということなのですが、どう見てもデュアル・ベネフィットです。2つあると、さまざまな局面で「便利さ」と「安心」のどちらの訴求を優先するのか？という永遠のジレンマを内包してしまう未来が見えます。

　そこで当然ですが、我々はかなり激しい議論になりました。WHATの別案で紹介した「続けやすさ」のように、オンラインの「便利さ」だけに振り切った方が良いという意見。日本中どこに住んでいても高血圧治療に精通した医師による高度な診療が受けられる「安心」こそ、このブランドの唯一無二の消費者価値だとする意見。そしてデュアル・ベネフィットではあるが、その2つを兼ね備えることでしか本当の長期的な消費者価値をWHATに定めることはできないとする意見。

さまざまな議論と量的検証の結果、やはりデュアル・ベネフィットのコミュニケーション上の複雑性は背負いつつも、便利さだけを買う消費者はいないという法則に従った判断をチームは下しました。極めて高レベルな医療の安心が、全国どこにいようともオンライン診療によって隙間時間で手に入れられる便利さ。このWHATにブランドの未来を賭けることに決めたのです。

　そしてそれぞれの便益の根拠になるRTB（その価値を信じるに足る根拠：Reason To Believe）を定めました。1つ目のRTBは、単なるオンライン診療ではなく、「患者にとって繋がりやすいオンライン診療」であること。単に物理的に便利というだけでなく、患者にとって心理的にもアクセスしやすいことの両方を意味しています。多忙な毎日を過ごす現役世代の目線に立って、時間帯が広くて予約しやすいことや、何か不安や疑問があればいつでも質問ができるチャットシステムを整備していることなど、他にもたくさんの消費者視点で考え抜いた「繋がりやすさ」が実現されています。

　2つ目のRTBは患者が実感できる「医療のクオリティ」です。日本の高血圧症予防と治療に第一線で長年にわたって取り組み、日本高血圧学会で評議員を務める谷田部医師をイーメディカルのチーフメディカルディレクターとして招聘し、我々の医療チームのクオリティを高血圧治療に精通した医師の知見で本当に引き上げています。さらに我々は、高血圧ケアを続ける患者のモティベーションを上げるように医師がコミュニケーションをとることが、この社会問題解決の必須課題だと認識しています。刀のマーケティング・ノウハウを活用して磨き続ける「消費者視点」の医師のコミュニケーション力こそが、イーメディカルの「安心」を実感させる最大の根拠

だと定義しました。自宅にオムロン社の血圧計が無料で送られてき
て、それで測定したデータをもとに高血圧治療に精通した医師が患
者一人一人をしっかり診て、それぞれに適切な診療方針を立てて患
者にわかるように説明するのです。つまり、日本国中、たとえどれ
だけ医師が少ない地域であっても、スマホさえあればクオリティの
高い高血圧症ケアが誰でも受けられる……。

　このような多くの議論の末に、「高血圧イーメディカル」のWHAT
は、やはり「通院しない便利さと、大きな安心」なのだと皆で納得
して腹をくくったのです。

(4) HOW：戦略便益を実感させるためのPODとPOP

　高血圧イーメディカルのブランド・エクイティ・ピラミッド上の
HOWの要素について簡単に解説しておきます。繰り返しになりま
すが「HOWは、WHOにWHATを届けるための手段」です。そし
て消費者が、そのブランドに対して実際に知覚できるもののほとん
どはこのHOWの要素であり、物理的に"見えるもの"や"触れら
れるもの"がHOWです。プロダクトは最も代表的なHOWです。

　トヨタの自動車も、ディズニーランドのアトラクションもミッキ
ーマウスもHOWです。広告表現（プロモーション）も代表的なHOW
であり、「アサヒ・スーパードライ」のYouTube広告もTVCMもホ
ームページもすべてHOWです。WHO（ターゲット消費者）に対し
て、WHAT（価値）を実感させるように具現化したものがHOWと
いうことです。

　高血圧イーメディカルのWHATは、「通院しない便利さと、大き

な安心」と定義されました。HOWはそのWHAT（＝価値）の具現
化です。WHOに対して、特に戦略ターゲットの内側に設定したコ
ア・ターゲットに対して、WHATである便益を実感させるために鍵
となるブランド体験の大きな柱をいくつか設定します。

1、信頼できるクオリティを追求した医療サービス体験
2、効果的な血圧コントロールをサポートする高血圧治療に精通
　　した医師の考えたケア・プログラム
3、継続治療を可能にする消費者起点のしくみ

　これら3つを消費者が実感できれば「WHAT（便利さと安心）」
は消費者の脳内に積み上げられると考えたのです。そして、それぞ
れの柱の下に、より細かい戦術階層のさまざまなアクティビティを
厳選しながら付帯させていきます。これらのHOWの要素はたくさ
ん書けば良いということではなく、そのブランドの価値が十分に実
感されるための最小限の要素数を狙うというのがコツです。

　要素が多すぎると兵力の分散で負けます。仕事量が増えて人手や
注意が分散してどの要素も突き抜けることが難しくなるからです。
イーメディカルの場合は、谷田部医師らの高血圧治療に精通した医
療チームレベルの医療ノウハウに基づいたケアが全国どこからでも
受けられる「医療クオリティ」そのものや、患者がせっかく始めた
ケアを継続しやすくするための「一切の面倒を消費者視点で排除し
たプロセスの確立」などを突き抜けさせることを他の多くのHOW
の要素に優先して選んでいます。

　ちなみにHOWの要素にPODとPOPの符号がつけられています
が、それぞれとても大切な意味があります。PODとはPoint Of

Differenceの略称で、競合に対して差別化して優位に立つ（勝てるようにする）点であることを示しています。POPとはPoint Of Parityの略称で、競合に対して同等に守る（負けないようにする）点であることを意味します。競合とは、高血圧イーメディカルの場合は、同様のオンライン高血圧診療サービスが後追いで登場することを想定していました。

　高血圧イーメディカルはオンライン高血圧診療の先駆者であり、このような消費者視点の競合ブランドは当時はまだなかったのです。これまで放置されていた高血圧症の3100万人の一部が本当に動き出したのを受けて、後発競合がポツポツと現れています。より多くのプレイヤーが増えればそれだけ競争は激しくなりますが、たった1社で3100万人に挑むよりも日本社会への高血圧ケアの正しい啓発が早まるはずなので、健全な競争はむしろ消費者の利益、創業理念に照らして歓迎します。

(5) Brand Character：ブランドに人格を宿す！

　最後にブランド・キャラクターについて解説しておきます。ブランド・キャラクターとは、そのブランドを擬人化した"人となり"を形容したものです。何の目的で!?いったい何の得があってそんなものを定めるのですか？とよく聞かれるので端的にお答えします。ブランドを"キャラ立ち"させて情緒的に選ばれる確率を上げるためです。より正確にお伝えすると、ブランドのパーソナリティーを情緒的なブランド・エクイティとして消費者の脳内に蓄積させることで、ブランドを市場で際立たせ、あわよくば競合に対して選ばれる確率を高めるためです。

　皆さんの周囲の人間を思い浮かべてみてください。能力とは別に

第7章　実際にブランドを設計してみよう　　**２５５**

"キャラ" があると思います。能力が同程度だったとしたら "キャラ" が好ましい方が選ばれたり、あるいは能力が少なからず劣っていたりしても、大禍なければ自分にとって好きな "キャラ" を優先して選んでしまうことが、人間の選択においては起こりがちなことはよくわかると思います。なぜならば、我々人間は、多くの局面で情緒的な「好き・嫌い」によって選択する生き物だからです。

　消費者に情緒的に好かれやすいブランドのキャラクターを予め考え抜いて設計し、それを消費者の脳に印象づけるようにすべてのブランディング活動を一貫して制御・統合していく。そのために刀では、ブランド・エクイティ・ピラミッドの中に、ブランド・キャラクターを明記するようにしています。これはブランドがそれまでに定めたWHO・WHAT・HOWの骨子、つまりブランドの能力に人格を宿すようなものです。

　この場合もそれまでの消費者理解に根差して、「高血圧イーメディカルというブランドを人間にたとえると、どんな性格の人であるべき？　適切な高血圧ケアが受けられていない3100万人もの人たちにとって、どんなキャラクターの人ならば高血圧ケアを信頼して任せてみたいと思わせることができるかな？」という発想で、プロジェクトチームが考えてくれました。

1、信頼できるプロフェッショナル
2、寄り添い、一緒に並走してくれる伴走者

　1つ目は、高血圧イーメディカルというブランドは、高血圧治療に精通した医師による高度な医学的知見を持っており、それが高レベルな医療サービスとしての信頼感の源泉になるべきという視点。

それと同時に、従来の医師や病院へのステレオタイプにある、権威のある医師ほどつきまといがちな"冷たさ"や"質問しにくい、わかりやすく説明してくれない"などのイメージを払しょくしたかったのです。そこで2つ目のブランド・キャラクターの設定として、上から目線の"先生感"ではなく、"患者を支える伴走者"としてのブランド・キャラクターの構築を企図しました。

　ちなみに設計したブランド・キャラクターは、実際のHOWの構築の際に、ホームページや広告などのアートディレクションや、実際のプロダクト体験などのトーン・アンド・マナーに広範囲に影響を与えます。そのキャラ設定のブランドになるための"縛り"ですから強く影響を与えるべきです。もしもブランド・キャラクターに「優しい」と書いてあれば、商品パッケージは苛烈なデザインにはならないし、広告の音楽やナレーションもデスメタル系にはならないのです。

　たとえば高血圧イーメディカルでは、その「伴走者」としてのキャラクターを実感していただくために、患者様に接する医師たちのコミュニケーションの質の向上にもっとも力を入れてきました。消費者（患者）視点に立ってモティベーションを上げるための患者に寄り添った"接客"スキルの向上に徹底的に力を入れています。

　一般論として、医師はそれぞれの専門領域において病気や怪我を治すプロフェッショナルとしての研鑽を積んでいますが、患者に対するコミュニケーションのトレーニングをちゃんと積んでいる人は必ずしも多くはありません。医師はちゃんと説明したと思っているが、患者はちゃんと説明してくれなかったと思っている、これが同時に発生しているのが日本の多くの医療現場の実態です。

第7章　実際にブランドを設計してみよう　　**２５７**

高血圧症の診療現場においても、患者が不摂生をしたり、薬を飲み忘れたり、診療が一時途切れたり、そういうことがあったとき、患者を叱責してモティベーションを下げてしまう医師はたくさんいます。そんなときは患者に寄り添って治療継続へのモティベーションを上げるコミュニケーションをするべきですが、現実にはそれができる医師は非常に少ないのです。厳しいことを言うことも時として必要ですが、それを言うか言わないかも含めて、一人一人の患者に合わせて治療効果を継続的に上げていく目的に適うかどうかが大切なポイント。

　そのような優れた医師を分厚く揃えて患者様に接することができるならば、今の日本の医療業界の中で「患者に寄り添ってくれる伴走者」は、良い意味で"キャラ立ち"するであろうと考えました。さらにはその素晴らしいブランド・キャラクターに触れることで、WHATで定めた「大きな安心」を実感しやすくなるだろうとも考えました。このようにブランド・キャラクターは、競合ブランドに対して明確な差別化が行いにくいときにも、WHATやHOWを際立たせ、情緒的差別化の起点として有効に機能するのです。

　そのような医療チームの努力の甲斐もあって、高血圧イーメディカルは実際に体験された患者様の満足度が極めて高く、2024年7月現在の半年後の治療継続率がおかげさまで9割を超えています。従来の対面診療では高血圧治療の半年後の継続率は5割を切っていることや、また高血圧イーメディカルの患者の8割がそれまで未治療や非継続だったことを考えると、前述のとおり継続率が9割超というのは非常に高いと言えるでしょう。これは高血圧イーメディカルとのさまざまな接点において、患者の皆様がブランドに対して何ら

258

かの情緒的繋がりを感じてくださっているからではないか。そこに
地道に積み上げているブランド・キャラクターも少なからず貢献し
ているであろうと我々は考えています。

　まだまだこのブランドは生まれたばかりで、この先も多くの皆様
の健康を預かる引き締まる覚悟のなかですが、"もっと消費者視点の
医療"を突き詰めた先にある強い光を私は見ています。

第8章

強いマーケティング・コンセプトをつくる3つの要点

第6章でもっとも大切な消費者理解（STEP1）について、第7章では"ブランド設計の仮説"をブランド・エクイティ・ピラミッドで整理するやり方（STEP2）について、それぞれ述べてきました。この第8章ではSTEP3のマーケティング・コンセプトを実際につくるにあたっての3つのコツについてまとめてみようと思います。

　このSTEP3は、STEP2で立てた"ブランド設計の仮説（≒ブランド・エクイティ・ピラミッドで整理したブランド設計のオプション）"を、実際の消費者に対して調査検証するために不可欠です。というのも、ブランドの設計図は消費者の脳内に描きたい最終的な"版画"ではありますが、それをそのまま消費者に見せても抽象的な語句の多い戦略定義になっており、消費者の脳はそれをこちらの意図通りに正しく翻訳して認識することができないからです。

　したがって、消費者が素でわかるものに翻訳せねばなりません。狙ったブランド・エクイティを消費者の脳に正しく生み出させるために、我々マーケターはブランド・エクイティを消費者が理解可能な形態に意訳して、それを脳にインプットしたら正しいブランド・エクイティ（版画）がアウトプットされるように、インプットする道具（版木）を創ります。これがマーケティング・コンセプトです。

　そのためにマーケティング・コンセプトは書いているので、ちゃんと書けたものであれば、消費者は便益も他のブランド・エクイティの要素も認識しやすいです。調査検証で測定しているのは、マーケティング・コンセプトを消費者に見せることによるブランド・エクイティのポテンシャルなのです。消費者はブランド・エクイティの戦略定義そのものにちゃんと反応することは難しい。したがって、STEP4における量的調査とその決定も、マーケティング・コンセプ

トをしっかりつくれないと成立しないので、とても大切です。

　また、1つのブランド・エクイティの設計図（≒ブランド・エクイティ・ピラミッド）から、訴求する切り口しだいですが、いくつものマーケティング・コンセプトを生み出すことができます。ブランド・エクイティをどれにするかを決める調査のためのオーソドックスなマーケティング・コンセプトだけではなく、決定した後でも、ブランディング活動のために創り出す消費者との接点をもつあらゆるものが、すべてマーケティング・コンセプトと言っても過言ではありません。

　たとえば、テーマパークにおいて、次のクリスマスをどんなシーズン・イベントにしようか考えるとき、「集客をどうするか（≒集客コンセプト）」や「体験をどうするか（≒プロダクト・コンセプト）」もすべてが、ブランド・エクイティから意訳展開されているマーケティング・コンセプトです。結果、創り出された広告物やイベント・アトラクションも、運営スタッフによるゲストへの語りかけも、それぞれが消費者にとって実感できるブランド・エクイティ、すなわちマーケティング・コンセプトです。

　強いマーケティング・コンセプトを生み出せるスキルは、マーケターにとって最強スキルと言えるのではないか？　私はそう思っています。もちろんマーケティングは1人ではできませんし、川上から川下まで多種多様なスキル領域があり、どのスキルも大切でそれぞれに専門家が必要です。しかしながら「消費者が欲しいと思える価値を消費者の脳内に出現させる能力」が、つまりマーケティング・コンセプトが、プレファレンスの最大値を決めている事実があります。

第8章　強いマーケティング・コンセプトをつくる3つの要点　　**263**

前作『確率思考の戦略論　USJでも実証された数学マーケティングの力』（KADOKAWA）でも詳述したように、認知率や配荷率もとても大切ですが、それはマーケティング・コンセプトの出来によって決定されるプレファレンスの最大値ポテンシャルに対する限定要因に過ぎないのです。マーケティング・コンセプトの最大値が100のとき、認知と配荷をどれだけ頑張っても、100に1.0と1.0を掛けて（その認知率と配荷率は神業的に凄いですが！）、結果を100にすることしかできません。しかし、マーケティング・コンセプトが神がかっていると、最大値が200とか300ある驚異的なビジネス・ポテンシャルを生み出すことも可能です。

　マーケティング・コンセプトをつくる能力は、プレファレンスそのものを左右し、ブランド・エクイティ構築の成否を決めます。だからマーケターにとって最も大切なスキルです。日本経済を浮揚させるためには、消費者アイデアを生み出すことができるマーケター（≒強いマーケティング・コンセプトを創出できるマーケター）を、この日本社会でもっともっと増やさねばならないのは間違いありません。

　本章では、そのマーケティング・コンセプトをつくる要点に焦点を当てます。これまで無数にマーケティング・コンセプトをつくり出し続けてきた私が実戦者として蓄えてきた、強いマーケティング・コンセプトを生み出す確率を高めるコツをできるだけ体系化してみます。私なりの論理的な根拠と、経験に基づいた実戦勘との符合のぐあい、さらには自分の中での無数の戦歴の星取表に照らした実績との相関……。私はこういうことばかりを突き詰めて考えながら生きてきました。少なくとも私の中では、かなり有用なノウハウとして定着している実感があります。

ただし、私自身の脳内でやっているさまざまな結果を生み出した
やり方が、異なる個人の脳内で似たように機能するのかどうかの確
固とした担保がとれていません。刀の若手の皆様を相手にさまざま
に試して一定の効果は上げておりますが、世の中における普遍性や
法則性と胸を張れるほどの検証はまだできていません。その点は御
留意いただきながら、森岡という個人がどのようにマーケティング・
コンセプトをつくっているのかを知ることで、皆さん自身のマーケ
ティング・コンセプトのスキルを上げるための何らかの糸口にして
いただければ幸いです。

1 本能にぶっ刺せ！

（1）脳の情報処理の構造「システム1」と「システム2」

　マーケティング・コンセプトが成功しているとき、つまり脳によ
って高い価値だと判断されて購入に結びついているとき、脳の中の
3つのチェックポイントをその順番でうまくクリアしています。

　①重要性の関門：自分にとって重要か？
　②好意度の関門：好きか、嫌いか？
　③納得性の関門：ほんとうに大丈夫か？

　先述したように、最初に「自分にとって重要である」と思わせる
ことができなければ脳によって情報遮断されてしまいます。一度情
報遮断されてしまうと、物理的に視界に入っていたり聞こえていた
りしていても、関係がない情報として処理されるため脳に認識され

ることが難しくなります。その人の脳にとって無視できない"重要さ"だと直感的に処理されるための切り口が、マーケティング・コンセプトとしては最初の必要条件です。ここを突破できない限りその後のすべての努力はなかったことにされてしまいます。

次に、好きか嫌いかはプレファレンス、価値判断そのものです。その瞬間に価値ある便益として認識させるように、魅力あるベネフィット・アーティキュレーション（便益を明確に言い当てた定義）になっていることがすべてです。その魅力に関してまた後述しますが、ここでは簡単に「期待を上回ること」が大切だとお伝えしておきます。期待とは消費者の脳がもっている"こんなものだろうと思っている相場感（＝基準、ベンチマーク）"であり、それをわかりやすく超えることで価値を端的に理解させることができます。

ちなみに、ここまでの「重要かどうか」や「好きか嫌いか」の判断までは、脳のなかでも直感的で速い判断を司る「システム1」で、瞬間的に処理されています。この「システム1」は、意識が起動するよりもずっと速く動いて判断すると言われています。ということは、人間の「意識」とは、脳の「システム1」による好き嫌いの判断の結果を後からようやく追いついてざっくりと捉えた認識のこと。「意識」は、まるでラジオの野球の実況中継のようなものです。実況中継（≒意識）がハイライトできるのは、グラウンド空間で起こっている膨大な情報量のほんの一部でしかありません。しかも実況できるのは出来事が発生した後です。

最後の納得性ですが、たとえ②まで進んで価値が高いと判断されていたとしても、その判断がとても重要であったとき（利害が大きい場合）や、何かが引っかかってスッキリしないとき（なんらかの

266

疑問が生じた場合）には、脳のより高度な思考である「システム2」が起動してしまいます。直感的でとにかく速い「システム1」と違い、「システム2」はじっくり考える脳であり、この機能を使うことは脳全体にとっても負荷が大きいので頻繁には使われず、重要案件にのみ出撃してくるラスボス的なものだと理解してください。ちなみに人間のすべての判断の実に95％が、「システム1」のみで行われて「システム2」は関与していないそうです。そのため、残りの5％に関しては「システム2」を突破しないと自分のブランドを買ってもらえません。

　マーケターとしては「システム2」を起動させてしまうとややこしいので、できれば「システム1」までで「欲しい！」と思わせたいところです。ただし、脳の判断全体では5％しかない「システム2」とは言いながらも、消費者が意識的にものを買うことが多い重要な商品カテゴリーでは、つまり我々マーケターが担当するようなブランドの多くが「システム2」までを相手にする覚悟が必要でしょう。

　ラスボス「システム2」で吟味される疑問点はたくさんありますが、典型的なのは以下の3つです。

　a）便益は本当に手に入るのか？
　b）価格は妥当なのか？
　c）他のオプションと比べても良い選択なのか？

　ブランド・エクイティの設計のところで、WHATに便益だけではなくRTB（Reason To Believe）を熟考して設定していたのは、1点目の「便益は本当に手に入るのか？」という疑義に対する「システ

ム2」対策です。直感脳である「システム1」での処理中に「その便益が本当なら良いけれど、本当に手に入るのか？」という疑問をもつ「システム2」が出てきたとき、強いRTBがあれば納得感を補強して便益を信じさせることができます。

　価格については（いつかしっかり集中して執筆しなければなりませんね）、消費者の脳に疑問に思われにくい、つまり「システム2」を相手にしなくても済む確率が高い価格戦略のノウハウというものがあります。ここでは簡単に1つだけ。カテゴリーによって若干の上下はあるものの、カテゴリーの平均価格よりも25％程度のプレミアム・プライシングになると「システム2」に探知されやすくなります。消費者が認識する平均価格よりも2割も上回るようなときは注意してください。消費者は賢いです。と言いますか「システム2」が優秀ですから決して侮ってはなりません。競合よりも顕著に高いブランド価値を脳に信じさせることができなければ、プレミアム・プライシングはそもそも成立しません。

　最後に他オプションとの比較について。便益の強さと価格のバランスの結果として「システム1」が判断した「価値」を、そのまま購入するのにはリスクが高そうなとき（購入価格がその消費者にとってインパクトある金額のとき）、あるいは価格が関係なくてもその選択がその消費者にとって重要であったときに、「システム2」が目を覚まします。「もっと良いオプションが他にあるのではないか？他のオプションも見てみた方が良いのではないか？」という疑問が吟味されることになります。

　カフェに入ってスイーツをオーダーするときの私の奥さんの状態ですね。「あー、これ美味しそう、あっちも良いかな……。やっぱり

これがいいかな……」と、すべてのオプションを必ずみるだけでなく、いろんなページを行ったり来たり……。店員さんがずっと待っているのに頑強な「システム2」が猛威を振るい続けるその時間は、私にとってはいたたまれないものがあります（笑）。

　どうしてケーキ1つでそんなに時間をかけるのかを聞いてみたことがあります。彼女の"意識"は明快に「後悔したくないからよ」と答えます。オーダーした後にもっと良さそうな別の選択肢があったことを知って後悔するのが嫌なのだと。しょっちゅう外で食べる機会があるわけでもない、カロリーを考えるとケーキは何個も食べられるわけではない、だからすべてのオプションを比較検討してからその貴重な1個を選びたいのだと。

　真面目な話、その行動は「スイーツの選択」が彼女の脳にとっていかに重要かを物語っています。重要だから「システム2」がしっかりと起動しているパターンです。さっさと選べる人にとってはその選択が「システム2」を起こすほど重要ではないだけです。このようにマーケターの目で人々の言動を観察すると、世界がとても興味深く見えてきます。

(2) 本能を衝かれると脳は抗いがたい

　今ではスマホのおかげで、さまざまな他のオプションや市場相場を一瞬で調べられる時代になりました。ECの発達も拍車をかけて世界の商品と店舗網が手のひら1つに集約されています。もはや従来のリアル店舗時代と大きく違う世界にいることを我々は自覚しなくてはなりません。AIの発達と普及はその変化をさらに加速させるでしょう。

第8章　強いマーケティング・コンセプトをつくる3つの要点　　　**269**

それは、他社との比較検討がとても容易で、バックオフ（買わない選択）がとても容易になった新時代です。昭和の時代は、他の店での選択肢と価格を調べる消費者側の"労力コスト"が高かった。さらに一度足を運んだ後に「買わないことを選ぶ」のも"労力コスト"が高かった。そこで買わなければ、同じような手間暇を別の店でまた消耗することになるからです。しかし「比較検討」も「店に行くこと」も、現代では一瞬のうちにスマホ1つで可能になってしまいました。

　比較検討・バックオフのコストが劇的に下がったことで、「システム2」による他オプションとの比較は格段に発生しやすくなっています。この状況は「ブランド設計」と「マーケティング・コンセプト」の出来の重要性をますます上げていると言えるでしょう。どうせ比較される世の中なのだから、いかにブランドをしっかり考えて長期的に強く設計しておくのか。そしてベネフィット・アーティキュレーションを中心にマーケティング・コンセプトを消費者の脳にとっていかに魅力的に創り上げるのか。この2点に懸かっているということです。

　さて、ここまで書いてきたことをまとめます。要するに『マーケティング・コンセプトづくりは、脳に対してどうやって「重要だ！」→「好きだ！」→「なるほど！」とその順番で認識させるのか？というゲーム』ということです。ぱっと見て、ぱっと聞いて、脳に直感的に重要情報だと認識させ、ほぼ同時に直感的にプレファレンスを獲得し、ちょっと遅れて最後に納得性も補強する……。この3つの関門を突破するゲームだと認識することがとても大事です。

　これを知っておくと、自分たちのマーケティング・コンセプトが

十分な購入意向を獲得できないとき、いったいどこの関門で引っかかっているのかを分析して改善しやすくなります。目にとまった瞬間に「重要だ！」と思わせる入り口で失敗して情報遮断されているのか？　それともその後の「好きだ！」と思わせる価値判断で討死しているのか？　それともそこまでは通過していても最後の「システム2」の疑義に対する納得性が不足しているのか？　このゲームの構造（≒人間の脳による情報処理の構造）を正しく理解できる人は、マーケターとしてのキャリアに大きな伸びしろをつくれるでしょう。

　そして私は、実戦経験を積み重ねた果てに、それら3関門突破のためのとてもシンプルなコツをつかみました。この3関門を突破するとき1関門ずつバラバラに考えるのではなくて、すべてを突破できる確率の高い切り口を最初から仮説立てするのです。それが、私がずっと申し上げてきた「本能に刺す」ということです。

　本能を刺すように飛んでくる価値は、脳にとっては抗いがたくて避けられないものです。空腹時に目の前で焼かれる肉汁溢れるステーキを勧められて、食べずに我慢するのは難しいですよね？　それは「食欲」という本能に刺さっているから……。これだけ社会的に糾弾されるリスクがありながら、不倫が後を絶たないのも「性欲」という本能に刺さっているから……。イジメが子供の世界だけでなく大人の世界でも無くならないのも、他人を下げて自分の地位を相対的に上げようとするマウンティング行動が社会性動物の本能だから……。現代社会で許されない人間の行動のほとんどが、人間の本能のプログラムによってトリガーされています。だからといってダメなものはダメですが、理性を簡単に凌駕するほど本能は強いものだと御理解ください。

第8章　強いマーケティング・コンセプトをつくる3つの要点

そして本能は"ポジティブなことを得るため"に機能するばかり
ではありません。"ネガティブなことを避けるため"に機能する本能
も多くあり、そこを衝くビジネスも世の中を席巻します。

　FB、インスタグラム、XなどのSNSなんかも……。脳の構造から
考えると、SNSが人類を幸福にすることはないと私は考えます。だ
から私は、職業柄SNSを積極的に研究しますが、私的に時間を費や
すことはしないのです。他人に虚像を発信して悦に入ったり、他人
の虚像を覗いて影響を受けたりする暇があるのなら、自分にしっか
り蓄積できる能力の向上に1分でも1秒でもより多くの時間を充てた
いと思って、ずっとそうしてきました。したがって私を名乗るSNS
アカウントはすべて偽物ですので御注意ください。

　そもそも一般論として、より多くの人と繋がることがより多くの
幸福をもたらすなんてことはありません。むしろ逆です。ブラジル
ではXの非合法化の1か月後に国民の3割のメンタルが改善したとい
う報道（日本経済新聞電子版　2024/10/4）もありましたが、これは
人間の脳の構造から考えると至極当然です。社会的ストレスを増大
させ、限られた時間とエネルギーを奪い、人類全体の1人あたりの
幸福量はSNSによってむしろ下がる構造にある。ネットワーキング
が格段に便利にはなるでしょうが、だからこそSNSが人類を幸せに
することはない。私はそう考えています。

　皆さんの実感はどうですか？　SNS時代になって皆さんの幸せは
増えましたか？　私の世代の読者は以前の時代の記憶も明瞭に、両
方の時代を比較できると思いますがいかがでしょうか？　もちろん、
社会的ストレスに対して強い耐性をもつ人、あるいはそれらの功罪

もわかった上で目的のために狡猾に活用できる一部のリテラシーの高い人にとっては、SNSはメリットの方が大きいでしょう。しかし、いわゆるマジョリティーは、日々の時間とエネルギーを吸収されている割には、SNSのせいで心の平穏はむしろ減り、不安も悩みもむしろ増えているのではないでしょうか。

では、仮にSNSが人を本当に幸せにしないならば、どうしてこれだけ爆発的に普及しているのでしょうか？

それはSNSがヒトの本能の痛いところを衝いているからです。「他人がどうしているか？」と「他人に自分がどう見られているか？」がめちゃくちゃ気になる……。これは社会性動物であるヒトが生き残るために磨いてきた極めて強い本能だから、SNSは避けがたいのです。本能を衝く商品やサービスは避けがたい事例として、もう少しだけ私の解釈をお伝えしますね。

SNSが衝いている本能をわかりやすく、"井戸端会議の本能"と呼ぶことにしましょう。"井戸端会議"、井戸や川などの水周りに洗濯や野菜を洗う御近所の女性たちが集まって、作業しながらさまざまな世間話をする時代劇などのシーンを見たことはありませんか？　あれは単なる他愛無い情報交換の場ではないのです。そこでどんなことが話されているのか気になり、参加していないと自分の悪口が言われているのではないかと不安になり、そこで自分がコミュニティーの良い構成員であることをアピールしたり、自分の相対的なポジショニングを確認したり……。そういう場なのです。

実は、サルの時代から太古の時代を経て現代までもずっと、ヒトの生存にとっての最大の脅威はヒトでした。特に同コミュニティー

内においてその他大勢のヒトに攻撃されることでした。戦争のような敵対するコミュニティー同士の殺し合いよりも、稀に起こる疫病や災害などよりも、1個体の生存が途切れる確率としては同コミュニティー内における殺害リスクの方がよほど脅威だった。近現代でも「村八分」や「いじめ」などから容易に想像できるように、ヒトはずっと、コミュニティー内で権力者が対象を定めて大人数で攻撃し、放逐し、殺害（そのような人骨は世界各地で見つかっている）してきた長い歴史をもつ動物です。

　コミュニティー内で自分がどの立ち位置にいるかはヒトの死活問題なのです。そのような環境においては、自分が次の攻撃対象にならないために、他人の情報をいち早くより多く仕入れ、自分への周囲からの見え方に気を配り、自分が共同体にとって善良かつ有用な構成員であることをアピールすることは重要です。そしてそれら情報の収集や操作などの諜報活動により長けた個体が代々にわたって"適者生存"していった……、その子孫が我々ということです。だから我々もその共同体における自分の立ち位置を測定せずにはいられない本能を持ちます。

　人のうわさ話って、自分とは何の利害もないはずの著名人のゴシップなど、どうしてそれほど人々の興味を惹くのか？　どうして中身や自信のない人ほどヤフコメにくだらない一言を吐き出したくなるのか？　不思議に思ったことはないですか？　ぜーんぶ、"井戸端会議の本能"のせいです。「いいね！」がたくさんつくと嬉しいのはまさにこの本能が喜んでいるからです。

　念のため申し上げておきますが、私はSNSプラットフォーマーを非難することや、SNSの普及を止めることを目的としてこの話をし

ている訳ではありません。そもそも本能には抗いがたいので止めようにも止められるものでもありません。人の脳内構造、生き残るためのプログラムである「本能」を実に巧妙に活用している事例としてお伝えしています。

　MetaもXも、人と人を繋げることで何か素晴らしいことが達成できるかのような立派なビジョンを掲げています。さりながら、その本質を私なりに端的に言うと、**"井戸端会議の本能"から収益化するビジネスモデル**です。テクノロジーで世界の人々を繋げてわざわざ巨大な"井戸端会議"を創り出し、個々人のコミュニティーにおける自己保存を人質にとりながら"ネガティブを避けたいヒトの本能"を衝いて大集客し、井戸端会議への通り道に広告を貼り巡らせることで収益を上げるビジネスモデルです。

　井戸端会議そのものが人を幸せにしなくても、目の前で行われている井戸端会議に参加しないことはヒトの本能にとって非常に難しいのです。より多くの人々が参加すればするほど、参加していない人たちもますます参加せざるを得なくなる。だから爆発的に普及しました。

　このように本能にぶっ刺さると、「システム1」はもちろんのこと「システム2」の知的理性脳でさえ止めることが難しく、多くの消費者の脳内の3関門を一気に突破できてしまいます。なぜならば、本能（≒自己保存確率を高めるための脳内プログラム）に響く価値とは、つまり人間にとって最初から「重要」かつ「大好き」、あるいはSNSのケースのように「重要」かつ「避けがたい」ことが100万年前から確定しているからです。

したがって我々の目指すことはたった1つだけ。消費者の"意識"に語りかけるのではなく、消費者の"本能"に語りかけるのです。それはつまり、ブランド全体で言えば本能に刺さる価値を最初からWHATで設計しておくことであり、マーケティング・コンセプトの一つ一つで言えば戦略便益を消費者の本能に強く刺さるようにアーティキュレートする（対消費者向けに表現する）ということです。

　それができていれば、それぞれの関門に対してバラバラに考えて悩むことを格段に減らせます。3つの関門をそれぞれ考えて手前から1つずつ当てに行くのではなく、最初から3つの関門のもっと奥にある本能の1点をピンポイントで狙うのです。一気に3つの関門を突破するコツはまさにそれ、最初から熟考し尽くして"本能を狙い撃つこと"です。

　ここは射撃と似ています。当てるというよりも、当たるんです。射撃の先生が私に教えてくれたことです。手前に良く見える的紙の中心を狙って当てようと思っても、ど真ん中にはなかなか当たらない。だから的紙よりもずっと遥か遠くの"無限の中心"を狙って撃つ。そうするとその通り道にある的紙の中心に結果的に当たるのだと。それが正射必中、"当てる"のではない、結果的に"当たる"のだと。消費者の本能こそがマーケターが狙うべき"無限の中心"だと私は確信しています。

2　文脈を操作せよ！

　人間は文脈で判断する生き物です。ある事実や特徴など、情報を

脳がどのように価値判断するかは、実は設定された文脈によって決まっています。

式服に黒ネクタイという同じ服装でも、"葬式の文脈"では評価され、"結婚式の文脈"では非難されます。犯罪者に対しても、犯行に至った経緯やその動機に汲むべきもの、情状酌量という"文脈"によっては罰の軽重が変わります。数学の試験の点数が100点満点のうち38点だったときも、"絶対評価の文脈"ではガッカリしますが、実は平均点の32点よりもマシだった"相対評価の文脈"を知れば、同じ38点でもポジティブに感じるものです。

そもそも我々の脳はどうして"文脈"で判断するのでしょうか？人間を外側から客観的にみると、その方が合理的だからと言えると思います。状況に応じて物事を判断しないと生き残る確率を大きくできないからです。では人間の内側はどうなっているのでしょうか？脳の情報処理の構造としてどうなっているのだろうかとずっと考えてきました。

これはあくまでも私の仮説ですが、**疲れている脳ができるだけ"省エネ"で効率よく判断するために、文脈とセットで物事の価値判断をするシステムになっている**のだろうと推測しています。脳内で想定した文脈の中に価値判断の対象を置いた景色を、まるで1枚の風景画を見るように、一瞬でまるっと"好きか嫌いか"を判断しているのではなかろうか……と。

先日、伊丹空港のANAルートにある「豊岡鞄」の店舗の前を何気なく通り過ぎたとき、白くて小さな革のリュックサックが私の目に入ってきました。その瞬間、「めっちゃいい！」という感覚が私の

脳裏に一瞬で走ったのです。そのときの脳は、あの白くて小さなかわいいリュックを、まさか50過ぎのオッサンが背負って悦に入っている絵を想像したのではありません。そういう趣味はございません。ちなみに私が長年愛用するのはミステリーランチのゴツくて丈夫なリュックです。

　あの白いリュックが視界に飛び込んできた刹那(せつな)に、脳がやってのけていた情報処理は、私の娘の１人が使う文脈を設定して、実際に娘が背負ってものすごく似合っているビジュアルを想像して「価値高し！」と判断した。結果、自分のためという文脈では歯牙にもかけなくても、娘のためという別文脈においては価値が非常に高まり、脳はそれを買って帰りました。想像どおり似合っていて、縫製もしっかりした良いプロダクトで、娘はとても喜び、私の脳はそれ以上に喜びました（笑）。この私に衝動買いをさせた「豊岡鞄」さま、御見事でした！　同じ兵庫県民として応援しています。

　では、もしも文脈がない、あるいは不明であった場合には、脳は何をしているのでしょうか？　そんなとき脳は、勝手に情報を継ぎ接ぎして自ら文脈を創造しているのではないかと私は考えています。どのような状況で使用されるのか、何のために使用されるのかなど、関連する情報をかき集めて対象を判断するための文脈の不足を補おうとするのではないか。得られる情報が不足するならば、脳は過去の経験から勝手に推測や想像をして「文脈」を創作することすらあるのではないか。私はそのように考えているのです。

　なぜなら自分自身はもちろん他人の観察においても、状況からさまざまに察することやイマジネーションで、脳内に何らかの想定をおいて判断していることは日常茶飯事ですし、判断の後に想定が事

実と乖離していたことを知ることも頻繁に起こるからです。つまり、**脳は自ら情報を補う**。1を知って10を想像し、文脈の創作すらやりながら判断している。私はそう考えています。

　本当にそうであれば、自分たちのブランドの価値をより高く評価してもらいやすい文脈を、消費者の脳に創作させることもできるのではないか？　早く判断したい消費者の脳は文脈の材料になる情報に飢えていますし、我々はどのような文脈であれば自ブランドの価値が高まるかを、深い消費者理解に基づいてすでに知っているはずだからです。たとえ自分たちのブランドの特徴や価値が冴えないときでも、少なくとも今よりももっと輝くように消費者の文脈自体をもっと有利にする方法があるのではないか？

　そう考えて、私は文脈を操作するチャンスを常に狙うことにしています。マーケティング・コンセプトで、自ブランドにとって「有利な文脈」を設定しようと試みるのです。明示的（explicit）にも暗示的（implicit）にもできるかぎり意識してその機会を探します。

　ブランド・エクイティの要素の中でも、特に**便益が消費者の脳内でより強く響くように、ブランド体験をどのような文脈に置けば良いかを考える**のです。便益に対して有利な文脈が設定できたマーケティング・コンセプトは購入意向が高く、そうでないものは低い。このことは調査の数値的にも実際のビジネス結果的にも一貫して自明です。私の中では確度が極めて高い勝つための要点の1つになっています。

　簡単な事例から練習して文脈が価値に与えるインパクトについて理解を深めていきましょう。皆様、意中の人にプロポーズするなら、

第8章　強いマーケティング・コンセプトをつくる3つの要点

いつ、どこで、どのように行うかをちゃんと考えますよね？　プロポーズのときに、成功するためにあれこれ考えて、工夫している段取りの多くが「文脈」の設定です。プロポーズそのものはさまざまな表現がありますが、要するに「結婚してください」というのが戦略メッセージであることは同じ。しかしその同じ内容を、どんな文脈で伝達するのかによって、受け取る相手に与えるインパクトが大きく上下することは感覚的にわかると思います。文脈次第でメッセージの価値は変わってしまいます。

　ちなみに私のプロポーズはダメなやつでしたね。私なりに一生懸命ではあったのですが、エクセルを見せながら「NPV（割引現在価値）が最大化するから早く結婚しよう」とプロポーズしました。エクセルには、結婚式も新婚旅行も子育てもそのときのお金があるなりに精一杯使ってしまうので、結婚するつもりならばお金がない早いうちにスタートした方が生涯のキャッシュフローが劇的に良化することを一般的消費性向から分析した証明をまとめていました。最悪だったと、もはや一生のネタにされています。

　ではもう1つわかりやすい事例です。"熱々の鍋焼きうどん"の価値は、どの季節に最大化するか？　答えは、当然ですが夏ではなくて冬です。"冬の寒さ"は、鍋焼きうどんの便益（身も心も温まる美味しさ）の価値をより大きくする文脈です。1枚の平面広告を想像してみてください。熱々で美味しそうな鍋焼きうどんの背景を、雪のかまくらで灯りを囲んでいる絵にするか、それとも海水浴場とスイカの夏で描くか、便益の価値が大きく上下することがわかるはずです。

　では次の事例です。「除菌効果があるウエットタオル（使い捨ての

お手拭き）」の新商品をサンプリングするとして、あなたならどの文脈で消費者に配りますか？　この後のパラグラフで、最初にヒント、そして答えを書き進めますので、その前にちょっとだけ考えて御自身なりの答えをもってから読み進めてください。

　まずはヒントです。一般的にマーケティングにおける商品サンプリングの主なKPIは、①受け取ってもらうこと（受諾率）、②使ってもらうこと（使用率）、③使用後に実際の商品を買ってもらうこと（コンバージョン率）です。さらに、サンプリングを成功させるコツは、①と②のタイムラグをいかに小さくするかです。サンプルを受け取ってもすぐに使わずに長くキープされると、結局は使用率が激下がりしてトータルのROIで失敗します。なので、商品便益に対する消費者の価値認識をぐっと上げて、しかも、配ったらできるだけ早く使ってもらえる、そんな望ましい文脈を考えてみてください。

　さあ、どうでしょう？　答えは無限に存在すると思いますが、典型的なものを例示しますね。まず、考え方として、文脈設定の必要条件を整理します。まず、除菌効果がある使い捨てお手拭きの価値を消費者により高く実感してもらえること。かつ、すぐに使ってもらいやすいこと。そしてもう1つ、サンプルでリーチするカバレッジ（面）が大きく取れることも考慮した方が良いです。たとえその前の2つを素晴らしく満たしていても、少人数の消費者にしかサンプルを撒けないような文脈設定であればビジネスとして意味がないからです。

　そのような3点を主に考慮すると、全国のファストフードのドライブスルーとタイアップして、そこでサンプリングしてもらうのは1つの良い文脈のように思います。車内ですぐに食べる場合には水

第8章　強いマーケティング・コンセプトをつくる3つの要点

が使えない状況なので、除菌効果のあるウエットタオルの価値はより高く実感させることができます。手づかみでものを食べるハンバーガーショップなどは特に良いでしょう。親ならその除菌できるおしぼりで子供の手を拭きたくなるかと。すぐに使ってもらえる確率も高く、さまざまなブランドとタイアップすれば消費者のカバレッジも大きく取れそうな文脈にも思えます。

他にも、全国の病院や調剤薬局などの医療施設は、人々が手を拭きたい文脈としてだけでなく、より除菌効果のエクイティを印象づけられる文脈として良いように思います。もっとさまざまな文脈があるはずです。

さて、ここまでで、価値は文脈によって大きく変えられることへの理解がかなり深まったと思います。価値を売るとき、その価値をどんな文脈設定に置くとより高い価値になるのかを、必ず同時に考えるのです。自身が売るWHATに有利な文脈を首尾よく設定できたマーケティング・コンセプトであれば、消費者脳内の3つの関門の1つ目（重要性）と2つ目（好意度≒プレファレンス）の突破確率を顕著に伸ばすことができます。

ここで1つの略語を紹介します。マーケティング・コンセプトにおいて、自身の便益を有利にするために文脈を設定することを「STC（Setting The Context）」と呼んでいます。Theがついているのは、その便益に対してまさにその文脈！というニュアンスが表れています。便益と文脈はほとんど固有のセットだからです。便益の価値を有利に操作しやすいSTC（文脈設定）の切り口は無限に存在しますが、その中でも主な切り口を3つほど簡単に紹介したいと思います。

STCで私がよく用いる３つの切り口
1) 価値を高めるシーンを設定する
2) 消費者のインサイト（消費者の隠された真実）を衝く
3) 消費者の"眼鏡（≒期待値）"を変える

(1) "便益価値を高めるシーン" を文脈として設定する

　1つ目はもっともよく使われているわかりやすいSTCです。たとえば、小林製薬さんのTVCMで多用されていますね。マーケティング・コンセプトの基本構造は「**こんな問題ありませんか？** この商品のこの便益が解決します」であり、下線部の「こんな問題ありませんか？」に当たるところがSTCです。

　では具体的なマーケティング・コンセプトをその小林製薬さんの事例から1つ。内臓脂肪を減らすサポートをするサプリメントのブランド「ナイシヘルプ」のTVCMから私の主観による解釈で抽出します。「**健康診断などで内臓脂肪が心配になったりしませんか？** ナイシヘルプが1日2粒で内臓脂肪を減らすことをサポートします」であり、その下線部がSTCです。内臓脂肪を減らすという便益価値をより高く認識しそうな「健康診断で内臓脂肪のことが不安になるシーン」を文脈として設定してから、便益である「内臓脂肪を減らす」価値を消費者の脳に撃ち込んでいますね。

　もしもSTCがなかったのであれば、いきなり便益が消費者の脳に突撃することになります。想像してみてください。いきなり脳内に飛び込んできた「ナイシヘルプは1日2粒で内臓脂肪を減らします」という便益はどのように脳内処理されるでしょうか？

　このいきなりの便益アタックで3つの脳内関門を突破できる消費

第8章　強いマーケティング・コンセプトをつくる3つの要点　　**283**

者もいくばくかは存在すると思います。日頃から内臓脂肪のことを気にしている意識の高い消費者です。しかし、この健康診断がらみのSTCがあることによって突破できる消費者のカバレッジをもっと顕著に広げることができるのです。内臓脂肪への意識がさほど高くないより多くの消費者は、いきなり便益アタックが来ても反応できないので、自分には関係なくて重要ではないと認識され情報遮断する可能性が高いからです。健康診断時に内臓脂肪が高めだったことをリマインドすることで、その後の便益が貫通する確率を高めています。

　このようにSTCによって、消費者に何らかの問題提起をしてその消費者にとっても関係のある便益の話だと脳に認識させる、あるいは便益の効力を顕著に伸ばせる文脈を冒頭で設定することで、他のシーンにおいてはそこまで有効な便益でなかったとしても総合的に便益価値を高く認識させる。そのような効果があるのが「価値を高めるシーンを設定する」STCです。非常にベーシックですが、とても汎用性があり効力もあるやり方です。よく問題解決型のブランドに多用されます。

(2) "消費者インサイト" を衝いて文脈を設定する

　次に2つ目、消費者インサイトを衝くSTCです。消費者インサイトとは「消費者の深いところにある隠された真実」のことで、主に認識が大きく変わる「マインド・オープニング・インサイト」と、情緒が大きく動く「ハート・オープニング・インサイト」の2つがあります。どちらも強いインサイトは本能に衝撃を与えるので極めて強力なSTCになります。ただ、マインド（頭）なのか、ハート（心）なのかによって、衝撃の性質が異なります。

マインド・オープニング・インサイトを用いたSTCは、"脳"が驚くほど重要で新しい情報によって文脈をつくります。脳の反応は「ええっ!? そうだったのか！ そんな重要なことは知らなかった！」となり、その直後に突撃させる便益への受容度を顕著に高めます。マーケティング・コンセプトの典型的な構造は、「**何らかの重要な新事実／新情報（例：Xの本当の原因は実はYなど）を知っていましたか？** この商品のこの便益ならその問題を解決できます」のようになり、下線部分がSTCです。

マインド・オープニング・インサイトは「驚きを演出するSTC」だと私は考えています。その**コツは以下のPとQを同時に満たす"新情報X"を探すこと**です。そのXがマインド・オープニング・インサイトです。

P：すでに消費者の脳内で重要な何か（A）にコバンザメできる
Q：自社ブランドの便益価値を強化できる

最初のコバンザメとは、文字通り消費者の脳内でもうすでに重要だと認識されている事象（A）に、意図的にくっつくことです。Aはその消費者にとっては、得たい価値でも、避けたい問題でも、興味がある情報であっても、重要であればどれでも構いません。とにかく脳が無視できない程度に重要であることが大切です。Aが十分に重要であれば、それに強く関連する"新情報X"は消費者の脳によって重要扱いされ、その内容次第で「驚き」を生じさせます。

その「驚き」が、その後に脳内に侵入予定の便益情報への防衛力を大いに下げてくれるのです。脳はその瞬間に喋りませんが、もしも喋っていたら「え!? 知らなかった、あの重要問題がコレで解決

できるのか！」と興味に負けて警戒心に "隙" ができる感じですかね。

　いくつか事例を挙げてみましょう。一昔前に流行った「老後2000万円問題」もマインド・オープニング・インサイトです。誰にとっても重要な将来の老後の安定というＡにコバンザメし、そこで2000万円程度の現金性資産が必要だという新情報によって、金融商品やさまざまな情報の便益を貫通させやすくしています。

　昔の話ですが、P&Gが洗濯洗剤の「除菌アリエール」を売り出したとき、当初は売上が思ったように伸びませんでした。なぜならあの当時は衣類に菌がついているという認識が新しかった時代ですので、消費者は衣類の除菌ができることにどんな価値があるのか直感的にわからなかったのです。そこで担当者はマインド・オープニング・インサイトを用いたマーケティング・コンセプトを展開したのです。「**御存じでしたか？　部屋干しや梅雨の時期の衣類の嫌な臭いの原因は、実は衣類に付着した雑菌のせいなのです！**　除菌ができるアリエールは洗濯をするだけで同時に衣類の除菌までしっかりしてくれるので、あの部屋干しの嫌な臭いもせず、しっかり白く洗い上げます。」その結果、ビジネスは大きく伸びました。

　もう1つ事例を足しておきましょう。先にも触れましたが、刀でお手伝いした丸亀製麺のマーケティング・コンセプトにも、マインド・オープニング・インサイトによるSTCを用いています。これまでの議論に沿ってマーケティング・コンセプトを書き直すと、「**丸亀製麺は "できたての美味しさ" にこだわって、1店舗1店舗で粉からうどんを打っていることを御存じでしたか？**　丸亀製麺は他のどの競合よりも本物のできたてを提供しています」です。下線部がマ

インド・オープニング・インサイトを用いたSTCになります。

　多くの消費者にとって重要な、飲食業界共通の巨大なカテゴリー価値とも言える「できたての美味しさ」にコバンザメしたことで、「今時のチェーン店で1店舗1店舗!?という珍しい愚直なこだわり」という新情報が、消費者の脳内で無視できない"驚き"に変換される構造にしています。

　余談ですが、その便益に近いところにある"他のどの競合よりも"というニュアンスは、たとえ事実であってもビジネスマナー的にどうかということもあり、実際の消費者コミュニケーションにおいては「ここのうどんは、生きている。」というキャンペーンコピーの中にその想いを込めました。もちろん「ここのうどんは、生きている。」と聞いたら、余韻で「他のうどんは、死んでいる」と連想してくれそうなのは、私のような「北斗の拳」世代くらいだと思いますけれども（笑）。

　最後に、ハート・オープニング・インサイトを用いたSTCにも触れておきましょう。ハート・オープニング・インサイトには、判断の瞬間に**感情面から本能に到達する**道筋を切り拓く力があると考えています。今まで話していたマインド・オープニング・インサイトが重要な何かに絡んだ新情報で「頭」に驚きをつくるのに対して、ハート・オープニング・インサイトは情緒の奥底に普段は抑えてあるドロドロした「心」をえぐったり、驚かせたり、利用したりして脳に衝撃を与えます。脳の判断の大半を占めるのは「頭」よりも「心」、情緒的判断ですからハート・オープニング・インサイトをSTCとして上手く扱えれば強力です。特に、ファッションやビューティー・ケア、テーマパークなどのエンターテイメントなど、人の情緒

（≒感情）を直接扱うビジネスでは、ハート・オープニング・インサイトを用いたSTCが重宝します。

　前提の理解として、「ハート・オープニング・インサイト」は「消費者ニーズ」とは違います。指摘されて「まあ、そうだよね」と何の心の抵抗も葛藤もなく認められるようなことは、消費者ニーズかもしれませんが、心を動かす消費者インサイトではないのです。

　したがって、本物のインサイトが何たるかを文字情報でお伝えしようとすると、**政治的に正しくない内容を書かざるを得ないことを予め御了承ください。**私がこれから書くことは私自身のインサイトや私の価値観ではなく、消費者のインサイトとはどのようなものかを解説するために書くマーケットの事例です。したがって、これから書くことで私の人格を疑わないよう、紳士淑女協定のほどをくれぐれもお願いします。

　今までマーケティング界隈でこれほど大切なのにもかかわらず、ハート・オープニング・インサイトに深く適切に踏み込んだ論述がないのは、多くのマーケターがちゃんと理解できていないこともありますが、理解していても書くとポリコレ的にアウトになってしまうからです。まあ、稀にポジティブなものを見つけることもありますが、消費者が普段は表に出さず（出せず）に隠している深層心理ですから、表に出して書いてしまうと社会的にまずいに決まっています。強いインサイトは、えてして動物的な本能に近いところにある身勝手で剥き出しの自己保存欲求が多いのですが、非常に醜悪であったり、差別的であったり、淫欲的であったり、攻撃的であったり、とにかく"表で言っちゃヤバいドロドロ系"である確率が高いです。

たとえば「子供を対象とした早期英語学習」のブランド戦略を考えているとします。その親の内面にある想い「早くから英語を身に着けさせてあげたい」とか「子供の可能性を伸ばしたい」などは、果たしてインサイトでしょうか？　それらは消費者ニーズではありますが、消費者インサイトではないのです。なぜならば、そんな当たり前の概念では、人の心を揺さぶって脳に衝撃を与えることができないからです。

　試しに今のものをSTCにしてみましょう。「大切なお子さんにできるだけ早く英語を身に着けさせてあげたいですよね？」と言われたらどう思いますか？　その必要性を感じているので消費者ニーズではあるのですが、「まあ、そうですね」とリアクション薄めにならざるをえない……。いわれても、ぜんぜん常識的で、当たり前のことで、こちらの「心」まではほぼ動かないことがわかるでしょうか？ **消費者の心が動かないものはハート・オープニング・インサイトではないのです**。まずこれを肝に銘じてください。

　力のないマーケターが「消費者はこう思っているのではないか？」程度のゆるい思考で、"平凡な消費者ニーズのようなもの"を消費者インサイトとして書き連ねている残念な実例を私はこれまで疲れるほど見てきたのです。しかしそんなものは消費者インサイトではありません。消費者インサイトってもっとドロドロした感情なのです。人には知られたくない、自分でもしんどいので普段は考えないようにできるだけ蓋をして抑えている感情。悲しみ、孤独感、恐れ、嫉妬、敵意、怒り、恨み、切望、密かな想い……。それら強い感情は本能から発露されているので、本能へと通じる情報処理のレールに自ブランドを乗せるための絶好の入り口になります。

第8章　強いマーケティング・コンセプトをつくる3つの要点

では先ほどの早期英語学習の例で、ハート・オープニング・インサイトになりえるドロドロを挙げてみましょう。たとえば、「自分の旦那が出世できずに稼ぎが冴えないのは、英語ができないからだと思っている」とかでしょうか。それより上位のものは「本当は英語なんて関係なくて旦那が出世しないのは能力全般がイケてないからだとわかっているけれど、そのダメ旦那と結婚した自分自身も似たレベルかむしろそれ以上に冴えてない母親であることを直視する惨めさに耐えられないから、旦那が出世しないのは英語のせいだと思うことで留めようとしている自分自身に薄々気づいている」とかでしょうか。

　ちなみに私は教育系の消費者理解にも携わったことがありますので、今書いているのは実際にこの市場の消費者にあったインサイトです（くどいですが、決して私自身のものではありません！）。教育産業は子供のためとは言いながら、親自身の人生観や葛藤、特に深いところにある劣等感とは切っても切り離せないものがあります。その劣等感寄りでインサイトを切り出すと、たとえば以下のようになります。

　「周囲の優秀な親たちのキラキラした世界に憧れるが、旦那も自分自身も大して学もないし英語もまったくできないことに強い劣等感を抱いている。冴えない自分たちの遺伝子を受け継いだ子供の将来についても不安でいっぱい。そんな程度の自分たちにもかかわらず、どうしても背伸びしてしまう。子供の教育に熱心なレベルの高い親だと思われたくて仕方がない」とか……。こういうのが消費者インサイトです。

このようなドロドロをあからさまに衝くと、ものすごく感情的に
リアクトされると思います。それこそが消費者インサイトなのです。
たとえば「あなたは自分の旦那のキャリアが冴えないのは英語がで
きないからだと思っているでしょう？　でも本当は日本語だけでも
大して出世しなかった、語学じゃなくて"頭の問題"だと本当はわ
かっているでしょう？」とはっきり本人に指摘したら、次の瞬間の
相手の表情を想像していただけるとわかると思います。本当は図星、
そう思っているけれど、他の人には隠したい真実、ぶしつけに指摘
されると怒りや悲しみが湧く、否定したくなる真実、そういう強い
ドロドロが消費者インサイトです。

　もちろん、どう衝くかを間違えるととんでもないことになります。
ポイントは、**便益の価値をよりポジティブに脳に実感させるように
そのインサイト（隠された真実）を使うことであって、そのまま無
神経にズバリと言うことでは必ずしもありません。**ハート・オープ
ニング・インサイトは繊細な心理を扱いますので、1つ間違えると
むしろ"ハート・クロージング"になってしまいます！　では今の
例「自分の旦那が出世できずに稼ぎが冴えないのは、英語が話せな
いからだと思っている」を使ってSTCを創り、どうポジティブに衝
くかを例示してみましょう。

　前提として、先述したような英語にまつわるコンプレックスに満
ちたドロドロを消費者が抱えているとして、「旦那のキャリアが冴え
ないのは英語ができないからだ！」とはっきり言ってはダメです。
なぜならば、たとえ真実でも、いえ真実だからこそ感情的に拒絶し
たくなるからです。**その強いインサイトをどのように前提として使
えば「子供への早期英語教育を始める価値」を彼らの脳内で高める**
ことができるのかを考えるのです。

第8章　強いマーケティング・コンセプトをつくる3つの要点

そのインサイトを使うならば、たとえばこのようなSTCで活用することができます。「**賢い親をもつお子さんは幸せです。なぜなら、賢い親ならば英語力の違いがお子さんの未来にどれほどの違いをもたらすか、ちゃんと知っているからです。**早期英語教育のXYZなら……」。下線部がハート・オープニング・インサイトを用いたSTCです。

　消費者の"闇のインサイト"をポジティブに衝いているのがわかるでしょうか？　親を否定せず、むしろ肯定しながら、心の闇に蠢（うごめ）く渇望を便益で満たそうとしている。いきなり早期英語教育の便益をぶっ込むよりも、なんの足しにもならない平凡な消費者ニーズである「大切なお子さんにできるだけ早く英語を身に着けさせてあげたいと思いませんか？」などをSTCにするよりも、「あなたの旦那のキャリアが冴えないのは英語ができないからですよね？　子供にも同じ轍（てつ）を踏ませるのですか？」のようなサイコパスなSTCよりも、便益価値を高める文脈が設定できているのがわかるでしょうか。

　そのターゲット消費者（親）のもつさまざまなドロドロ、**ここで衝いているインサイトは、要するに「いい親であると自分で思いたい、他人からも思われたい」という渇望**です。ならばこの商品がその渇望を叶える選択肢にみえるようにマーケティング・コンセプトを書けば良い。すなわち、子供への早期英語教育を買うことが子供への教育価値だけでなく、親自身のコンプレックスや飢餓感を解消する価値もあるようにSTCを構成したのです。表向きは子供のための英語教育ですが、きっとこの親の深層心理では自分のためにもそれを買いたくなるでしょう。

消費者の心の奥底にあるドロドロを知ることができれば、マーケターはそれを1つの脳内構造としてとらえて、そのインサイトをどのように活用すると価値をより大きく実感させられるかをあれこれ考えられるようになります。**インサイト探索において頻繁に出くわす"ネガティブな感情"は、実は"ポジティブな願望"と表裏一体**です。コンプレックスのある親は、良い親になりたい、周囲からそう思われたいと強く願っています。容姿に対するネガティブな想いが強い人は、それだけ美しくなりたい願望も強く、それらはコインの表裏の関係にあります。会社で自分が正当に認められない不満に爆発寸前の人は、それだけ評価されたい承認欲求が強くなっているのです。

　つまり、どんな「ネガティブ」でも、その裏側には「ポジティブ」がピッタリと張りついています。だから我々は、強い感情さえ見つけることができたならば、状況に応じてひっくり返して裏でも表でも衝くことができます。私の経験的にはポジティブにインサイトを衝く方が価値を上げやすいブランドをより多く扱ってきましたし、その方が一般的には上手くいく場合が多いと思います。しかし、中にはネガティブにインサイトを衝く方が価値を上げやすい場合もあります。たとえば、危機回避系の商材（防犯・対災害・緊急医療など）は、ネガティブな感情（多くの場合は恐怖）に強く語りかけることで本能を揺さぶり、それを回避できる解決策の価値をより強く脳に実感させる典型例です。

　最後にもう1つだけ大切なことを。**とにかく便益の価値を上げられるインサイトを発掘することです。**我々マーケターは、強力なインサイトを探り当てることを目指して消費者理解を進めるのですが、どれだけドロドロとした強い隠された感情であっても、売るべき価

第8章　強いマーケティング・コンセプトをつくる3つの要点

値と無関係であればほとんど無意味です。なので、自分の売る価値に関連するインサイト、その周辺に埋まっている強い感情を探り、執念深く発掘していきます。便益を強く認識しながら、この便益をより価値高く消費者の脳に感じさせられる「感情の文脈」って何だろう？と強く念じながら、ぜひ強いインサイトをみつけてください。

(3) 消費者の"期待値を操作"して文脈を設定する

　ここまでずっと文脈を操る話をしてきました。自分が売ろうとする価値を、どんな文脈に置いたならば、消費者の脳がその価値をより高く評価してくれるのか。このテーマに沿って、価値を高めるシーンを脳内で明確化するSTCのやり方や、脳に衝撃を与える新情報や感情の切り口である消費者インサイトを用いたSTCのやり方について述べてきました。そして今からは文脈を操るシリーズの最後になる「消費者が掛けている眼鏡を変えるSTC」、つまり"期待値の操作"について解説します。

　期待値は、脳が価値判断するときの文脈の1つです。脳は「これはこんなものだろう」という相場感のベンチマークをもっています。それが期待値です。脳は正直でシンプルです。価値判断が期待値を超えると大いに喜び、期待値付近であればそこそこ満足し、期待値を顕著に下回ると落胆します。期待値が高いとトライアルを取るのには有利ですが、その期待にある程度合致したプロダクト体験でないと満足度が下がり、リピートだけでなくSNS時代においては評判（ユーザーのレビュー）などがトライアルにも影響します。我々マーケターは、慎重にこの期待値ラインを設定し、消費者をトライアルさせ、満足させ、リピートさせ、ブランドを創ります。ブランディングとは、消費者の期待値マネジメントとも言えるでしょう。

理解しなくてはならないのは、新カテゴリーを創造する "New To The World商品（カテゴリー自体がまったく新しい商品）" でもない限り、消費者はすでに脳内に期待値をもっているということです。その多くは、該当するカテゴリーの商品を実際に何度も購入して使用した経験の記憶が累積して出来上がっています。

　ちなみに "New To The World商品" の場合は、消費者の脳内にはもともと期待値がありませんので、その期待値を利用したマーケティングができない分、消費者にその商品の使用体験や価値を脳内で想起させる難易度が相当に高くなります。脳がそのカテゴリーをそもそも知らなければ第一関門の重要性においてシャットアウトされる確率が高く、幸い重要かもと思わせて第二関門まで辿りついたとしても比較対象になるベンチマークも期待値もないので好き嫌いの価値判断は難しく、そんな状態ですから第三関門においても「システム2」の全警戒を浴びることになる。脳にとって想像しにくいものを買わせるのは大変厳しい挑戦なのです。

　さて多くの場合、すでに存在する「カテゴリーの期待値」は短期的には動かしがたい与件ですので、私がこれから話すのは「ブランドの期待値」をどのように操作するかということです。カテゴリーへの期待値そのものはほぼ動かしがたい定数ですが、自ブランドへの期待値はマーケターが動かせる変数です。カテゴリーの相場感（その他多数の競合ブランドの価値の平均値のようなもの）をよく理解して、それを消費者の脳内において自ブランドの価値としてどうやって上回るのか？　そのために必要な文脈としての期待値設定に私がよく使う2つの方法（Focus と Replace）についてお話ししましょう。

第8章　強いマーケティング・コンセプトをつくる3つの要点

Focus（フォーカス）とは、消費者の期待をこちらが注目させたい焦点に絞り込ませることで、価値評価に有利なところに認識を誘導し、見てほしくないところに認識が行かないように期待値を設定することで、自ブランドへの価値判断を有利にするテクニックです。レンズのピントを絞ることに似ているのでFocusと私が名づけました。

わかりやすい例でいうと、先述したレストランのギャルソンやソムリエのトークはこのFocusのテクニックを用いていることが多いです。「どんなこだわりの食材を、どのように調理して、何のポイントをお楽しみください……」というトークは、注目してもらいたい評価ポイントに脳の注意を誘導し、そこに期待値を集中させているのです。

もしもその期待値を絞らせなければ、客は気がつかずに食べてしまって、それらのこだわりポイントを認識せずに価値判断してしまうことになり、ちゃんと強みに誘導できた場合に比べて顕著な差がつくことになります。また、脳はどこかに注目するとそれ以外への注意力が半自動的に下がります。どこかに注意の焦点を引っ張ることは、同時に隠したいことへの目隠しにもなります。

マーケティング・コンセプトにおいては、見せたいものにピントを絞って誘導し、見せたくないものはボカして隠す。消費者のレンズを調整してSTCをつくります。

具体例を1つ挙げておきましょう。刀がマーケティング支援させていただいているニップンは高い技術力を誇る、120年以上前から日本の食を支えてきた誠実な食品会社です。食を通じて「人々のウ

ェルビーイング（幸せ・健康・笑顔）を追求する」という社是が、稀有な製品開発力として文字通り発揮される素晴らしい"ものづくり"の会社です。そして、ニップンの大躍進を牽引しているのが『オーマイプレミアム』というパスタの総合ブランドであり、その『オーマイプレミアム』の「もちっとおいしいスパゲッティ」の各種TVCMをネットでぜひご覧ください。そのほとんどのマーケティング・コンセプトにこのFocusのテクニックを使っています。

　背景を説明しておきます。冷凍パスタ市場における2022～2023年の取り組みで「冷凍パスタ・カテゴリー」において、日清製粉ウェルナの『青の洞窟』などのパスタブランドとのシェア争いから抜きん出て、『オーマイプレミアム』は名実ともに"冷凍パスタNo.1ブランド"になりました。ニップンは、その勢いを駆って2024年春には「もちっとおいしいスパゲッティ」を導入し、日清製粉ウェルナの誇る巨大ブランド『マ・マー』が突出したNo.1シェアをもつ「乾燥パスタ・カテゴリー」に果敢に挑戦し、売上絶好調で狙い通りの快進撃を続けています。

　これまで乾燥パスタ・カテゴリーのジャイアントである日清製粉ウェルナの『マ・マー』は長年にわたって「早ゆで」の簡便性便益を訴求してきました。『マ・マー』は技術的にも「早ゆで」の領域で数々の強みをもつブランドです。そしてニップンも含めた多くの食品メーカーも追随していたので、乾燥パスタ・カテゴリーは業界全体が主に「早ゆで」を訴求してきたのです。しかし、ニップンと刀の協業が始まり、消費者理解を深めていくなかで、実は消費者の本能は、ほんの数分早く茹で上がるかどうかよりも、「おいしさ」をより強く求めていることをつきとめたのです。

第8章　強いマーケティング・コンセプトをつくる3つの要点　　**297**

消費者の本能にとって、おいしさの方が簡便性よりも上位の便益、「おいしさ」＞「早ゆで」なのです。ちなみにパスタに限らない法則ですが、ヒトの脳が簡便性だけを買うことは絶対にありません。別に何らかのもっと大切な価値を求めており、その価値がより便利に手に入るから簡便性にも価値を感じるのです。

　小麦粉やパスタに関わる深い消費者理解の必要性に応えるために、御想像のように私個人も当然のように消費者に憑依しました。あらゆる乾燥パスタの性能を実際に自分で調理して自分の舌で調べ尽くすところから始まり、家族に食べさせる主婦のパスタづくりの文脈を理解し、だんだん狂人化して手打ちで生パスタを作るようになりました。今では目的に応じて粉を配合し、愛用のアトラス150（パスタマシン）でちゃちゃっとパッパルデッレからカッペリーニまで、さまざまな生パスタをあっという間につくれるようになりました。イタリアンの料理教室にも通ってパスタづくりの基礎はもちろん、ソースづくりのコツやバラエティもいろいろと習得しました。家族からは"凝り性の変態"扱いをされましたが、短期間で"パスタ男子化"しました。

　私が生パスタをつくりながら、最初に得た最大の確信をお伝えします。それは「麺が変わるだけで、パスタのおいしさはめちゃくちゃ変わる!!」こと。本当に「それだけは間違ない！」と腹の底で確信しました。なぜ確信できたか？　それは自分で作った最初の頃の手打ちパスタが本当にまずかったおかげです。しかもパスタ麺のおいしさの最も大切な要素が「食感」であったことも思い知ることができました。ニチャニチャした粘土!?　ゴツっとしたゴム!?　そんな食感の麺でパスタをつくると、ソースがどれだけおいしくても激マズのパスタにしかならないのです。何度も何度もそんなまずい麺

のパスタを食べながら、「麺の“食感”がおいしいことが、おいしいパスタの第一条件である」ことの確信に到達したのです。

であれば逆に、今の世の中の水準を大きく超える「おいしさ」の乾燥パスタを出せば、消費者が食べるいつものパスタを、“麺を変えるだけ”でもっともっとおいしくできるに違いありません。これが『オーマイプレミアム』が新たに挑戦する乾燥パスタのWHATの核心を「おいしさ」にすべきだと考えた大きな根拠です。消費者の本質から考えると、本来は「パスタ麺」がコモディティのままであってはいけない。ブランドの約束である「いつもをすごい！にするパスタ」の原点がここにあります。

読者の皆様にもわかっていただきたいです。我々が食べている乾燥パスタという商品は、あれは本当に素晴らしい食品なのです！ 誰もが、茹でるだけでおいしいパスタ麺を食べられるように、めちゃくちゃよく作られています。しかも常温ストックできる！ さらに激安！ あんなに価値のある商品を束にして、たったの400円とか300円とかで売っているのは信じられないものがあります。生パスタを作るようになってわかった2番目に大事なことは、乾燥パスタには凄まじい消費者価値とさらなる伸びしろがあるということ。皆様も数回で良いので手間暇かけて自分で生パスタを作ってみてください、私のいう乾燥パスタの価値、その「おいしさ」と「簡便性」を今までにはなかった鮮やかさで実感できると思います。

当たり前に慣れてしまうとヒトは本質を見失うことが常です。私は自分で作った不味い麺のおかげでそのことに気づけた。今どきそれほど不味いパスタ麺は自分で作らない限り、乾麺でもレストランでもコンビニでさえ出会わないので、この確信に至れたのは“憑依”

の賜物です。そしてそのことに気づけたならば、勝ち筋はこのように脳裏に見えてきます。コモディティと呼ばれ続けた乾燥パスタという商材にも大いなる可能性、現状とのGAPが見えてくる。人々のなかで当たり前すぎて実感できない "そこにある価値" にもっと気づかせて、幸福を増やすことは我々マーケターの使命。そのために、ニップンの強みである鬼のような開発力を活かして、何としても本質的価値である「おいしさ≒食感」でイノベーションを起こす……。

　本筋からは少しはなれた余談にはなりますが、この領域での "憑依" として関連するので述べます。小麦粉での "狂人化" が一度始まると、どんどん知らないことが増えていくのでもっともっと知りたくなり、パスタだけでは終われなくなるのが私です。さまざまな種類の小麦の特性に迫るために、パンづくりも知りたくなりました。パラメーター（変数）は、生パスタよりもさらに複雑で、小麦の種類と粒度、水の硬度と温度、グルテン、イースト（酵母）、発酵温度と時間、焼成温度と時間、各工程での湿度など多岐にわたります。いろいろデータをとって再現性のためのモデル化も大まかにできましたが、"発酵" を操るパンづくりも何度やっても新しい発見があって本当に奥深いです。

　自分でパンをつくるようになる前は、パンって小麦という安い原材料の割には価格が高いような気がしていました。でも今は、全国のパン屋さんにその大いなる勘違いを謝りたい気持ちです。皆様、パスタもそうですが、おいしいパンにも、もっと高いお金を喜んで払ってあげてください！　おいしいパンをつくるには、大変な努力と時間とノウハウが半端なくかかります。その総コストに比して実現された価値の大きさを考えると、今の市場価格は安すぎると私は確信しています。もっと消費者に価値を認識させて価値を創り、市

場全体価値を上げていかねばならないカテゴリーがここにもあります。

　私のパン作りを思い起こせば、生パスタづくりから半年ほど遅れてスタートしたので、私はまだほんの1年くらいしか経っていない"鼻たれ小僧"です。最初はドライ・イーストを使って扱いやすい低加水率のパンを電子オーブンで嬉しそうにいろいろ焼いていました。そこから知りたいことを突き詰めてどんどん狂人化していきました。高加水率のハードブレッド（カンパーニュ、バゲットなど）を焼き始めたのをきっかけに、水の硬度にこだわるようになり、そしてハードパンをより窯伸びさせやすい（焼いている最中に膨らみやすい）強い天然酵母探求の沼にはまりました。

　典型的な干しブドウから抽出するのみならず、庭で育てているさまざまな植物（バジル、ローズマリー、レモンの葉など）から、また築200年以上の古民家の酒蔵から酵母菌を抽出させていただいたりしました。酵母株を集めまくっては培養し、スクリーニング（よりパン焼きに適した菌を選別していく作業）を繰り返し、超高加水率のハードブレッドをより自分好みの瑞々しいクラム（パンの内部の気泡のこと）に導いてくれる天然酵母発酵種（ルヴァン種）の確立にこだわっています。いわゆるサワードウ・ブレッドで、最近は焼き方もいろいろこだわっています。庭に大型のセラミック炭焼き窯を設置し、炭火や薪火で焼くことで"焔の薫り"をまとわせると、同じ245℃で焼くとしても電子オーブンとはまったく違う別格の深い風味になります。小麦と炎の相性を増幅させる炭や薪の種類も研究中です。

　話を元に戻します。こうやって生パスタ、パンなどを自分でつく

りながら、ヒトが小麦のおいしさをどこでどう実感するのか、そしてその「おいしさ」にもいろいろあって、ヒトの本能のどこに刺さる「おいしさ」なのか？　自分自身の脳内の本能を起動させながら、とびきり濃いn=1の仮説を立てていく……。そして私だけではなく、ニップンのマーケティング支援に携わる刀の仲間たちも、もちろんプロジェクトメンバーであるニップン社員の仲間たちも、個々人の特徴に合ったやり方での消費者理解をどんどん深めていき、それぞれの仮説を闊達に議論することで集団知を活かしていく……。すべては、ニップン伝統の素晴らしい技術力をスパークさせる「刺すべき消費者の本能の焦点」を探り当てるためです。

　そこまでして皆で小麦やパスタに関連するヒトの本能の深淵に迫っていくと、“早ゆで大合唱”の「乾燥パスタ・カテゴリー」において、消費者ニーズのもっとも大切な**ど真ん中がポッカリ空いているのでは？**という大胆な仮説を仲間の一人が思いついたのも、その仮説に私も他の仲間たちも即座にノリノリになれたのも、ある意味で“必然”だったとわかっていただけると思います。深い消費者理解とはそれほどパワフルな武器です。

　本能の構造を確認すると、消費者が本当に欲しいのは「たった数分の簡便性」よりも「おいしさ」であることに間違いないとわかります。消費者は「パスタ麺の違いでおいしさに顕著な差がでること」がわかっていないので、本来選びたいはずの「おいしさ」を基準にして乾燥パスタを選ぶことができないこともわかる。そうであれば、普通の素人の舌でも明らかに「おいしさ」の違いを実感できる乾燥パスタをニップンが誇る技術力で開発し、その「おいしさ」をしっかりと訴求することさえできたら、消費者の本能により強く響かせることができるのではないか？

第8章　強いマーケティング・コンセプトをつくる3つの要点

加えて、ニップンが奮起することで、万年の"コモディティ"と呼ばれてきた「乾燥パスタ・カテゴリー」全体を再成長軌道に乗せることもできるはずと我々は考えました。このカテゴリーが"万年コモディティ"などと言われてきたのは、たった数分早いかどうかの簡便性ばかりを何十年もやっていたからです。本質的価値である「おいしさ」でイノベーションを起こしてこなかった。であれば、ニップンが「乾燥パスタ・カテゴリー」を、簡便性よりももっと付加価値の高い「おいしさで選ぶ時代」へとアップデートするのです。

　より大きな消費者価値を生み出せば、カテゴリー全体の価値を上げることができます。マーケティングが消費者価値を創ることで、彩りある選択肢が増えて消費者は喜んでもっと多くのお金を落とし、市場は成長して、流通もメーカーもみんなが潤う。それが経済の王道法則です。

　そして私にとって非常に嬉しいことが起こりました。それは「おいしさ」のど真ん中で勝負するという戦略を定めた後で、その「おいしさ」を具現化する食感を何にするべきかという新商品のWHATをニップンチームと刀で必死に考えていたときです。「"もちっと食感"が一番消費者に喜ばれるのではないか」という主張がニップンチームから上がり、数々の量的検証でそのアイデアが一番強いことが証明されたのです。大ヒット商品「オーマイプレミアム　もちっとおいしいスパゲッティ」のコンセプトは、刀ではなく、ニップン社員が生み出しました。刀がノウハウ移管させていただいている相手先企業の優秀な社員の皆さんが、マーケティングを会得されて、本当にハイレベルな実績をあげる。これほど嬉しいことはありません。

ニップンと刀は、最も多くの日本人が好む"もちっと食感"により「おいしさ」の違いを実感させることに挑む決断をしました。そしてニップン技術陣の獅子奮迅の活躍によりついに製品開発に成功することができたのです。**おうちでいつもと同じようにパスタをつくるときに、麺をこれに替えるだけで、なんと96％の消費者がおいしさを実感できる凄い商品を生み出しました。**2種類（1.8mmと1.5mm）の麺があります。1.8mmは太いので比較的もちっとさせやすいのですが、細い1.5mmまでもが本当にもっちりしているところに、ニップンならではの技術力の凄さが輝いています。これがオーマイプレミアム「いつもをすごい！にするパスタ」です。

　さて、ニップンの『オーマイプレミアム　もちっとおいしいスパゲッティ』シリーズのCM、御覧になられたでしょうか？　CMに限らずですが、ホームページなどのあらゆるマーケティング・コンセプトにおいて、ピントを絶妙に調整して、脳の注目が「簡便性」には行かないように、最初から「おいしさ」に集中するように工夫しています。いつも「早ゆで」で選んでいたはずの消費者に対して、以前からずっと「おいしさ」で当たり前に選んでいたかのように消費者の脳に情報処理させる広告コミュニケーションを設計しています。もしも消費者に「早ゆで」の基準で選ばれてしまうと、1.5mmは6分、1.8mmは11分かかり、「マ・マー」は同じような麺の太さでももう少し早くゆであがる製品をいくつかもっているからです。

　相手の強み（簡便性）に注目させず、自分の強み（おいしさ）に注目させる、それがFocusです。このケースでは「おいしさ」で選ぶことの重要さに脳のスイッチが一度入れば、そのあとはわずか数分の違いを優先しておいしさを犠牲にすることがバカバカしいと多

くの脳が判断するようになるのです。なぜならば多くの消費者の脳内において、「簡便性」より「おいしさ」の方が上位の価値、より強く本能に求められていたことをリマインドする（思い出させる）からです。そのためのさまざまな文脈設定を工夫していますので、ぜひ「オーマイプレミアム」のマーケティング・コンセプトをあれこれみて参考にしてみてください。

　戦いはまだ始まったばかりですが、ニップンの奮起によって、ニップンの冷凍パスタや乾燥パスタにおけるシェアを激上げしているだけでなく、おかげさまで市場自体が活性化して早くも拡大を始めています。簡便性よりもっと重要な本質的価値である「おいしさ」でパスタを選ぶ時代に消費者の脳内をアップデートし、市場価値を顕著に高めているということです。これこそがマーケティングの力です。

　今後、日清製粉ウェルナさんは、長年投資し続けてきた簡便性の城を守ろうとするか、ニップンの新機軸である「食感のおいしさ」に類似商品を出して乗っかってくるのか、どういう判断をされるか私はとても楽しみにしています。そしておそらく後者に軸足を置くと予想し、むしろそうなることを歓迎します。そうなれば、ニップンがやったことの正しさを日清製粉ウェルナさんが認めてくれたことになり、流通も巻き込んで市場は「乾燥パスタは食感のおいしさで選ぶ」時代へとさらに加速するでしょう。
　その先はおいしさの付加価値での競争になり、そうなると消費者が実感できるおいしさを本当につくりだせる"技術のニップン"が今よりも戦いやすいゲームになります。結果、消費者にはより彩りある選択肢が増えて、市場はますます活性化していく。実に幸いなことです。日本経済は成熟市場やコモディティなどと呼ばれる市場

で溢れており、このパスタ市場のようなイノベーションがあちこちで増えていくことが必要です。その鍵は消費者価値を創出するマーケティングをいかに本気で取り入れるかだと私は確信しています。

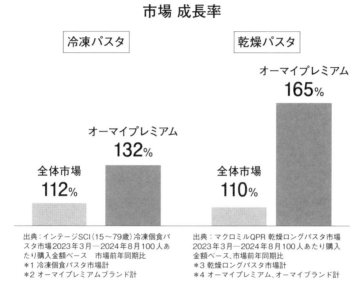

Replace（リプレイス）とは、期待値のそもそもの前提となっている文脈の設定を、自ブランドにとって都合の良いものに置き換えてしまうことです。脳の"採点基準"を有利に変えてしまうので、たとえ同じプロダクト・パフォーマンスであったとしても脳による価値判断を高められるテクニックです。絵そのものが変えられなかったとしても、絵の額縁を変えることで絵の印象を良くすることができます。景色そのものが変えられないのであれば、掛けている眼鏡を変えることでその景色の見え方をより良くすることができます。そのような文脈変更の可能性を必死で考える。そのブランドをどん

な文脈設定の中に浸けるとより良く見えるのか？ということです。

　このリプレイスの事例としてわかりやすいテーマパーク・ビジネスで解説しましょう。テーマパークのいわゆる"テーマ"のことをSense Of Placeと言いますが、これもその文脈設定です。素人の方々がよくおっしゃる「このパークのテーマはなに？」というやつですね。刀は、ブランド・エクイティ・ピラミッドでHOWの重要な傘になる部分において、この文脈設定（テーマ）を明確化することが多いです。そのパーク全体の文脈設定（テーマ）は、消費者の体験価値の判断に少なからず影響を与えます。我々は体験価値を最大化させるように"ブランド文脈"を設定しなければなりません。ゲストに対してここはどんな文脈（テーマ）だと思わせてパーク内を歩かせると満足度が上がるのかを考えるのです。

　かつてUSJをやっていたときは、それまで歴代の先輩方がこだわっていたユニバーサル伝統の「ハリウッド映画の専門店」という"ブランド文脈"をリプレイスしました。「ハリウッド映画の専門店」では、よほど映画好きの消費者しか集客できない"狭さ"が実害であっただけでなく、現実的な財力で導入可能なアニメや漫画やゲームのコンテンツを体験したときのゲストの価値判断をわざわざ下げることにしかならないからです。当時は常に聞こえていた「なんで映画のパークにキティちゃんがいるの？」みたいな違和感は、そのあまり頭を使って考えられていない不用意な文脈設定から発生しています。したがって「世界最高のエンタメを集めたセレクトショップ」という新たなブランド文脈にリプレイスして、「ワンピース」も、「モンハン」も、もちろんその後の映画ブランドである「ハリー・ポッター」も含めて、エンタメのジャンルに制限されずにより多くのコンテンツが輝けるようにしました。

すると「ディズニーランドと差別化できなくなる！」などの批判の大合唱で散々な目に遭いました。あのときはメディアの批判的な論調はもちろんのこと、私が読むと5秒でマーケティングをまったくわかっていないことがわかるような御意見、その自信はどこからくるのだろうと思ってしまう“自称マーケター”たちが公然と書き連ねるトンチンカンな生兵法には閉口しましたし、ネットにおける匿名の悪意による名指しの攻撃や、しまいには自宅にまで怖い手紙が届いていましたからね……。しかし、文脈をリプレイスしないとパークに未来がないことは消費者の脳の構造から明らかでしたし、数学的にも自明だったので迷いませんでした。結果、“世界最高のエンタメを集めたセレクトショップ”という新たな文脈は、狙い通り入場者数とゲスト満足度を同時に激伸させ、ブランドへのプレファレンスを急拡大させてUSJの経営再建は成りました。消費者の価値判断を劇的に有利に変える文脈だから当然です。

　『西武園ゆうえんち』も、リニューアルに際してマーケティング・コンセプトによって文脈設定（テーマ）のリプレイスを行った事例です。『西武園ゆうえんち』は、西武グループが埼玉県所沢市で運営する70年以上もの伝統ある老舗遊園地。2020年にパークをリニューアルすることになり、刀が協業させていただくことに。リニューアルの予算は約100億円、『西武園ゆうえんち』の経営規模からは非常に大きな金額です。しかしながら、さすがに年季の入ったパークなのでアトラクションやインフラ施設が老朽化しており、その“古さ”をリニューアルで本気で刷新するには1000億円規模の予算が必要になります。そんな予算はありませんし、100億円の使い道は目玉となる新しい体験（新規アトラクションなど）を優先しなくてはならず、老朽化したパーク施設全体の見栄えの是正に多くの予算を振り

分けることはどう考えても難しい状況でした。

　しかし、そういうことはCapEX（設備投資費）が大きくかかる装置ビジネスではよくあることなので、我々はあの手この手の打開策を必死に考えたのです。その中で有力戦術として文脈のリプレイスについてもいろいろと検討しました。「古い施設であること」を変えられない与件として仮定し、それでも脳からの見え方がポジティブになる“魔法の眼鏡（≒自分に有利な文脈）”を消費者にかけさせることはできないか？と考えたのです。

　一見してネガティブな“古さ”を逆手にとって、消費者の脳内においてポジティブに価値変換される新たな文脈を探しました。そして「古き良き昭和の“幸福感”」のパークにするアイデアに行き着いたのです。「ここは昭和である」という魔法（≒文脈）をかけると、“古さ”は“懐かしさ”に変わり、本当に昭和から引き継がれてきたさまざまな老朽化した設備が「本物のクオリティ」として消費者の脳内でポジティブに価値判断されるようになります。

　モノ自体が変えられないときでも、消費者のかけている眼鏡を変えることで消費者の脳内における“モノの感じ方”は変えることができます。

　そのテーマ設定によって、限られた100億円のなかで、通常であれば大半の施設の見栄えの補修に費やされたであろう大半の予算を、『西武園ゆうえんち』は“攻め”に回すことができるようにもなりました。来場したゲストに文脈設定をするために最初の入り口付近から、昭和をテーマにしたエンタメ商店街（夕日の丘商店街）を新エリアとして新たに建設したこと。ここを最初に通らせることで、消

費者の脳に「ここが昭和の懐かしさを楽しむパークであること」を
まず認識させて、その後にパーク内で体験するさまざまな"懐かし
い昭和の遺産"をよりポジティブに感じてもらう効果を狙っていま
す。

　また、新エリア（エンタメ商店街）の建設だけでなく、集客と体
験の目玉になるメイン・アトラクション「ゴジラ・ザ・ライド」も
新設することができました。このアトラクションは、刀のエンタメ
開発のノウハウを注いで制作した大型ダークライド（屋内型ライド
アトラクション）で、実はディズニーランドやUSJにもない知恵が
詰まっています。

　まず、ものすごい迫力で問答無用に面白いのです。乗り終わった
後にゲストからこれほど自然に拍手が巻き起こるアトラクションっ
て、ディズニーやUSJでも滅多にないのですが、このゴジラはその
くらい面白いですよ。刀が誇るクリエイティブ陣によるダークライ
ド。ストーリーとギミックを組み合わせて、どうやって人を感動さ
せるかという溢れんばかりのノウハウと、アカデミー賞視覚効果賞
を「ゴジラ −1.0」で取った山崎貴監督の魅せる映像技術による本
気のコラボレーションですから、そりゃ面白いに決まっています。
世界のさまざまなアトラクションをよく知っている私ども（身贔屓
をどれだけ差っ引いたとしても）これは"圧巻の傑作"だと私は確
信しています。「こんなのディズニーランドにもない！」と関東ゲス
トの感想をよく伺いましたが、「遊園地をナメてもらっては困ります
よ♪」と呟きたくなるクオリティです。

　さて、「ディズニーやUSJにもない知恵」の話をもう少ししておき
ましょう。それは「ゴジラ・ザ・ライド」がもつ「可変性」です。

第8章　強いマーケティング・コンセプトをつくる3つの要点　　**311**

テーマパークのアトラクションは1つ何十億円〜何百億円もの巨大なCapEX（設備投資費）を投資して作られるのですが、それは1つの企画テーマに沿って作り込まれるので、だんだんと飽きられていって未来に集客力や満足度が落ちたときに、取り壊してまた巨大なCapExをぶち込んで別企画で作り直すのが、ディズニーでもユニバーサルでも当然の常識になっています。それほどのお金をかけておきながら、どんどん新しいものに置き換えていくという、投資家にとっては恐怖のビジネスモデルになっています。

　ディズニーやユニバーサルのような巨大規模をもつバトルシップ・テーマパークでないと、その"スクラップ・アンド・ビルド"型の経営は成り立ちません。いえ、巨大テーマパークであったとしても、かつてのUSJがそうであったように、それだけ巨費を投じたアトラクションで集客を一発でも大きく外してしまうと、キャッシュフローが突然悪化して一気に経営危機に陥るのです。したがって我々は『西武園ゆうえんち』のリニューアルに際して、貴重な予算の使い方として将来に壊さなくても良い、できるだけフレッシュに末永く使い続けられる構造を考え抜いたのです。

　「ゴジラ・ザ・ライド」は、ソフトを入れ替えるだけで簡単に別アトラクションに可変できるので、初期投資を半永久的に活かし続けることができます。ハードとして汎用性の高い機械と建屋の構造をもち、ソフトとしてメディア（映像）とライド・プログラムを入れ替えるだけで別アトラクションにあっという間に換装できるように最初から設計しているのです。そして、同じ"箱"を使いながら"中身"を入れ替えられる可変性を活かす"文脈"として、建屋を昭和娯楽の花形だった「夕日の丘商店街の誇る"映画館"」にして「今はゴジラの映画が上映されているが、後々は別の映画も来るかもしれ

ない」と設定したのです。

　「可変性」に加えて、メイン・アトラクションの総建設費自体も、涙ぐましい創意工夫によって、ディズニーやユニバーサルの常識からは考えられないくらい抑制しました。そのことも考えると、世界でもっとも費用対効果が高く、もっとも素晴らしいクオリティのダークライドを有する遊園地は、『西武園ゆうえんち』ではなかろうかと私は思っています。実際、リニューアルから2年後には「可変性」を活かして、新たに「ウルトラマン・ザ・ライド」が導入されました。同日上映される日は、同じ箱と機械を使ってゴジラとウルトラマンをそれぞれ体験できる嬉しい1日になります。

　同じ関東市場に「東京ディズニーリゾート」という圧倒的な強者がいて、他にもさまざまな遊園地系の競合がひしめいている。そんな関東で『西武園ゆうえんち』が事業継続していくために必要なことは、大きな便益（幸福感）をWHATに据えて、その価値を増幅しつつ自社のさまざまな制約条件を逆手に取ることができる"文脈設定"にリプレイスすることだと我々は考えました。そしてその文脈に太い輝きを放つメイン・アトラクションに可変性という隠し武器も仕込んだのです。弱者には弱者ならではの知恵を使った戦い方があります。

　コロナ禍真っただ中の最難易度の船出となりましたが、西武グループの皆様と一緒に多くの苦労を乗り越えて『西武園ゆうえんち』はリニューアルを成し遂げました。以前よりも遥かに面白く、遥かに活気のあるパークになっています。

　この西武園のリニューアルのための刀と『西武園ゆうえんち』の

協業は2024年春の区切りまで、実に6年も続きました。最後の公式会議の場で、後藤高志会長をはじめ、西武グループの皆様が示してくださった去り行く刀の担当者たちへの温かい心遣いを我々は決して忘れません。『西武園ゆうえんち』は刀にとっても私にとってもずっと特別なブランドであり続けます。刀が運営に関わらなくなった今後も、『西武園ゆうえんち』の皆様がきっとしっかりとやっていってくれることを願ってやみません。

　読者の皆様も御家族や御友人と一緒に、ぜひ『西武園ゆうえんち』に行って、昭和の熱気を遊び尽くしてください。ここで書かれたさまざまな文脈を実際に確認してみるのも良いでしょう。ゴジラは絶対に乗ってくださいね！　ゲストとして私もまた伺うつもりです。

西武園ゆうえんちの「夕日の丘商店街」

3 脳内記号を活用せよ！

(1) マーケティング・コンセプトの典型的なフォーマット

コンセプトテストに用いるためのマーケティング・コンセプトを書くにあたって、マーケティング・コンセプトのフォーマット（基本構造）を紹介しておきます。さまざまな書き方がありますが、調査にかけて何がワークして何がワークしなかったのかを比較しやすくするために、私はこの極力シンプルなフォーマットをオススメします。基本のフォーマットは以下のようになります。この順番に情報を消費者の脳に入れると、先述した脳の構造である「システム1」と「システム2」による3つの関門を突破するのに好都合です。

「STC」⇒「便益」⇒「RTB（もし必要であれば）」

RTBに「もし必要であれば」と付記しているのは、そもそもRTBは「システム2」が起動した場合の納得性の担保の役割なのですが、「STC」と「便益」までで「システム1」に十分に強く欲しがらせることができるのであれば「システム2」の介入はありません。したがって「システム2」の介入がほぼないと踏むのであればRTBは必要ありません。

そういわれるとRTBは万が一のために付けておきたくなりますが、実はRTBを省くことによって実際のマーケティング・コンセプトでは、より便益に集中して伝えやすくなるメリットがあるのです。RTBを伝えるための時間やスペースを便益に集中できるからです。これは、いわゆる調査用マーケティング・コンセプトだけでなく、そのさらなる意訳であるデジタル・TVCM・平面広告などのプロモ

第8章　強いマーケティング・コンセプトをつくる3つの要点　**315**

ーションツール系のマーケティング・コンセプトで、RTBアリの場合とRTBナシの場合で、表現がどのくらいシンプルに便益に集中できるかを想像していただくとわかると思います。

　マーケティング・コンセプトのフォーマットの流れはこうです。まずはSTCによって、消費者の脳の「重要性の関門」を突破すること。そのために脳に瞬間的に「重要そうだ！」と感じてもらう"文脈"を設定する。そして、そのSTCが同時に消費者の脳内でより便益が本能に深く飛んでいくための滑走路になっている。そこでようやく"便益"が突撃して「好きか嫌いかの関門」を突破しますが、ここの成否はすでに述べたように"便益アーティキュレーション"の巧拙にかかっています。ここまでで勝利できればそれでよし。「システム2」が起きてくる可能性が高いカテゴリーでは、最後にできるだけシンプルで強いRTBを添えておきます。

　コンセプト調査用のシンプルなマーケティング・コンセプトは、「*消費者プレファレンスを上げる秘訣を知りたくありませんか？（STC）『確率思考の戦略論　どうすれば売上は増えるのか』を読めば、消費者プレファレンスの最大変数である"マーケティング・コンセプト"の本質をわかりやすく理解することができます（便益）。なぜならこの本は、机上論ではなく、多くの実績と経験に裏打ちされた実務家視点で書かれているからです（RTB）*」のようになります。

　実際はSTEP4において、まずは質的調査で消費者にこのようなマーケティング・コンセプトを見せて反応を洞察し、より強く本能に刺さるように磨きをかけます。そしてある程度の勝算ができた段階で、このようないくつかの有望なマーケティング・コンセプトのオ

プション（STC違い、便益違い、RTB違いなど）と、比較用のコントロールのレッグを調査にかけて、購入意向（Purchase Intention）を測定し、数値化し、需要予測にかけていくことになります。

（2）脳内記号とはなにか？

さて、この項では、そのフォーマットに沿いながらマーケティング・コンセプトをつくるにあたって、大切なコツをお伝えします。それは、**消費者の脳内にすでにある記号をうまく活用することで、マーケティング・コンセプトは格段に本能まで貫通しやすくなる**ということです。STCを書くときでも、便益をアーティキュレートするときでも、RTBを表現するときでも、脳内記号をうまく活用することを考え、工夫するのです。

消費者の脳は、それまでに積み上げたさまざまな経験によって、脳内にさまざまな広義のコンセプトを蓄積していると本書の前章でお伝えしたことを思い出してください。その人の「認識世界」の話です。「認識世界」において人はさまざまな認識を、「記号世界」と往来しながら"言葉"や"イメージ"に紐づけて留めているものです。ある言葉が想起させる意味、そこから連想される関連イメージ、それらは厳密に言えば個々人ですべて異なりますが、1つの言語文化圏においては広義のコンセプトを共有していたり、似たような情報処理回路を共有していたりするものです。

ヒトが脳内において、さまざまな認識に紐づけた言葉、図柄、イメージのことを私は「脳内記号」と呼んでいます。我々マーケターは、それらの脳内記号を上手に活用したマーケティング・コンセプトをつくり、消費者の脳に連想ゲームを仕掛けることで、より早く、より深く、狙い通りの「コンセプト（自ブランドに対する広義のコ

ンセプト≒すなわちブランド・エクイティ）」を消費者の脳内に生成させることができます。

　わかりやすい例で脳内記号を理解しましょう。ニップンがオーマイプレミアムから出した「もちっとおいしいスパゲッティ」の“もちっと”という食感を表すオノマトペは、日本人にとってはおいしい麺を想起させる「脳内記号」です。ちなみにこのとき“コシがある”という表現も検討してみましたが、“コシがある”は、パスタよりもうどんのおいしさを連想させる脳内記号なので避けました。“もちっと”の方がパスタに相性が良いおいしさの「脳内記号」なので、「コシがあるおいしいパスタ」よりも「もちっとおいしいパスタ」の方が、大多数の日本人の脳内で圧倒的に“おいしい”と価値判断されます。

　もう少し事例を挙げてみましょう。あなたが、新たにカレー屋さんを出店するので、マーケティング・コンセプトを考えていたとします。そのとき、便益である「おいしさ」をより強く伝えるために、たとえば「インド人もびっくりのおいしさ」と便益をアーティキュレートしたとします。するとカレーのおいしさの伝わり方が顕著に変わるのがわかりますか？　今起こった変化が脳内記号による変化です。便益文脈に照らした「脳内記号」の優劣によっては、本能に刺さる深さが変わるのです。

　「インド人もびっくり」という付け加えられた文言が、“インド人”という「脳内記号」に紐づいたさまざまな意味合いを消費者に想起させます。特にインド人がもつ「カレーの本場で最もカレーのことがわかっているであろう人々」という記号性が、そのカレー屋のおいしさに、消費者のカテゴリーに対する相場感を超えるかもしれな

いと強く期待させます。

　「インド人」という脳内記号はあらかじめ消費者の脳内に存在しているのです。それら無数の脳内記号を上手く活用して、STCなり、便益なり、RTBなりを、より強く伝わるようにマーケティング・コンセプトを書くことを私は常に心がけています。

　「脳内記号」を上手く活用すると、脳にとってはより低労力で情報処理ができるようになります。つまり、より直感的にマーケティング・コンセプトを理解しやすくなる。「システム1」だけでカタがつく確率が上がります。理解しやすいと疑念が湧きにくいので「システム2」を起こさなくても済むようになるからです。したがって、より広範囲の消費者の「好き嫌い」判定をクリアできるので、Mを格段に水平方向に拡大することができたりします。また、より深くインサイトが効くようになったり、RTBがわかりやすくなったり、便益の価値がより深く本能に刺さる消費者も増えるので、Mを垂直方向にも伸ばすこともできるようになります。そして便益に関連する複数の「脳内記号」と繋がりながら便益を認識するので、脳はそのマーケティング・コンセプトをより記憶に留めやすくなったりします。

　脳にとって、直感的にわかりやすいことは正義です。なので、すでに脳内にあるさまざまな「脳内記号」を活用してマーケティング・コンセプトをつくることも正義です。

(3)「脳内記号」を使った「ジャングリア」の事例
　この事例は山ほどありますし、マーケティング・コンセプトの多くはすでに世の中に公表しています。事例紹介もブランド・エクイ

ティなどとは違って比較的やりやすいので、どんどん実例で理解を深めてみましょう。

『西武園ゆうえんち』のマーケティング・コンセプトでは、"昭和"という「脳内記号」が鍵になっています。「人と人がより濃く繋がっていた、温かくて懐かしいあの時代、"昭和"……。」何を連想させることを狙った脳内記号なのかというと、便益である"幸福感"です。パークの文脈設定として同じ"幸福感"を連想させたいとき、他にもいろいろ候補はあるとは思いますが、我々は先述した『西武園ゆうえんち』の既存施設の老朽化をひっくり返す事情からも「昭和」を選択したのです。

"昭和のあの時代"というだけで、これまでたくさんのさまざまなメディアが刷り込んできた「昭和の幸福なイメージ」を我々は活用することができるのです。それは、ターゲットである若者たちにとっては実際の体験を伴わない、消費者の脳内へ先行して入り込んでいるさまざまな昭和コンテンツによって構築された「脳内記号」です。「ALWAYS 三丁目の夕日」や「男はつらいよ」なども観ているようですが、やはり絶大なのは「となりのトトロ」や「火垂るの墓」など、いくつものスタジオジブリ作品の影響です。

Z世代以下の人々にとっては、江戸や明治は遠すぎて、平成だとリアルすぎる、知っているようで知らないファンタジーとして"昭和"が絶妙な距離感でした。非常に興味深かったのが多くの若者や小さな子供たちまでが、『西武園ゆうえんち』のさまざまな昭和体験に「めっちゃ懐かしい!」と楽しそうに歓喜していたことです。黒電話などは生まれたときにはなかったはずで、実際には初めて見たはずなのですが、映画やメディアから刷り込まれた結果、それらが

"懐かしさ"や"ノスタルジー"の「脳内記号」として若い彼らにも機能します。

単に「とても幸せな気持ちになるパーク」というよりも「"昭和"のあの頃の幸福感が味わえるパーク」の方が、「脳内記号」のおかげで本能への貫通力を上げることができたということです。**脳が便益を想像して理解しやすい、だから情報処理しやすい、したがって脳のストレスが少なくて済むので好意度が上がりやすくなる。**「脳内記号」はそのような構造に基づいて機能するのだと私は考えています。

次の事例に移ります。刀が創業以来追いかけてきたプロジェクト、沖縄北部に建設中の新テーマパーク『JUNGLIA（ジャングリア）』のマーケティング・コンセプトです。ここまで幾多の試練を乗り越えて、多くの協力者による力を結集し、JUNGLIA は 2025 年夏のオープンに向けていよいよ最後の準備に入っています。皆様、ぜひとも来園してください！　応援よろしくお願いします！

JUNGLIA のマーケティング・コンセプトは「Power Vacance!!（パワー・バカンス!!）」です。ここでは何を想起させるために、どんな「脳内記号」を使用しているのか？　まず前提として、JUNGLIA は敷地面積で言えば東京ディズニーランドや USJ 並みに大きなテーマパークですが、それらのように都会の商圏をメインターゲットにしたテーマパークとは集客構造が根本的に異なります。関東圏 4300 万人、関西圏 2000 万人に対して、沖縄県のローカル人口は 140 万人しかいません。もちろん地元沖縄からのゲストは大歓迎ですが、主な集客の割合は沖縄県外からの入島者、つまり旅行客になります。沖縄県への入島者数は 2023 年で 850 万人いて、そこから 2030 年には1100 万人まで伸びると試算されているからです。

つまりJUNGLIAは沖縄への旅行者が主な集客ターゲットになることが運命づけられているため、"宿泊旅行"の文脈でサイコロを振る消費者の脳に行ってみたいと思わせる便益を設定しなくてはなりません。「どこのテーマパークに行こうか？」という"テーマパーク文脈"や、「この週末どこに行こうか？」という"日帰りレジャー文脈"でサイコロを振られる東京ディズニーリゾートやUSJとは最初から構造が根本的に違うのです。"沖縄旅行文脈"で消費者の本能を刺せる便益設定が必要です。

　その便益とは、それこそTDRやUSJのように都会の鉄骨とコンクリートで得られる価値と似たようなものであれば、わざわざ沖縄に出向いた時間を使って体験する必要がないわけです。東京や大阪では決して味わえない、沖縄旅行ならではの文脈での願望を満たさねばなりません。

　沖縄のように飛行機に乗っていく目的地には、消費者の脳は"週末日帰りレジャー"とは異なる期待値を設定します。頻繁にサイコロを振れないからです。何泊も費やすので、皆のカレンダーを合わせる難易度は上がり、家族旅行での世帯支出はもちろん、グループ旅行での自分1人の旅費でも費用がとてもかかり、インバウンドに至っては1人数十万円の海を渡るのでなおさらです。だから"週末日帰りレジャー"よりも時間とお金をかける分だけ、「都会でも行けるテーマパークとは違う体験」への願望を叶えるように体験を設計しなくてはならないと考えました。

　南国リゾートである沖縄に来訪する旅行客に対して、このパークが満たすべき願望とはなにか？　それは**沖縄ならではの大自然**で味

わう「本物の贅沢感（Luxury）」と「一生モノの大興奮（Excitement）」の2つのベクトルを合成したものだと我々は結論づけました。その2つはどちらかだけだとユニークになりきれず不十分。しかし「贅沢感」と「大興奮」の2つをバラバラに扱うと先述したデュアル・ベネフィットになってしまう。デュアル・ベネフィットを伝えるのは、不可能ではなくとも難易度が上がり効率が落ちてしまいます。そういうわけでその2つをなんとか1つに融合できないかと、まさに今プロジェクトチームがマーケティング・コンセプトの創出に取り組んでくれています。

　ちなみに"贅沢感"だけだと、都会近郊にもあちこちに存在する温泉旅行のような「静的な贅沢」の多くの選択肢に紛れてしまいます。旅行文脈においても、高級ホテルに泊まってゆっくりくつろぐというのは鉄板の願望の1つですが、それだけであればホテルにずっと滞在しておけば良いわけです。テーマパークが滞在時間のシェアを取ることはできません。老若男女問わずほとんどの人が、旅行において静的な贅沢である"癒し"だけでなく、普段は体験できない何らかの"生の刺激"を求めています。その意味での「動的な贅沢」の提供、それこそが沖縄のような観光地におけるテーマパークの役割ということです。

　"大興奮"だけだと、旅行文脈でそれだけで満足する人はとてもアクティブな人たちの狭い範囲にMが限られてしまいます。旅行において適度な刺激はほぼすべての人が求めているのですが、人によってその程度は異なるという話です。このパークは体力も気力も旺盛な若者の"はっちゃけ願望"だけでなく、壮年や年齢が高めの高齢の方々が訪れてもおちついて楽しめるように、ある意味"受け身"であったとしても楽しめるように、年齢層は、若者だけでなく子供

連れ家族や高齢の方々まで幅をもたせることだと考えています。

　つまりWHATは「"めっちゃ贅沢"かつ"めっちゃ興奮できる"」です。この便益をうまく伝えられる「脳内記号」はないかと我々は考えて「Power Vacance!!」と定めました。厳密に言えば、PowerもVacanceもそれぞれ脳内記号ですが、我々はその2つを組み合わせた「Power Vacance!!」という新語の響きが多くの消費者の脳内で鳴らす想起イメージに期待しています。その"合成ベクトル"こそが我々の衝きたい本能への刺激だからです。

　Vacanceは旅に求める"贅沢感"や"リフレッシュ感"の脳内記号です。JUNGLIAが目指すのは、高級温泉旅館の贅沢感ではなく、設備投資が行き届いた都会の大型テーマパークでの贅沢感でもなく、世界自然遺産「やんばる」の雄大な大自然を有する沖縄北部の高級リゾートに滞在するような贅沢感。あの蒼い空と高く輝く光のなかで、やわらかな風と空気のゆらぎ、視界を圧倒し気持ちをかき立てるエキゾチックな亜熱帯の大森林……。それら雄大な大自然と自分自身が溶け合わさっていく感覚。癒しと刺激の両方を兼ね備えた、ここならではの"本物の贅沢感"です。

　そしてそのVacanceという脳内記号にPowerという脳内記号を組み合わせることによって、もっとアクティブな意味合いも想起されやすくなります。「Power Vacance!!」で想起させようとしているのは「JUNGLIAを訪れると、あなたの沖縄旅行が最高に楽しくて贅沢なヴァカンスになります」というメッセージです。このように狙った脳内想起（≒広義のコンセプト）から逆算して、脳内記号やその組み合わせ（≒マーケティング・コンセプト）を選定します。

JUNGLIA のイメージ画像

言葉の組み合わせによる脳内記号は、新語や造語だけでなく、よく用いられるものに「比喩表現」があります。「XXのようなYY」というものですね。YYがそれ自体では消費者の脳にとってはピンと来ないので、XXという脳内記号を使ってその価値をわかりやすく想像させることを狙ったものです。脳内記号を使った比喩表現は、XXがどれだけYYの真意を「直感的にわかりやすく」かつ「意味の過不足少なく」伝えられるかにかかっています。XXを実は多くの人が知らなかったり（その場合は脳内記号ではない）、比喩にしたら真意がボケてしまったり、そういう比喩表現では本末転倒です。

　さて、最後の事例は、言葉ではない脳内記号にしましょう。そもそも脳内記号は言葉（文字化できるもの）だけではありません。たとえば、“音楽”もよく使われる極めて強力な脳内記号です。他にも、視覚要素を使ったグラフィックによる脳内記号、消費者の頭の中にすでにある「何らかの意味と紐づいたビジュアル・イメージ」は強力な脳内記号です。

　たとえば、2010年のUSJのクリスマスのTVCMでは、ビジュアルによる脳内記号も多用しました。ネットにまだ動画が残っていたらぜひ観て参考にしてください。この広告は、消費者の脳内で“今年のクリスマスの価値”を上げるために衝いたハート・オープニング・インサイトがエグいものでした。「あなたの愛娘はすぐに大きくなって親となんか一緒にクリスマスを過ごさなくなります。すぐに女になって、彼氏と過ごすようになりますよ。お父さん、お母さん、あなたたちにも身に覚えがあるでしょう？」というものです。

　絶妙に“子供”にも“女”にも見える娘役の美少女のキャスティングにこだわりました。父親と娘がパークで楽しむ様子を、まるで

326

若いカップルがデートしているような象徴的な画角でシーンを創りました。特に最後の方のシーンで、娘が父親の二の腕を掴んで下から見上げながらニコッと笑う表情を父親目線のカメラで撮った"男殺しカット"など、意図的に撮影した「脳内記号」で溢れています。脳の深層心理に「あなたの娘もあっという間に女になっちゃいますよ！」と伝えるために、親世代の脳内にある恋愛体験の脳内記号をビジュアル化して活用したものです。

　この広告は、クリスマス・イベントのプロダクト（≒体験内容）は変えられなくても、広告量を増やすことができなくても、広告表現（CM）を変えただけで集客を倍化できるということを証明した好例となりました。いかにマーケティング・コンセプトがビジネスに違いを生み出すのかを明示しています。ツリーもショーも前年と変わらなくても、その体験価値の大きさを脳に実感させるように強いインサイトを用いて便益を刺しました。そのインサイトを、消費者の脳にあっという間に理解させるために、深いところにある本能へと価値を貫通させるために、さまざまな脳内記号を活用しながらマーケティング・コンセプトを工夫してみてください。

　STEP1における消費者理解が深ければ、かなりの脳内記号を手に入れられるはずです。そういう意味でも強いマーケティング・コンセプトづくりは、やはり消費者理解がすべてなのです。

第9章

実際に
マーケティング・
コンセプトを
つくってみよう

さあ、最終章です。ここまで述べてきた内容を土台にして、マーケティング・コンセプトを皆様が実際につくり始めるための入り口までお連れするのが、この章の目的です。概念として頭にインプットしたことは、自分の頭と手足を動かして自分自身の文脈で実際にアウトプットしてみないことには、マーケティングに限らずどんなスキルも身につけることはできません。

　マーケターとは、市場での勝敗を決めている消費者プレファレンスの核心であるブランド・エクイティを設計・構築できる職能者であり、そのためにマーケティング・コンセプトを操るプロフェッショナルです。その道は決して一朝一夕には成りませんが、正しい理論と多くの実戦経験を御自身の頭脳に食わせていくことで、自分なりに咀嚼（そしゃく）されたマーケティング・コンセプトのやり方が出来あがっていきます。どうか最初の数回でへこたれず、実戦での努力を継続していただきたいと願っています。

　マーケティング・コンセプトをつくるスキルの習得機会は、ブランドの設計図を消費者に伝達するブランド・コンセプトのような大上段に構えたものだけではありません。自身が担当するどんな些細な広告プロモーション1つであっても、どんなプロダクト開発1つであっても、ランディングページの文言やデザインであっても、消費者との接点である限りマーケティング・コンセプトを練り尽くす機会です。そこには良質な経験を積むチャンスに溢れています。1度や2度ではなく、10回や20回でもなく、1回ごとの実戦からの学びを何百回も何千回も積み重ねながら、人は少しずつより強いマーケターになっていきます。

　本章では、マーケティング・コンセプトを自分自身でつくり始め

た人に対して、私がよくお伝えしているアドバイスをまず1つだけ
させていただきます。1人でもできる、自分のマーケティング・コ
ンセプトがイケてる、イケていないを早期にセルフチェックできる
方法です。その後に、マーケティング・コンセプトづくりの入り口
に立つためにいくつか慣らし課題を紹介し、一人一人の実戦の旅へ
のジャンプ台にしていただきたいと思います。

1 「絶対に買う1人」は実在するか？

つくっている本人にとっては、マーケティング・コンセプトの良
し悪しの判断をするのはとても難しいことです。つくっている本人
が世界で一番主観的だからです。「これは、本当にイケているのか？」
それがブランド・エクイティをコンセプト化したような大きなマー
ケティング・コンセプトであろうと、HOWの何か1つを伝えるため
のものであろうと、自分自身のマーケティング・コンセプトがどれ
だけ強いのかを自分自身で見込みを立てるのは簡単ではありません。
しかしその判断は可能であればできるだけ早くしたいものです。自
身の駄作に惑わされる時間と労力を省いて、見込みのあるマーケテ
ィング・コンセプトに集中できるからです。

実際には、自身が創り上げたものに対して、上司や同僚からフィ
ードバックをもらいながら推敲し、いくつかのオプションを質的調
査などで消費者の反応を得ながらさらに磨き、最終的にはコンセプ
ト・テストのような量的調査にかけて検証するのが通常の流れにな
ります。すべての局面においてそのようにしっかり検証できれば良
いのですが、そんな量的調査までできる時間や調査予算はなく、非

第9章　実際にマーケティング・コンセプトをつくってみよう　　**331**

常に多くのマーケティング・コンセプトをつくっているのが我々マーケターの日常ではないでしょうか？　できればもっと手早く、自分自身でイケてるイケてないという判断をしたい！　努力をもっと効率的に結果へと結びつけたい！

　そこで、私がよくやっているマーケティング・コンセプトの"セルフチェック"の方法についてお伝えしたいと思います。「そのマーケティング・コンセプトで絶対に買うと確信できる実在の1人がいるかどうか？」を御自身の脳内で鮮明に描き出す方法です。その1人とは、ペルソナ設定上の架空の1人ではありません。実際に自分がよく知っている実在の固有名詞で、コアターゲットに含まれる1人でなければなりません。

　それさえ満たせていれば、調査過程で自分が知った1人の消費者でも、友人でも、自身の親族でも、自分自身でも構いません。その人の脳内にあなたのマーケティング・コンセプトを入れさえすれば、「絶対に買う」と確信できるかどうか？　そして、なぜ絶対に買うと言えるのかも、きちんと説明（言語化）できる。まずは自身のマーケティング・コンセプトがその状態にあるかどうかを自分自身で確認します。これが私もよくやる"セルフチェック"です。

　たとえば、私はニップンの「もちっとおいしいスパゲッティ」のマーケティング・コンセプトのときも、多くの消費者を調査で理解して、自分自身でもさんざん生パスタを作り続けた果てに、「あの人は絶対に買う」と具体的に確信をもてた実在のコア・ターゲット属性の人物が複数人いました。丸亀製麺の「1店舗1店舗、できたてにこだわって、粉からつくっている。ここのうどんは、生きている。」のときもそうです。USJでユニバーサル・ワンダーランドをつくっ

たときも、ジェットコースターを後ろ向きに走らせたときも、具体的な固有名詞の個人を念頭に「絶対に買う」マーケティング・コンセプトの仮説を練り上げていました。

そのマーケティング・コンセプトを見せると「特定の1人の消費者の本能まで貫通できる」と確信できるし、なぜそうなるのかを言語化して他者に説明できる状態。マーケティング・コンセプトづくりにおいて、初期の仮説を創るSTEP2の段階では、まずはその状態を目指すことにしています。そのように実在の人物を鮮明に思い浮かべて「絶対に買う」と確信できるということは、少なくとも1人の"ヒト"に限ってですが、本能に向かって確固とした**価値貫通のルート**ができている状態。ということは、少なくともその"ヒト"の脳内においては、そのマーケティング・コンセプトには**WHO・WHAT・HOWの強い整合性**が成立しているということです。

もちろん、たった1人に絶対欲しいと思われるからといって、それがどれだけ多くの市場のMを惹きつけられるかは担保されていません。それでも、"ヒト"の本能の基本は似ているのです。目的達成に十分な数の"ヒト"に刺さるかは量的調査や実際にやってみるまでわからないことですが、「もしも1人の"ヒト"の本能に強烈に刺さるマーケティング・コンセプトならば、必ず他にも少なからず刺さる"ヒト"はいるもの」という仮説にはある程度は依存できます。脳の構造的にも、私自身の経験的にも、期待に値します。少なくともたった1人の消費者の購入すら確信できないようなマーケティング・コンセプトを、その後も長く引きずるよりはずっとマシです。そんなのはほぼ間違いなくポンコツですから、この時点で私ならば弾きます。

あと、超高学歴な人や、Ｔ型（論理的に考える人）のマーケターによく見られるマズい傾向があります。「頭でっかち症候群」です。論理的に整えることだけは得意だけれども、広く薄く当てはまるけれども、何のエッジもない凡庸なマーケティング・コンセプトを書いてしまうのです。WHO・WHAT・HOWは確かに合理的に設定されてはいるけれども、つまるところ「そんなの欲しがる消費者どこにいるの？」というマーケティング・コンセプトになってしまっているのです。間違ってはいないけれど、とにかく凡庸なのでそもそも間違っているのです。伝わるっているでしょうか？　誰の本能にも刺さらないのです。

　こういう人は無意識に、"とにかく間違わないこと"を第一条件に仕事をしているように見えます。まるでそれを人生のモットーにすらしているかのように私からは見えます。賢すぎたせいで、幼少期から今まで間違える経験を十分に積むことができなかったのでしょうか？　間違えることがそんなに怖いのでしょうか？　極めて網羅的にコンセプトを書くので、フォーカスが不明確になり、言葉の紡ぎ方もマイルドになり、とにかく迫力に欠ける人畜無害なマーケティング・コンセプトを量産します。

　決してレトリックに凝れと言っているのではないのです。レトリックはむしろ要りません。表現の問題ではなく、絞り込めるかどうかの勇気の問題です。**間違えることを最初から前提にして「要素を選べ！　1点に集中する博打をしろ！」**とお伝えしたい。絞り込まないのであれば、どのみち普通の消費者の脳では消化できない。そんな超Ｔ型の人が網羅したいように、多くの要素の情報を同時に脳内処理することはできない。相手がキャッチャーミットを1つしか構えていないところに、4つも5つも球を投げても、相手は混乱して

脳に遮断され、1つも捕れなくなるのです。であれば最初から1球を選び抜いて集中し、本能めがけて投げた方が良い。

そういう網羅的で凡庸なマーケティング・コンセプトを書く癖のある人には、まさにこの「実在の1人に絶対に買わせることを意識づける方法」が威力を発揮するでしょう。論理的に正しく書こうと意識することはやめて、多くに無難に当てはまるように広く浅く書くこともやめて、「たった1人」にひたすら深く刺すことができるマーケティング・コンセプトを心がけると良いと思います。ひたすら〝錐もみ〟のように実在の1人の本能を深く刺す、とにかく深く深く刺すことを心がけるのです。

その意識をもとに、典型的なコア・ターゲットである固有名詞Aさんに絶対に買いたいと思わせることを念じて、ひたすらAさん好みにカスタマイズした「STC→便益→RTB」を考え抜く。その方が、より強力なインサイトや、より具体的なベネフィット・アーティキュレーションの手がかりが思い浮かびやすくなるはずです。その結果、「本能まで届くための整合性」がとれたマーケティング・コンセプトが生まれる確率は高まるでしょう。そのコンセプトがどれだけ市場全体で強いのかは、その後に調査で検証していけば良いのです。

もちろん後々に調査で検証すると言っても、結局はMが狭くなりすぎて労力が無駄になるのでは？と不安になる人もいるでしょう。しかし、Mの本質的な広さや狭さは、マーケティング・コンセプト以前にそもそものブランド戦略（ブランド・エクイティなど）で大きく決まっていることが多いのです。もちろんケースバイケースですが、正しくコア・ターゲットを設定した中での典型的な固有名詞

Ａさんを選定できているのであれば、この段階で極端にＭが狭くなることはさほど心配しなくて良いのです。それよりも、強力なインサイト等を用いたSTC、システム１を突破するベネフィット・アーティキュレーション、システム２を突破するRTBなど、本能まで届く**価値貫通ルート**を一つでも開拓する意義の方が大きい。

　もしもコア・ターゲットの具体的な固有名詞の１人の深い脳内地図がまだ鮮明に描けないのであれば、STEP1の消費者理解からやり直しです。消費者を"人間"としてまだ十分に理解できていないということ。この期におよんでまだその状態だということは、御自身の消費者理解に向き合う努力水準自体が低すぎる可能性も自ら疑うべきかと思います。もう少し踏み込むと、人間そのものへの"興味"というか、"愛"のようなものが足らないことが根本原因かもしれません。何度も申し上げますが、消費者を理解することに情熱をもてないないならば、マーケターには向いていません。

　マーケターとして悪い意味で慣れてしまわないように、我々は自らを戒めねばならないのではないでしょうか。何よりも大切なはずの"消費者"という概念を、まるで業務用語のように無機的に呼称するようになると、我々の眼にはもはや価値貫通ルートが見えるはずもありません。くどいようにお伝えしていますが、マーケティング・コンセプトは消費者理解がすべてであり、"消費者"とはすなわち人間です。かけがえのない固有名詞です。そこには一人一人の暮らしと喜怒哀楽があり、これまでの歩み、葛藤、本人すらも意識できない欲求に満ちています。そこに１人の血の通った人間がいる、自分の出来る限りを駆使して、その人をなんとかもっと幸せにしたい！　価値の創造とはそういうシンプルな動機なしでは成らないもの。マーケティングの本質とはそういうことなのではないでしょう

か。

　話を元に戻してまとめます。あなたは、なんとか1人の実在の人が絶対に買ってくれると確信ができるマーケティング・コンセプトを創れているとしましょう。そのマーケティング・コンセプトが1人の実在の人物（の脳）にとって“見逃がしがたい価値”を成立させられているということ。少なくとも、あなたの認識ではそう思えているという状態。そこでは、強いマーケティング・コンセプトの重要な必要条件の1つである「整合性」がそれなりに高いということ。

　強いマーケティング・コンセプトは、セットとしてのWHO→WHAT→HOWの組み合わせの因果関係が強いのです。「この人だからこそ、この価値！」とか「この価値だからこそ、こうやって伝えねば！」のように、WHO・WHAT・HOWのそれぞれが強い必然性で繋がっていて、そこに強い「整合性」が生まれています。機械がランダムに判定したような組み合わせには決してならないのです。絶対に買うと思える実在の1人がいるかどうかをチェックすることは、結果的にその強い「整合性」があるかどうかの極めて有効な確認手段となります。

　逆に、深い消費者理解を前提として、自分が創ったマーケティング・コンセプトに、絶対に買ってもらえるだろうと確信が持てる実在の固有名詞がこの広い世界でたった1人ですら思い浮かばないなら、そのマーケティング・コンセプトはイケてないと判断しましょう。

　私はFGI（フォーカスグループインタビュー）などの質的調査に

おいても、モニタールームから拝見しながら一人一人の調査対象に対して、「この人には一言で何と言えば買ってくれるかな？」と常に考えています。（実在の）あの人を喜ばせるように、絶対に買いたいと思わせるように、マーケティング・コンセプトをどんどん練り上げていく。マーケティング・コンセプトは絶対に買う実在の1人の顔を思い浮かべながら行うセルフチェックを合間に入れながら創り出しています。

そうやって仮説を生み出した後の検証を経て、あなたがついに創り出したマーケティング・コンセプト。それと実際のビジネス結果の"答え合わせの場数"をどんどん踏んでいってください。**あなたのマーケター脳に、生きた実戦経験を意図的にどんどん食わせていく**のです。良いものをつくれる確率は階段を上るように上がっていきます。もちろん踊り場は苦しいですし、たくさんの失敗と、たまにある大失敗も避けては通れない。しかし決して恐れないでください。自身のなかに蓄えていく実戦経験だけが強いマーケターをつくるということ。そうやってこの社会に価値を創りだす存在こそがマーケターなのだということを！

2 練習問題Ａ：「自分自身」の マーケティング・コンセプト

実際にマーケティング・コンセプトをつくってみましょう。最初のお題は、御自身が世界中でもっともわかっているようで、実はわかっていない御自身のマーケティング・コンセプトです。このプロセスを経て、本書で解説してきたブランド設計（最終的に構築する

ブランド・エクイティ≒人々の脳内につくり上げる広義のコンセプト≒認識世界）から、それを相手の脳内に描かせるためのマーケティング・コンセプト（≒記号世界のツール）を捻りだすまでの一連の流れに、より実感をもてるようになるでしょう。

　「自分自身のマーケティング・コンセプトをつくりなさい」という命題です。しかしここまで本書を熟読してくださったあなたは、この課題に取り組むにあたり、いくつかの前提条件を設定しない限り、そのマーケティング・コンセプトは創りえないことに気がついていることと思います。

　まずは目的、これが何のためのマーケティング・コンセプトなのか？ということ。目的によって、自分自身を切り取る切り口は大きく変わる可能性があるので当然です。そこで、このエクササイズにおける目的設定は、読者がもっとも有用だと思う用途において設定していただくことにしましょう。たとえば、就職や転職を考えている人であれば、労働市場に刺すためのマーケティング・コンセプトを考えるのが良いでしょうし、現職での御自身のキャリアの好転を願っているならば、今の労働環境における評価者・同僚や業界関係者たちの脳内に刺すことを目的にマーケティング・コンセプトを考えていただくのが良いでしょう。

　この後、読者が辿るべきステップを示しておきます。以下の順番でこのケーススタディを進めてみてください。ブランド・エクイティ・ピラミッドはフォーマットを添付しておきます。それぞれの目的に合わせて御自身のブランドをじっくり設計してみてください。このエクササイズは今後のあなたのキャリアにとっても少なからず役に立つはずです。

第9章　実際にマーケティング・コンセプトをつくってみよう

1）目的の確認（最初に御自身が何の目的でマーケティング・コンセプトをつくるのかを明確化）

2）目的に応じたブランド設計（御自身のブランド・エクイティ・ピラミッドをつくる）
　・WHO（誰を狙うのか？　戦略ターゲット、コア・ターゲットの設定）
　・WHAT（長期的に揺るがない戦略便益の定義、およびそのRTBの設定）
　・HOW（そのWHATをWHOにとって知覚可能にする活動の柱を設定）
　・ブランド・キャラクターの設定

3）マーケティング・コンセプトの創出（ブランド・エクイティをWHOの脳内で実現する）
　・まずはWHOの深い理解、衝くべきインサイトの有無を検討
　・WHOの本能に刺さるWHATのアーティキュレーション
　・そのマーケティング・コンセプトにRTBは必要か？　必要ならどう効果的に使うか？

　まずは自分自身のブランド・エクイティです。自分自身を活躍したい労働市場における"ブランド"にするために、誰に対して（WHO）、何の価値を（WHAT）、どのような行動によって届けるのか（HOW）を定めることになります。自分自身のブランドの設計図をつくることは競争社会で生きていく人であれば、中長期的な自分自身の努力の焦点を明確化するために例外なくおすすめします。こ

の具体的なコツに関しては、拙著『苦しかったときの話をしようか ビジネスマンの父が我が子のために書きためた「働くことの本質」』（ダイヤモンド社）に詳述してありますので御参照ください。

　本章でフォーカスしたいのはブランド・エクイティの設計ではなく、そのブランド・エクイティをどのようにマーケティング・コンセプトへと展開するか？ という本題です。WHATのベネフィット・アーティキュレーションにおけるチャレンジをどのように乗り越えるのかを例示させていただきたいと思います。仮にある人が次のようなブランド・エクイティ・ピラミッドをつくったと仮定した事例を元に話を進めます。

　この方は30代半ばの男性、日系製造業の大手企業に勤める営業職で、現在は係長級です。キャリアを加速させるために権限の拡大とベースアップを狙った転職を狙っています。ブランド・エクイティ・ピラミッドにあるように、この方のWHATは、「リーダーシップが強い」という戦略便益と、「マネジメントとしての安定した営業実績（過去5年間にわたって自身のグループを良好にパフォーマンスさせてきた）」というRTBで構成されています。今回はカテゴリー違いの製造業で急成長の準大手外資系企業でのミドルマネージャー級の募集に手を上げ、面接の日が近づいています。この方が自分を相手に売り込むためのマーケティング・コンセプトをつくってみてください。

　まずはあなた自身で考えて創ってみることです。ボロボロでもバラバラでも構わない。この方になりきって、面接で自分自身をどう記号化（マーケティング・コンセプトに）するかを、ブランド・エクイティ・ピラミッドとにらめっこしながら考えてみてください。

第9章　実際にマーケティング・コンセプトをつくってみよう　**３４１**

『自分自身』のBrand Equity Pyramid

Market / 攻略する市場・カテゴリー

営業マネジメント職の転職市場

Who /誰に？

Target

戦略ターゲット(ST)　転職の可能性のある企業関係者
コアターゲット(CT)　面接官、ヘッドハンター、
　　　　　　　　　　特定企業の採用権者

What /何の価値を？

Benefit
リーダーシップが強い

RTB
営業マネジメントとしての安定した実績
（過去5年）

How /どのように？

How to provide Benefit

高い個人スキルにより
セールスとして率先して
成果を出すことができる

メンバーの強みを最大化し
継続的に結果を出す
組織マネジメントで貢献する

Brand Character

責任感が強い　　　　部下からの信頼が厚い

できるだけシンプルに「STC→便益→RTB」の要素を整理してみましょう。この後は、徐々にヒントと回答例の提示になっていきますので、ここで一度、御自身の答えをつくってから読み進めてください。

　最初に示す回答例Pは、ブランド・エクイティ・ピラミッドの戦略要素をほぼそのまま伝えるオーソドックスなマーケティング・コンセプトです。敢えてSTC→便益→RTBのフォーマットに落とし込んでいます。実際の面接では、言葉のトーンとマナーは場の空気をちゃんと読んで適切に調整することが前提です。

　マーケティング・コンセプトP：「営業チームに結果を出させるマネジメントを探していませんか？　自分はリーダーシップの強さに自信があります。現職になって5年間、自分の営業チームに一貫して高いパフォーマンスを発揮させています」

　ブランド・エクイティ・ピラミッドの戦略メッセージをちゃんとマーケティング・コンセプト化できているので、これでも十分に及第点です。ヘッドハンターや相手企業の面接官と会う文脈においては、向こうもちゃんと話を聞いてくれると思いますのでこれでも便益は伝わるとは思います。しかしせっかくなので、これをもっと刺さるようにしたらどうなるのかを、STC、便益のアーティキュレーション、RTBのそれぞれのより深い視点を加えて例示しておきます。

　このマーケティング・コンセプトを考え始めたころに、もっとWHOを知りたい、先方のインサイトについてもっと深く考えたいのに「急成長の外資系」だけでは情報が足らなさすぎる！と思った方、大正解です。WHOの深い理解の重要性を実感してもらうため

に意図的に情報を省いておきました。マーケティング・コンセプトでは、ブランドの設計にある「リーダーシップが強い」という便益を、どうやって相手の脳に強く認識させるのかという勝負です。STCは便益をより強く飛ばすための滑走路なのです。

　WHOの情報をできるだけ集めて、相手がどのような課題意識をもっているのか、どのようなリーダーシップを求めているのか、などの情報を得ることができたならば、自分のリーダーシップの価値をより強く認識するようにSTCを設定しやすくなります。そうなればベネフィット・アーティキュレーションも、RTBもより研ぎ澄まして設定しやすくなります。

　そこでこの人がこの会社についてヒアリングする中で、彼らの抱えている課題を明らかにします。たとえば急成長中の会社であって、人手が足らず、中途採用も増やしてきたが営業関連のさまざまなノウハウやスキルが個人に委ねられている個人商店的な営業組織の風土になっていることを、経営陣や人事担当者が大きな課題に感じているという情報を掴んだとします。そうするとさきほどの回答例Pよりもシャープな以下の回答例Qのようなマーケティング・コンセプトが生み出せるようになります。

　マーケティング・コンセプトQ：「成長企業である御社に必要なのは、"売るだけの営業"ではなく、"組織力を高める営業マネジメント"ではないでしょうか？　多くの部下たちを売れるようにするリーダーシップが私の最大の強みです。個々人の持つノウハウや情報を集め、組織内で共有・トレーニングする私のやり方で、この5年間一貫して高い業績を出してきました」

このQの場合は、最初のSTCのマインド・オープニング・インサイトで相手を一撃したところで、すでにかなりの勝算を手繰り寄せていると思います。STCで「まさにそのとおり！」と思った相手の脳は、こちらのその後の話にぐいぐい引き寄せられて、聴きたくて聴きたくて仕方がない状態に入ります。自分の大きな悩みを解決してくれるかもしれない存在に対して、脳は本能までのレールを敷き始めるのです。そこにSTCをちゃんと受けるようにカスタマイズした太くて明確な便益をドンと置いてしまえば、とりあえず本能までは刺さるでしょう。気を付けるのは脳の「システム2」による懐疑心ですが、それも「なぜ？」と「本当？」という2点に対してちゃんとRTBを用意しておけば大丈夫かと。

　PとQの強さの違いを見比べて「強いマーケティング・コンセプトは消費者理解がすべて」である意味をより実感してもらえたならば幸いです。相手が会社であれ、個人であれ、サイコロを振るのがヒトである限り、脳の構造は同じです。自分の本能に向かって飛んでくる魅力的な弾はなかなか避けることができません。だからそうなるように、WHOを徹底的に理解して本能までの構造を見切ってから、自分たちが届けたい価値の切り口を熟考する。そしてそのベネフィット・アーティキュレーションが威力を発揮するように、脳の防御力を解消させる強力な文脈設定（STC）は、まさに便益の"露払い"として機能します。

　この後はぜひ、御自身のキャリアのブランド・エクイティ・ピラミッドの作成と、そのマーケティング・コンセプトをつくって、一度しっかりとコンプリートさせてみてください。もう一度、本当にしっかりと自分の脳を使ってアウトプットしましょう。きっと本書を読んで来られた御自身の理解を深めて定着させることができるで

第9章　実際にマーケティング・コンセプトをつくってみよう　　**345**

しょう。

3 練習問題B：「高血圧イーメディカル」のマーケティング・コンセプト

　次は、ブランド・エクイティ・ピラミッドのところで実例として紹介した「高血圧イーメディカル」のブランドの設計図に対して、マーケティング・コンセプトをつくってみましょう。これに関しては、実際の高血圧イーメディカルに関わった当時の刀メンバーたちが創ったマーケティング・コンセプトがあります。実際のマーケティング・コンセプトとしてどんなものを創っていたのかを解説できる稀有な事例として紹介させていただきます。

　もう一度、ブランド・エクイティ・ピラミッドを掲示しますので、第7章で詳述した「高血圧イーメディカル」について思い出してください。今回、あなたに創ってもらいたいマーケティング・コンセプトは、このブランド・エクイティを中長期にわたって消費者の脳内に構築するための第一歩、すなわち新サービスとしてブランド全体を伝えるためのブランド・ローンチ（ブランドの市場導入）用のマーケティング・コンセプトです。現在はSTEP3の段階とし、ここで創られたコンセプトはSTEP4でのコンセプト・テストにかけられて需要予測される予定だと設定しましょう。

　では、このブランドをマーケティング・コンセプトとして表現してみてください。とにかく、市場のプレファレンス（M）をより大きくすることを念じて考えてみてください。このブランド・エクイ

346

ティ・ピラミッドのどこをどう使うかはあなたにお任せします。ぜひとも、自分の頭で考えて「STC→便益（ベネフィット・アーティキュレーション）→RTB」を紙に書き出してから読み進めてください。これ以降、実際にはどんなマーケティング・コンセプトを創ったのかを解説します。

　実例の紹介の前に1つ大切なことをお伝えしておきます。今回のようにコンセプト・テストにかけるマーケティング・コンセプトはどのくらいの長さ、つまり情報量を持っているべきだと思いますか？これについては、何文字以内とか、数量的な制約があるわけではありません。考え方として大切な調査の原則があるのみです。それは、マーケティング・コンセプトに限らずですが、**調査にかける内容は、実際のビジネスにおいてコミュニケーション可能な分量にする**というものです。

　実際のビジネスにおいては、伝えるためのコミュニケーション・ツールには限界があります。YouTube広告を主力にして戦うつもりならば、たとえば今現在ではスキッパブル（視聴者がスキップできる）の広告枠には15秒というコミュニケーションできる時間に制約がありますし、TVCMにも30秒や15秒などの制約があります。であれば、その時間制約の中で伝えられる"分量"でなければ、調査した結果と近い将来に起こる現実の間に大きな乖離が生まれてしまいます。

　実際にマーケット導入するときにちゃんと伝えられる内容にできるだけ限定してマーケティング・コンセプトを書くというのはとても大事なので、よく覚えておいてください。もちろん、メインとなる広告手段以外でも、そのブランドのパッケージやランディングペ

第9章　実際にマーケティング・コンセプトをつくってみよう　　**３４７**

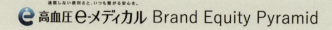

高血圧 e-メディカル Brand Equity Pyramid

Market / 攻略する市場・カテゴリー
医療業界

Who / 誰に？
Target
- 戦略ターゲット(ST)　高血圧疾患を持つ人、予備軍
- コアターゲット(CT)　CT1. 高血圧治療の非継続者
- 　　　　　　　　　　CT2. 高血圧の未治療者

What / 何の価値を？
Benefit
通院しない便利さと、大きな安心

RTB
自分の血圧を「いつも見守り・診療してくれる」オンライン高血圧ケア

How / どのように？
How to provide Benefit

信頼できるクオリティを追求した	効果的な血圧コントロールをサポートする	継続治療を可能にする
サービス体験	専門家の考えたケアプログラム	消費者起点の仕組み
① 高血圧専門家による継続モニタリングシステム(POD)	① 毎日の血圧計測をポジティブに継続できるUI、UXを実現するしくみ(POD)	① 不合理なコスト(時間・労力)を最小限にする予約から診察、相談、決済、薬配送までの一貫したオンラインサービスの仕組み(POP)
② 蓄積された家庭血圧をベースとしたオンライン診療(POD)	② 自分の状態を把握し、アクションを促す、データの見える化(POD)	② コストをコントロールしやすく、毎月の決済から解放する定額サービス制(POD)
	③ 個人データベースのタイムリーなアドバイス・チャット相談(POD)	

Brand Character
信頼できるプロフェッショナル　寄り添い、一緒に並走してくれる伴走者

ージ（≒ホームページ）など、複合的なコミュニケーション・ツールを通じて消費者に伝えていくわけで、場合によってはパッケージの裏面などに書いている情報量程度は載せても良い場合もあるでしょう。ケースバイケースですが、そのマーケティング・コンセプトは実際に消費者に当たるのか？という視点で、ビジネスに責任をもつ人が適切に判断しなくてはなりません。

　担当者がコンセプト・テストで高得点をとって、とにかくプロジェクトを前に進めることに大きなプレッシャーがかかっているときに、実際にはとんでもなくコミュニケーション不可能なマーケティング・コンセプトが調査にかけられてしまうことがあります。マーケティング責任者や調査担当者は注意が必要です。そこで騙されるツケは近い将来、ものすごく高い威力で跳ね返ってきます。調査内容の確定前に必ず客観的にこの点をチェックする構造を社内プロセスに構えるようにしてください。

　では、「高血圧イーメディカル」の実際のローンチ用のマーケティング・コンセプトを紹介します。

もっとも初期でのマーケティング・コンセプト（X）

通院不要の高血圧オンライン診療。
専門家によるモニタリングで、安心の血圧コントロール。
「高血圧イーメディカル」

診察時だけではなく、普段から高血圧専門家に見守られていたら、
とても安心だと思いませんか？

「高血圧イーメディカル」は家庭での普段の血圧を
専門家がしっかりモニタリングし、
一人一人の生活習慣に合わせて適宜アドバイスをします。
お薬が必要な方はオンラインで診察し、
ご自宅までお届けします。

データはスマホアプリに自動で送信・蓄積されます。
数値を把握することで意識や行動が変わり、改善に繋がります。

　第7章のブランド設計のところでも話しましたが、「通院しない便利さ」と「専門家による安心」という2つの便益を宿命づけられた"デュアル・ベネフィット"の複雑さをどのように整理して消費者に届けるのか？という観点で、プロジェクトチームが腐心しながら作った当初のマーケティング・コンセプトはこのような構成になっていました。「専門家による診療としっかり繋がれる安心感」の方に重心を置いています。

　しかしながら、このマーケティング・コンセプトを調査にかけて消費者の反応を学びながら磨いていくと変化がありました。ブランドを認知する導入時の第一歩としては、オンライン診療という構造的特徴から直感的にわかりやすい「通院しない便利さ」に軸を持って行った方が良いとチームは判断したのです。そこでSTCや1つ目の便益を修正することになりました。

Xの質的調査後、コンセプト・テストにかけたマーケティング・コンセプト（Y）

通院不要の高血圧オンライン診療。

専門家によるモニタリングで、安心の血圧コントロール。
「高血圧イーメディカル」

高血圧ケアを続けるのは大切だけれど、
毎月通院するのにかかる時間と手間が大変ですよね？

「診療待ち」や「薬待ち」の要らない
オンライン診療「高血圧イーメディカル」
高血圧専門家がオンラインでしっかり診察し、
お薬が必要な方にはご自宅に郵送します。

しかも、家庭での普段の血圧を専門家が
しっかりモニタリングし、
一人一人の生活習慣に合わせて適宜
アドバイスをするので安心です。

データはスマホアプリに自動で送信・蓄積されるので、
数値を把握することで意識や行動が変わり、改善に繋がります。

　赤字にした箇所、STCと第一便益を「通院しない便利さ」に変更
し、この新しい医療サービスが従来の通院前提の医療と何がもっと
も違うのかという点をわかりやすくしています。コンセプト・テス
トで、こうした方がMの総量が増えることをプロジェクトチームは
確認した上でこの決断に至っています。しかしながら、それでもや
はり、高血圧治療に精通した医師の医療ノウハウに基づいたクオリ
ティの高い医療サービスであることと、従来のあまりしっかり診て
くれた気がしない医療サービスよりも体感として格段に違う「安心
感」を出せることを落としてしまうと、単に便利なだけのオンライ

第9章　実際にマーケティング・コンセプトをつくってみよう　　**351**

ン診療になってしまうのです。それでもデュアル・ベネフィットで「安心感」は絶対に捨てないことを信じながら、チームは進んでいました。

そしてこのマーケティング・コンセプトYを土台にしながら、首都圏限定で15秒のTVCMも制作し、オンエアしています。2022年9月のことです。そのときに15秒のコミュニケーションに落とし込んだマーケティング・コンセプト（TVCM）では、私が尊敬する広告クリエイティブ・ディレクター、佐々木洋一さんがそのSTCを「もう、通院しなくていいんだ。薬待ちしなくていいんだ。」という強力なコピーへと昇華してくれました。

ここでマーケティングの実務を担う方々からよくいただく質問の1つにお答えします。それは代理店クリエイティブの仕事はどこからで、マーケターはどこまで仕事をしなくてはならないのか？という質問。この「高血圧イーメディカル」のときの事例を使ってどこにそのラインがあるのかについて解説しておきます。

結論をできるだけ端的に書くと「マーケターは戦略を定めるまで、その戦略を戦術（≒表現）に展開するのが広告代理店クリエイティブの仕事」です。クリエイティブ・アイデアとは、消費者が直接ふれるHOW領域に属するもので、戦略便益（WHAT）を消費者にとってもっと直感的でわかりやすくするために展開された考え抜かれた表現のことです。マーケティング・コンセプトで言えば、ブランド・エクイティ・ピラミッドを定めたり、商品開発で何の価値を提供するかを決めたりするときは、マーケターのみで戦略用語を使いながらマーケティング・コンセプトを書いて調査検証していくことがほとんどです。

　そしていったん戦略が定まったところで、マーケターはその戦略を消費者が見聞きする戦術に展開していくために、広告代理店クリエイティブを巻き込んで対消費者コミュニケーションで用いる表現を一緒に開発していくことになります。そのときは、マーケターが、クリエイティブ・ブリーフ（広告発注書）というものを書きます。ここには、その広告の目的と、消費者ターゲットとインサイト、そして最も大切な何を伝えて欲しいのかという「戦略便益」や、必要であればRTBも、表現ではなく明確な戦略用語で書き記します。そこでマーケターが下手な表現を書いてしまうと、クリエイティブの発想力を制限してしまうので、戦略用語でしっかりと何にフォーカスすべきかを明示します。そのブリーフを受けて、広告代理店クリエイティブが制作物として創る表現（コピーやアート）、つまり"広告"も立派な（というよりもおそらく最も大切な）マーケティング・コンセプトです。

　ここでも「高血圧ケアを続けるのは大切だけれど、毎月通院するのにかかる時間と手間が大変ですよね？」というSTCはマーケター

が戦略用語として書いています。これは消費者に伝わる明確さ、つまり誤解されないことに重心を置いている書き方です。したがって、ちょっと説明口調で長めに複雑性を負った文章になることが多いのです。それをクリエイティブ・ディレクターの佐々木洋一さんは、「もう、通院しなくていいんだ。薬待ちしなくていいんだ。」というコピーに昇華してくれました。この美しいシンプルさ！　消費者の実感に染みながらその意味を本能に届けてくるシンプルな語感の強さをみてください。これが本気を出したプロのコピーライターの仕事です。

　「マーケターにクリエイティブのような表現を操る能力は必要ですか？」と問われれば、あったらナイスだけど、必要ないと私は答えています。マーケターの役割は消費者を深く理解して戦略を定めることだからです。そして表現を生み出すのは広告代理店クリエイティブの役割ですが、彼らが生み出すいくつもの表現のアイデアの中から最もプレファレンスを高めるものを見極めて決定するのもマーケターの役割だからです。はっきり言って、マーケターは限られた時間をその2つの領域をしっかり務めることに集中した方が良く、自分が信頼できる優秀なクリエイティブの方々を仲間に引き入れて表現を創ってもらう方が良いです。やはり左脳を多用するマーケターと、右脳を使ってわかりやすくて面白いことを発想するクリエイティブでは、役割や得意領域が異なる場合がほとんどです。餅は餅屋というのが私の考え方です。

　あったらナイスと申し上げた理由は、優秀なクリエイティブを雇うお金がないとき、戦略どころか表現まで何でも1人でやらないといけないようなとき、やはりその力は大いなる戦力になるからです。個人事業主はもちろん、中小企業でとにかく自分たちでやるしかな

354

いとき、自分たちが言いたいことを、消費者や顧客にとって聴きたいように伝える表現というものに、自分たちの注げるだけの情熱と時間をかけてその時点での最善案を市場に投入するようにしてください。

　大丈夫です。たとえ戦略用語だけで書かれたちょっと事務的で機械的に見えるマーケティング・コンセプトであったとしても、それが深い消費者理解に根差しているのであれば、本能に刺さるように「STC→便益→RTB」が構造的に組まれているのであれば、消費者の本能にそれなりに響く最低限の表現には行きつけるはずだからです。なぜならば、深い消費者理解をちゃんともっているあなたであれば、自分たちが書いたものが、消費者の脳内でどんな音を鳴らすかはすぐに想像がつくからです。「イケてる、イケてない」の瞬時の判断をしながら、それなりの音色が消費者の脳内で鳴るようにマーケティング・コンセプトを書いているに違いないのです。なので、繰り返して恐縮ですが、「強いマーケティング・コンセプトは消費者理解がすべて」というマーケティングの真髄が、ここでも生々しく光っています。

　いかがでしたでしょうか？　この章で、実際にマーケティング・コンセプトをどのように考えて、実際にどのようなものを創っているのかというイメージがつきやすくなったでしょうか？　概念的な学びを頭に入れるだけでなく、マーケティングは実戦経験によって伸びていく実戦学です。どうか本章で紹介した2つの練習問題はもちろん、御自身の実際のビジネスや自分に関係のあるさまざまな事案にあてはめて、とにかく1つでも多くのマーケティング・コンセプトを自分で創る場数を踏んでいっていただきたいと願っています。

第9章　実際にマーケティング・コンセプトをつくってみよう　　**355**

我々はマーケターである以上、マーケティング・コンセプトをつくるスキルを高めていかねばなりません。負の二項分布の数式によって表される確率に支配されたこの世界。その核心は、ヒトの脳の構造から定まった選択確率を決めるプレファレンスであり、そのプレファレンスの最大のドライバーこそがヒトの脳が認識世界に描き出すコンセプトだからです。これは終わりのない修業の旅ではありますが、良い経験を求めて自身の脳に食わせていくことで確実に伸びていく領域でもあります。どうか、選ばれる確率Mを伸ばす方法、強いマーケティング・コンセプトをつくるスキルを意識的に磨いて、これからの日本人の幸福と日本社会の発展に繋げていただきたいと願っています。

終章

コンセプトが
日本の未来を創る！

■ あの小さなパン屋さんの勝ち筋

　序章で紹介したあの小さなパン屋さん。私が心の底から「もったいない！」と思った真意を、この本を読んでくださったあなたはすでに御理解いただけていると思います。最初から"普通のパン屋さん"にしかなれない構造のまま、誠実で切ない努力を続けているからです。「ブランド設計」が欠如しているために、極めて効率が悪くなってしまっています。

　もしも商圏にパン屋がこの1軒だけなら、このパン屋さんは大いに繁盛できたでしょう。しかしこの御夫婦のお店の近隣には少なくないさまざまな競合がいます。個人経営のパン専門店も数軒あり、パンの広域チェーンを展開するブランドの店舗もあり、最近できた焼きたてパンを安価に店頭販売する大手スーパーも大きな脅威です。

　しかもパン屋の競合はパン屋だけではありません。先日の私のようにパンを炭水化物の喫食機会と考える消費者にとっては、粉物屋や定食屋も競合しますし、何といってもスイーツ店全般が恐るべき競合です。また私の家内のようにパンを調理の手間を省くものと考える消費者は、弁当屋・餃子・牛丼・ハンバーガー系の強力なファストフード・ブランドはもちろん、コンビニまでもが脳内で激しくプレファレンスを奪い合います。

　このパン屋さんはかなりのレッドオーシャンで泳いでいるのに、ブランドという明確な"顔"がない。日々の努力が生み出す価値を消費者の脳内に"貯金"する構造がないのです。本当にもったいない！

　あの呟きを聞いてしまった後、私は助言させていただきたい衝動

に駆られました。しかし刀の代表が勝手に気分でコンサルするわけにはいきませんし、立ち話くらいでどうにかなる話でもなく、この本の内容くらいをしっかりお伝えしないと自力改革は難しいはず。なので、あのときに考えたことをここに書いて、出版後にお店に本書をそっと投函させていただこうと思います。そのくらいはおいしかったチョコチップ・メロンパンの御縁として許されるでしょう。

　さて、このお店がお客さんをもっと増やして繁盛していくために私ならどうするか？　あのとき考えた勝ち筋をざっくり言うと、「ドイツのパンを前面に出した強力なブランド」を設計し、菓子パンよりもドイツパンの象徴であるライ麦含有率の高い"定番お食事パン"をヒーローにしてブランディングすることでした。ドイツのパンの特徴であるライ麦を多用した「香ばしさ」と「深みのある味」を、他では得られない価値のシグナルとして訴求し、ブランドを強化します。また"定番お食事パン"は、菓子パンよりも顕著に喫食機会が多いので、浸透率（Penetration）と来店・購入頻度（Frequency）を同時に高めるのにも有利と考えました。

　実はこのパン屋さんには、ちょっと日本人には読めないようなドイツ語の屋号がついています。現状では読めない上に意味もわからないし、店内でもドイツのパンの特徴やこだわりを認知させる導線にはなっていないのでお客さんはほとんど気づいていないと思います。しかし、おそらくご主人はドイツのパン作りをしっかりと学ばれているのでは？　というのも、昼頃に出てくる食事用のハードパンの数種類が、どれもドイツ特有のライ麦比率が高い系統だったからです。正直、朝イチに並ぶ菓子パン系よりもレベルがずっと高いと感じました。一見して武骨で地味ですが、食べてみたらこれは固定客もつくクオリティだと思いました。

終章　コンセプトが日本の未来を創る！　　359

ニップンさんとの御縁をきっかけに私もパンづくりに凝ったので
わかりますが、天然酵母でライ麦を多用すると酸味が出すぎて難し
いのに、酸っぱいパンが好きではない日本人に合わせて酸味が"味
の深み"になる絶妙な塩梅になっています。また、ライ麦や全粒粉
の比率をあれほど高くすると、グルテン膜の組成が阻害されるので
パンが膨らみにくいはずなのですが、このお店はとても均整ある美
しいクラム（気泡）で不必要に重くならないパンを焼く技量もあり
ます。

　この店のハードパンは、日本人の好みに合わせながらも、ドイツ
パンらしい3つの特徴がとても際立っているのです。3つとは、気持
ち良い噛み応えと、噛んだ瞬間にクラスト（パンのパリっとした外
皮）からまるで咲くように鼻に抜けていく焼けたライ麦の香ばしさ
と、絶妙な酸味に支えられたライ麦ならではの深みある味わいです。

　このお店はドイツのパンづくりの技術をハイレベルでもっている。
ならばその特徴を活かして本能を衝くブランドを設計するのは1つ
の勝ち筋になるだろうと思いました。ドイツのパンであることをも
っと前面に推し出すのです。というのも「ドイツ」はすごく強力な
消費者の脳内記号だからです。クオリティと洗練、質実剛健な上質
感、武骨さがむしろカッコいい……。それらのありがたいイメージ
をそのまま自分の店とパンに上手く背負うとブランドをより早く確
立しやすいのです。同じパン屋でも、普通の日本のパン屋さんと、
なんとなくフランス系!?くらいしか見当たらないこのあたりの商圏
では、ドーンと本物感ある「ドイツのパン」をブランディングでき
るならユニークで際立ったパン屋さんになれるように思います。

360

ではざっくりとした仮説ではありますが、読者の皆さんのおさらいも兼ねてブランドを設計してみましょう。WHOの戦略ターゲットは「パンを食べたい人」、コア・ターゲットは「パンで生活の質を高めたい人」あたりでしょうか。そもそもレッドオーシャンの中で付加価値の高いパンで勝負するしかない運命ですから、上質で価値のあるものにはそれなりのお金を払う層を狙う必要があります。パンを求めるプチ富裕層／富裕層の本質的な欲求とは何なのか、そのあたりに眠る深いインサイトも徹底的に研究しなくてはなりません。パンの研究の前にまずは消費者理解がすべてです。

　WHATはどう考えるか？　彼らはパンを買っているようで、買っているのはきっとパンではありません。糖質だけならスーパーの食パンでかまわない。ちょっとお高くても美味しいパンを買って日常的に食卓に並べることで、糖質が脳を興奮させる以上の"何らかの強い価値"をきっと得ているはずです。本当ならもっと消費者に深く憑依して、機能便益だけでなく、感情便益の秀逸な定義を考えるところ。優越感や自己肯定感からアーティキュレートするのではないか？と想像しつつも、ここでは大まかに「美味しさのもたらす幸福感」くらいに仮置きして話を進めましょう。

　RTBは「本場ドイツの"香ばしさ"と"深い味わい"」あたりでしょうか。もう1つの特徴だった「噛み応え」を落としたのは、野犬じゃないですし（笑）、トライアル時点で固いパンだと誤認されるとMが狭くなると思ったからです。日本人は軽くてふわふわの柔らかいパンが好きな人がかなり多いはずなので注意が必要です。ハードパンのみに狭めてブランドを創ることは避けた方が賢明だと思いました。狭めるな、拡げよ！です。RTBにはもう1つ、ライ麦をあれだけ制御できる御主人のオリジナリティあるキャリアの来歴など

終章　コンセプトが日本の未来を創る！　　361

も加えて、2つのRTBがあるとブランドのストーリーに奥行きと信憑性が増すでしょう。

　HOWは、人的リソースが御夫婦のたった2人なので、優先順位と順番が大切になろうかと思います。最優先すべきは、ブランド名とその価値をちゃんと言語化して、2つをセットであらゆるタッチポイントで伝わるようにすることです。まず、あのドイツ語の店名は、変えたくないならカタカナでルビをつけて日本人が声に出して読みやすくすること。あとその名前の意味や由来もお店に来た人くらいにはちゃんと伝わるようにしませんか？　私もググって初めて意味を知りましたが意味自体はなかなか深くて良いと思います。

　そしてそのブランド名に、短いベネフィット・ステートメントの一文を必ずセットで添えるようにするのです。ベネフィット・ステートメントとは、WHATで定めた便益とRTBを、HOWとして一貫して使えるように短く言語化したものです。「ブランド名・XYZXYZ　ドイツからやってきた至福のパン。本場の香ばしさと深い味わい」のように、必ずブランド名とペアで表記します。店の看板にも、ホームページにも、リーフレットにも、商品の袋にも、そのベネフィット・ステートメントがあらゆる消費者とのタッチポイントで必ず1回、できれば2〜3回は当たるようにします。

　HOWとして次に大切なのはプロダクトです。ドイツのパンのクオリティを体現するヒーロー・プロダクトが必要です。とくに定番のお食事パンに、最初に何とか2〜3種類のヒーロー・プロダクトが欲しいです。ライ麦の含有率で「ロッゲンブロート」や「ミッシュブロート」のような商品があっても良いと思いますが、そういう考え方自体は日本人のほとんどに馴染みがなくて消費者価値に繋がり

にくいです。であれば、日本人に何が喜ばれるのかを徹底的に研究して、日本人の大きな喫食機会の文脈に合わせた商品ラインナップと、一つ一つの商品の役割をわかりやすく消費者に伝えることを私なら優先すると思います。

　たとえば、①普段食べている食パンの上位互換、②普段食べているバゲットやバタールの上位互換、③普段食べているカンパーニュの上位互換、④ナッツやドライフルーツを混ぜたハードパンの上位互換……、それらをドイツのパンの特徴を活かして商品開発するのです。商品名はドイツの語感を活かしたカッコよいもので良いですが、カタカナで読みやすく、できるだけ短い名前をつけてください。ドイツっぽいけど、言いやすく覚えやすい商品名を名づけましょう。また、それぞれの喫食シーンの仮想敵を意識して、どんなときにどう食べるのかをしっかりと日本語で理解させます。

　ちなみに菓子パンですが、いきなり全部やめると売上が思い切り下がりますので、新定番ヒーローの売上が伸びるのに従って、商品数を絞っていくのが良いと思います。今でも上位2割の商品が売上の8割を占めているはずですので、極端な話、菓子パンの種類を半減させても短期的な売上は9割程度は保てるかと。ただ、むやみに種類をなくすのが目的ではありません。あくまでも限りある御夫婦の時間と体力と精神力の中で、本線であるドイツ系定番お食事パンを第一優先で伸ばしていくリソースを使った上で、手が回らない売上の低い菓子パンは切るということかと。それでコスト構造も次第に改善していきます。

　あとは、店舗体験として、店の雰囲気をより質実剛健に、武骨さがカッコいい"ドイツ"に近づける努力が要ると思います。外観や

内装などにお金をかけるのは、キャッシュがもっと回るようになるまでできるだけ我慢です。しかし最低限でも外観に関しては、道を歩く人に何のお店か直感的にわかるようにする必要があります。表の屋号の看板と黒板メニューなどは、ブランド名とベネフィット・ステートメントがクリアに伝わるように、そしてヒーロー商品のパンの大きなキービジュアルも外からの視線でもバン！と目立つように。最小限の費用で工夫して、欧州の薫りがするカッコいいドイツパンの店構えにしていきましょう。

　内装もお金をかけなくても、もっとミニマムかつシンプルな憧れのドイツな空間のフレイバーを出すためにやれることは山ほどあると思います。たとえば、レジ横の無駄にごちゃごちゃしたあの空間はテンションを下げるのですっきりしましょう。パンを包むにも今の軽薄な色のプラスチックバッグもやめた方が良いかと。たとえば素朴な紙袋でパンを渡された方が、ハードパンの湿気対策には良いし、なにより質実剛健のドイツっぽくてカッコいいじゃないですか。総合的に、消費者の頭の中にある"本場のドイツのパン屋"を実感させるべく、パンのおいしさを信じさせる、もっと尖った店舗体験を工夫してみてください。目指すのは、武骨で上質なカッコいい空間です。

　認知拡大のプロモーションですが、経営規模を考えるとお客さんが新しいお客さんを呼んでくる構造をいかにつくるかの戦いになるかと思います。その意味でも、その武骨さがカッコよくて人に見せたくなるようなドイツパンならではの強いキービジュアルがとても大切です。質実剛健で武骨でカッコいいそのパンを選ぶ自分だからこそ"本質を知る自分"を演出できる記号性があれば、あちこちでSNSに載せてもらえる構造が作れるかもしれません。

ブランドを体現するために開発するヒーロー商品たちも、どうやってビジュアルを撮るかがとても大事です。また、"映え"の要素が特別に際立つビジュアルを工夫した商品が最低でも1つ2つは欲しいところです。ホームページやSNSでの告知、そして店頭での既存顧客へのプロモーションにとても有利になるからです。発信力のあるお客さんをうまくエンゲージして、年数をかける覚悟で応援団の輪を広げていく努力が大切になろうかと思います。

　そして最もこのブランドにとって武器になるであろうプロモーション方法を書いておきます。新商品である定番お食事パンを、焼きたてのめちゃくちゃおいしいやつを店頭で少量ずつお客さんに試食でふるまってサンプリングしましょう。香ばしさの実感を脳に刻ませるのが目的ですので、きっと窯から出した直後の粗熱が少しほどけてまだ温さを感じる頃合いが良いでしょうね。ライ麦の薫りが脳天を衝くあの感覚にきっとお客さんたちはびっくりするでしょう。美味しさに感動してそのままお買い上げするたくさんのお客さんの姿が目に浮かびます。

　冷蔵庫保存で1週間でも10日でも長持ちしてコツコツ食べる定番お食事パンは、菓子パンとは違って利那需要ではありません。新商品をサンプリングしたとしても、かつてのコロネルとメロンパンが食い合ったように需要はカニバらず（共食いせず）、売上は縦に積みあがるでしょう。さらに定番お食事パンは同じものをリピートする必然性も高く、菓子パンだけのときよりも来店サイクルを顕著に短くできる可能性が高い。来店した客にポーションカットのサンプルを無料で持って帰ってもらうよりも、やはりその場で「こだわりポイントを解説しながら焼き立ての薫りで感動させる戦術」が非常に

オススメです。

　まずは既存顧客からこの新ヒーロー商品を拡げていくのです。この店がドイツの本物のパンを焼く店であること。香ばしさと深い味わいで他にはない価値のあるパンを提供していること。このことを店に来た人から知ってもらい、ブランドの価値を拡げていく核になっていただきます。なぜなら、菓子パンだろうが何だろうが、この店に通ってくれる消費者はブランドへのプレファレンスがすでに高いので、新商品のプレファレンスが際立って高くなる確率が相当に高いからです。新商品のロイヤルユーザーになってもらえるように丁寧に誘導します。

　最後になりますが、こうやってブランドを体現した"定番のお食事パン"でプレファレンスを強化しながら、評判と売上が大きくなっていくサイクルが好軌道に乗った先には、ネット販売で商圏を拡大していく未来を目指すことをオススメします。この"ドイツの定番お食事パン"のブランディングは、実は同時に多品種の菓子パンを必死に作らなくても良いようになる構造変革になっています。定番の食事パンのニーズは全国規模ではまさに巨大マーケットであり、競争ももちろんありますが御夫婦が豊かに暮らす糧を切り取るには十分すぎる規模を持ちます。それまでの努力で磨かれたブランドを体現する商品で切り込めれば、しっかりとMを獲得できるはずです。御夫婦の体力が落ちてきたとしても、人々が幸福になれるパンを少しでも長く焼いていただける未来を願っています。

■ 日本の未来に必要なもの
　皆さん、いかがでしたか？　「選ばれる確率を増やす方法」についての本書の要点は伝わったでしょうか？　この長きにわたって本書

を最後まで読んでくださったあなたに、読破のお祝いと心からの感謝をお伝えしたいです。読破おめでとうございます‼ 非常に内容が多く、抽象的概念も多く、私の書き方が拙いこともあって、理解するのが簡単ではなかったかもしれません。しかしあなたはこの最後まで辿り着いた！ 我々がお伝えする知見にここまで強い情熱をもってくださりありがとうございます。

この本での冒険の道筋を、記憶への定着を狙ってざっと思い起こしてみましょう。

この世界の構造を活用するように戦略を立てることの大切さ。WHOは狭めるのではなくできるだけ拡げる企図で戦略を組むことがなぜ正しいのか。プレファレンスのもとで浸透率と購入頻度は"二重の足枷"の関係にあるので、ターゲティングしていくと効率が落ちる構造になっていること。"重心"を常に意識して戦略を組むことがどうして正しいのか。目的のために競合との構造的な差異を自分にとって有利になるように活用すること。そのために「消費者の本質的欲求」と「自らの構造的特徴」と「競合が反撃しにくい」という3要素の重なり、つまり"重心"が整合性のとれた勝ち筋を示すこと。

プレファレンスの最大のドライバーである「コンセプト」とは何なのか？ そもそもブランドとは人の頭の中の"認識世界"の住人であること。消費者の脳内にブランドを構築するために駆使される、あらゆる"記号世界"のツールが「マーケティング・コンセプト」であること。したがって、マーケティング・コンセプトをつくるよりも前に、いかに強いブランド（≒コンセプト）を設計できているかが大切で、「ブランド・エクイティ・ピラミッド」はその設計図。

そして強いコンセプトを生み出すには消費者理解の深さがすべて。"凡人"と"狂人"に憑依したり、消費者の脳内記号を辿ったり、人間の本能と購買行動の因果関係を解き明かすことが鍵であること。

　「ブランド・エクイティ」と「マーケティング・コンセプト」はどのように創るのか？　さまざまな情報をブランド・エクイティ・ピラミッドで整理するときに、中長期的に一貫させるべきエクイティ要素は何で、それらをどう考えて定めるのか。マーケティング・コンセプトをつくるときに、ヒトの脳がもつシステム1やシステム2などの"構造障壁"を突破するためのコツが何なのか。本能を衝くこと、そのためにインサイトなどを駆使して文脈を操り、消費者がすでに持っている脳内記号も活用すること。マーケティング・コンセプトの巧拙を素早く篩にかけるには、実在する固有名詞の1人が絶対に買う確信を追求すること。

　大きな歩幅でしたが、本書でカバーした内容を辿りました。それにしても、マーケティングの本質に関わる一つ一つの要素の重みと密度を思うとき、本書の異例の"濃さ"をあらためて私自身が認識しました。いよいよ終章の最後に至り、感慨深いものがあります。4年間にわたって執筆してきた20万字をゆうに超える原稿が、今ようやく1冊のカタチになりました。

　この本を出版するには私にとってまさに過去最大の時間と労力が必要でした。前作の方がまだ数学的に明確な領域なので説明の難しさはあれども、結論や内容にそれほど悩むことはありませんでした。しかし本書は、ブランド設計やマーケティング・コンセプトの創出に関わる私の脳内で無意識に行っていることも含めて、論理的に整理する極めて難解な作業をそれぞれの要素においてはもちろん、そ

れらの全体としての整合性も含めて何度も何度も練り直す作業を粘り強く続けなければなりませんでした。私の書籍の読者の皆様はすでによく御存じのように、私は本当に一言一句を自分で書きますので、この本を執筆するための隙間時間と精神力を捻りだすのは正直かなり苦しかったです。

　私は刀の代表としてさまざまなプロジェクトに飛び回っています。執筆にはまとまった時間が必要であり、集中して思索世界に入り、フローの状態をつくらなければなりません。しかしとにかく不規則多忙な刀の代表生活では、時間がどうしてもブツ切りになるので執筆の効率がまったく上がらない。そんな中でどう書き上げるかはなかなかの経験でした。特に沖縄の新テーマパーク「JUNGLIA（ジャングリア）」の資金調達で大ピンチに陥っていた時期が執筆の佳境とも丸々重なって、筆が完全に止まったこともありました（ちなみに皆様、沖縄のJUNGLIAは2025年夏にいよいよ開業です！　日本の観光産業の未来のために何とぞ御支援を宜しくお願いします!!）。

　苦節4年、なんとかこの本も納得できる中身を詰めてようやく世に出せることになりました！　自分たちが練り上げてきたものを後世に遺せる本当にありがたい機会に感謝です。これで一区切りつけられるので、我々はさらなる知的領域を拡げるために、もっと役立つノウハウの獲得と体系化の冒険を続けます。この本の出版に関わってくださったすべての皆様、ありがとうございました！

　そしてお詫びも。特に「書きます／書いてます詐欺!?」の私を辛抱強く支えてくださった編集者の亀井史夫さんに深いお詫びと感謝を申し上げます。また、自由でマイペースな今西さんと、とにかく書くのが遅い森岡を信じつつも "適度な" プレッシャーをかけ続け

てくださった松下教子さんをはじめ、協力してくれたすべての仲間たちにも大変お世話になりました。関係者の皆様、原稿が本当に遅くなってしまって申し訳ありませんでした！

　今、日本はいよいよ岐路に立っています。この日本社会のほとんどの人が誠実に仕事をしていますが、社会全体の実態としては、新たな価値を生み出すチャレンジをしている人が少なすぎます。特にホワイトカラー層においては、既存の構造に留まったまま昨日までと同じことを何年でも繰り返す人や、何も決まらない会議のための資料を作り続けている人のように自分の働きがいったい社会の何の役に立っているのか明確に言えない人が多すぎます。

　世界の成長から取り残されたこの40年もの停滞……。日本に新しい価値が生まれない理由は、実はかなり物理的にシンプルです。それは知的労働層の大半が、新たな価値を生み出すことに日々の時間と精神力を意識的に使えていないからではないでしょうか？

　この国が豊かであり続けるためには、新たな価値創造に挑戦する人をもっと圧倒的に増やさねばなりません。価値創造とは、なにも発明や起業のような "おおごと" ができる人に任せておくことではないのです。むしろもっと広範囲の人々が、日常の自分の役割の中でまるで空気を吸うように "新たな価値" を考える習慣をもつことが大切です。そうなればあらゆる会社や地域からより高頻度にイノベーションが生まれ、より高い価値に対して人々が喜んでより高いお金を払うサイクルが回りだす。経済成長とはそういうことです。

　より豊かな社会も、より豊かな個人も、新たな価値創造でしか生まれないのです。だからこそ、自分の頭一つあれば何とかできる、

そのためのノウハウがあることを1人でも多くの方々に知って頂きたいのです。

　本書でお伝えしたのは「もっと価値を実感させることによって、もっと多くの人々を、もっと幸福にできるマーケティングの本質」です。この本にはそのために必要な"武器"を我々の全力で積み込みました。この武器を使いこなせば、そこらにある"石ころ"や"水"や"空気"でさえ、あなたの頭脳一つで新たな価値に変えられるようになるでしょう。そのためにぜひとも本書のフレームワークを日々の実戦で役立てて、皆さんの手に馴染むまでこの武器をとことん磨いてください。どうか人々をより幸福にする目的のために、あなたの実戦でコンセプトをつくる技術を活かしていただきたいのです。

　「お客さんをもっと増やしたいとは思いませんか？」これが最初の問いかけでした。今、あなたの脳がこの問いに前向きに反応しているならばとても嬉しいです。この本を読んで、内容を理解できて、さらに実戦で試す意欲を持てるあなたは、間違いなく強い力をお持ちです。どうかその力をさらに磨いて、自分以外の誰かのために役立てる使命に邁進していただきたい。この日本が、これからあなたが生み出す新たな価値を切望しています。強くなるためにどんどん実戦経験と新天地を求め、何度となく失敗することを恐れないでください。人生は確率。本気で勝負に挑めば、負けることがあるのは当然です。誠実な努力の先にある失敗は、あなたに必ず得難い学びをくれます。そこから立ち上がるあなたは、もっと強くなり、その目にはまた違った景色が見えているはずです。

　本書をきっかけにパワーアップされた方々の日々の活躍によって、

終章　コンセプトが日本の未来を創る！

この社会に新たな価値が生まれること。ここから未来に向かって日本がもっと活性化されていくこと、それが本書に託した我々の願いです。

マーケティングで日本を元気に！

2024年秋　吉日
著者　森岡毅
株式会社刀　代表取締役CEO

共著　今西聖貴
株式会社刀　CIO

[著者]

森岡 毅（もりおか・つよし）

1972年生まれ。神戸大学経営学部卒業。96年、P&G入社。日本ヴィダルサスーンのブランドマネージャー、P&G世界本社で北米パンテーンのブランドマネージャー、ウエラジャパン副代表などの要職を歴任。2010年にユー・エス・ジェイ入社。高等数学を用いた独自の戦略理論を構築した「森岡メソッド」を開発、窮地にあったUSJに導入しわずか数年で経営を再建。その使命完了後の17年、株式会社 刀を設立。「マーケティングとエンターテイメントで日本を元気に！」という大義を掲げ、成熟市場である外食産業や製麺パスタ関連業界、金融業界、観光業界など多岐にわたる業界・業種において抜群の実績を上げる。24年、イマーシブ・フォート東京をオープン。沖縄の新テーマパーク「JUNGLIA」の25年のオープンにも取り組む。

今西 聖貴（いまにし・せいき）

1953年生まれ。米国シンシナティ大学大学院理学部数学科修士課程修了。水産会社を経て、83年、P&G入社。日本の市場調査部で頭角を現し、92年、P&G世界本社へ転籍。有効な需要予測モデルの開発、世界中の市場分析・売上予測をリードし、量的調査における屈指のスペシャリストとして世界の第一線で活躍。2012年、森岡毅の招聘によりユー・エス・ジェイ入社。17年、刀の創業に参画。

主な著作

アイデア開発のノウハウをUSJのV字回復とともに学びたい方へ
『USJのジェットコースターはなぜ後ろ向きに走ったのか？』
（森岡毅／KADOKAWA）

世界一わかりやすくマーケティングの基本を学びたい人へ
『USJを劇的に変えた、たった1つの考え方　成功を引き寄せるマーケティング入門』
（森岡毅／KADOKAWA）

戦略を立てる神髄を学びたい人へ
『確率思考の戦略論　USJでも実証された数学マーケティングの力』
（森岡毅　今西聖貴／KADOKAWA）

人を動かし、組織を変える核心を学びたい人へ
『マーケティングとは「組織革命」である。　個人も会社も劇的に成長する森岡メソッド』
（森岡毅／日経BP）

キャリアに悩むすべての人に役立つ本質的ノウハウ
『苦しかったときの話をしようか　ビジネスマンの父が我が子のために書きためた「働くことの本質」』
（森岡毅／ダイヤモンド社）

自分も人も活かせる存在になるために
『誰もが人を動かせる！　あなたの人生を変えるリーダーシップ革命』
（森岡毅／日経BP）

確率思考の戦略論　どうすれば売上は増えるのか

2025年 1 月28日　第 1 刷発行
2025年 2 月20日　第 3 刷発行

著　者——森岡 毅 今西 聖貴
発行所——ダイヤモンド社
　　　　　〒150-8409　東京都渋谷区神宮前 6-12-17
　　　　　https://www.diamond.co.jp/
　　　　　電話／03・5778・7233（編集）　03・5778・7240（販売）

装丁・本文デザイン——萩原弦一郎（256）
図版作成・DTP——スタンドオフ
校正————鷗来堂
製作進行——ダイヤモンド・グラフィック社
印刷————勇進印刷
製本————ブックアート
編集担当——亀井史夫

Ⓒ2025 森岡 毅 今西 聖貴
ISBN 978-4-478-11528-2
落丁・乱丁本はお手数ですが小社営業局宛にお送りください。送料小社負担にてお取替えいたし
ます。但し、古書店で購入されたものについてはお取替えできません。
無断転載・複製を禁ず
Printed in Japan

ダイヤモンド社の本

苦しかったときの話をしようか
ビジネスマンの父が我が子のために書きためた「働くことの本質」

森岡 毅 〔著〕

四六版並製　定価（本体1500円＋税）

君の"強み"は必ず好きなことの中にある！

「何をしたいのかわからない」「今の会社にずっといていいのか」
「成功するには何が必要なのか」と悩むあなたに贈る必勝ノウハウ。
悩んだ分だけ、君はもっと高く飛べる！
USJ復活の立役者が教える「自分をマーケティングする方法」。
後半の怒涛の展開で激しい感動に巻き込む10年に1冊の傑作ビジネス書！

https://www.diamond.co.jp